U0623243

教育部高等学校旅游管理类专业教学指导委员会规划教材

旅 游 法 教 程

LÜYOUFA JIAOCHENG

◎主 编 王天星

◎副主编 邢剑华

重庆大学出版社

内容提要

《旅游法教程》是根据教育部高等学校旅游管理类专业教学指导委员会的要求,为高校旅游管理类专业教学编写的专门教材之一。本书全面、系统、深入地阐释了旅游法的基本理论和基本知识,包括旅游法概论、旅游者权益保护法律制度、旅游规划与促进制度、旅行社法律制度、导游与领队人员法律制度、旅游饭店法律制度、旅游景区法律制度、旅游合同法律制度、旅游安全法律制度、出入境管理法律制度、旅游纠纷处理法律制度等。本书以《中华人民共和国旅游法》的立法体例为主线,以我国旅游法治实践和旅游法学说为基本素材,同时吸收、借鉴了境外旅游法学教程的相关成果。

本书除适合高等学校旅游管理类专业学生学习使用外,还适合各级旅游行政管理部门与旅游行政执法人员系统学习旅游法,以提升旅游法治建设实践能力。

图书在版编目(CIP)数据

旅游法教程 / 王天星主编. --重庆:重庆大学
出版社,2019.2(2022.4重印)
教育部高等学校旅游管理类专业教学指导委员会规划
教材
ISBN 978-7-5689-1178-8

Ⅰ.①旅… Ⅱ.①王… Ⅲ.①旅游业—法规—中国—
高等学校—教材 Ⅳ.①D922.296

中国版本图书馆 CIP 数据核字(2018)第 159035 号

教育部高等学校旅游管理类专业教学指导委员会规划教材
旅游法教程
主 编 王天星
副主编 邢剑华
策划编辑:马 宁
责任编辑:陈 力 薛婧媛 版式设计:马 宁
责任校对:邹 忌 责任印制:张 策
*
重庆大学出版社出版发行
出版人:饶帮华
社址:重庆市沙坪坝区大学城西路21号
邮编:401331
电话:(023)88617190 88617185(中小学)
传真:(023)88617186 88617166
网址:http://www.cqup.com.cn
邮箱:fxk@cqup.com.cn(营销中心)
全国新华书店经销
重庆升光电力印务有限公司印刷
*
开本:787mm×1092mm 1/16 印张:14.75 字数:342 千
2019 年 8 月第 1 版 2022 年 4 月第 2 次印刷
印数:3 001—4 000
ISBN 978-7-5689-1178-8 定价:39.50 元

本书如有印刷、装订等质量问题,本社负责调换
版权所有,请勿擅自翻印和用本书
制作各类出版物及配套用书,违者必究

编委会

主 任 田 里

副主任 马 勇　高 峻

委 员（以姓氏笔画为序）

王天星	王承云	瓦哈甫·哈力克	
卢 晓	光映炯	任国岩	刘 伟
江金波	江燕玲	李云鹏	李伟清
李勇平	李 海	李 雯	吴国清
何建民	张广海	张玉钧	张河清
张健康	张朝枝	林德荣	周 杰
周 毅	赵书虹	钟永德	黄立萍
梁增贤	程瑞芳	舒伯阳	蔡清毅

总序

一、出版背景

教材出版肩负着吸纳时代精神、传承知识体系、展望发展趋势的重任。本套旅游教材出版依托当今社会发展的时代背景。

一是落实立德树人这一根本任务，着力培养德智体美劳全面发展的中国特色社会主义事业合格建设者和可靠接班人。以习近平新时代中国特色社会主义思想为指导，以理想信念教育为核心，以社会主义核心价值观为引领，以全面提高学生综合能力为关键，努力提升教材思想性、科学性、时代性，让教材体现国家意志。

二是世界旅游产业发展强劲。旅游业已经发展成为全球经济中产业规模最大、发展势头最强劲的产业，其产业的关联带动作用受到全球众多国家或地区的高度重视，促使众多国家或地区将旅游业作为当地经济的支柱产业、先导产业、龙头产业，展示出充满活力的发展前景。

三是我国旅游教育日趋成熟。2012 年教育部将旅游管理类本科专业列为独立一级专业，下设旅游管理、酒店管理、会展经济与管理等 3 个二级专业。来自文化和旅游部人事司的统计，截至 2017 年年底，全国开设旅游管理类本科的院校已达 608 所，其中，旅游管理专业 501 所，酒店管理专业 222 所，会展经济与管理专业 105 所。旅游管理类教育的蓬勃发展，对旅游教材提出了新要求。

四是创新创业成为时代的主旋律。创新创业成为当今社会经济发展的新动力，以思想观念更新、制度体制优化、技术方法创新、管理模式变革、资源重组整合、内外兼收并蓄等为特征的时代发展，需要旅游教材不断体现社会经济发展的轨迹，不断吸纳时代进步的智慧精华。

二、知识体系

本套旅游教材作为教育部高等学校旅游管理类专业教学指导委员会的规划教材，体现并反映了本届"教指委"的责任和使命。

一是反映旅游管理知识体系渐趋独立的趋势。经过近 30 年的发展积累，旅游管理学科在依托地理学、经济学、管理学、历史学、文化学等学科发展基础上，其知识的宽度与厚度在不断增加，旅游管理知识逐渐摆脱早期依附其他学科而不断显示其知识体系成长的独立性。

二是构筑旅游管理核心知识体系。旅游活动无论作为空间上的运行体系,还是经济上的产业体系,抑或是社会生活的组成部分,其本质都是旅游者、旅游目的地、旅游接待业三者的交互活动,旅游知识体系应该而且必须反映这种活动的性质与特征,这是建立旅游知识体系的根基。

三是构建旅游管理类专业核心课程。作为高等院校的一个专业类别,旅游管理类专业需要有自身的核心课程,以旅游学概论、旅游目的地管理、旅游消费者行为、旅游接待业作为旅游管理大类专业核心课程,以旅游管理、酒店管理、会展经济与管理 3 个专业再确立 3 门核心课程,由此构成旅游管理类"4+3"的核心课程体系。确定专业核心课程,既是其他管理类专业成功且可行的做法,也是旅游管理类专业走向成熟的标志。

三、教材特点

本套教材由教育部高等学校旅游管理类专业教学指导委员会组织策划和编写出版,自2015 年启动至今历时 3 年,汇聚了全国一批知名旅游院校的专家教授。本套教材体现出以下特点:

一是准确反映国家教学质量标准的要求。《旅游管理类本科专业教学质量国家标准》既是旅游管理类本科专业的设置标准,也是旅游管理类本科专业的建设标准,还是旅游管理类本科专业的评估标准。其重点内容是确立了旅游管理类专业"4+3"核心课程体系。"4"即旅游学概论、旅游目的地管理、旅游消费者行为、旅游接待业;"3"即旅游管理专业(旅游经济学、旅游规划与开发、旅游法)、酒店管理专业(酒店管理概论、酒店运营管理、酒店客户管理)、会展经济与管理专业(会展概论、会展策划与管理、会展营销)的核心课程。

二是汇聚全国知名旅游院校的专家教授。本套教材由"教指委"近 20 名委员牵头,全国旅游教育界知名专家和教授,以及旅游业界专业人士合力编写。作者队伍专业背景深厚,教学经验丰富,研究成果丰硕,教材编写质量可靠,通过邀请优秀知名专家和教授担纲编写,以保证教材的水平和质量。

三是"互联网+"的技术支撑。本套教材依托"互联网+",采用线上线下两个层面,在内容中广泛应用二维码技术关联扩展教学资源,如导入知识拓展、听力音频、视频、案例等内容,以弥补教材固化的缺陷。同时,也启动了将各门课程搬到数字资源教学平台的工作,实现网上备课与教学、在线即测即评,以及配套老师上课所需的教学计划书、教学 PPT、案例、试题、实训实践题,以及教学串讲视频等,以增强教材的生动性和立体性。

本套教材在组织策划和编写出版过程中,得到了教育部高等学校旅游管理类专业教学指导委员会各位委员、业内专家、业界精英以及重庆大学出版社的广泛支持与积极参与,在此一并表示衷心的感谢!希望本套教材能够满足旅游管理教育发展在新形势下的新要求,为中国旅游教育及教材建设开拓创新贡献力量。

教育部高等学校旅游管理类专业教学指导委员会
2018 年 4 月

前言

2013 年 4 月 25 日,《中华人民共和国旅游法》(以下简称《旅游法》)经第十二届全国人民代表大会常务委员会第二次会议表决通过,并于 2013 年 10 月 1 日起施行。2011 年 1 月 1 日,我有幸挂职国家旅游局政策法规司法规处副处长,成为旅游法起草研究小组的一员,参加了这部法律起草的全过程。

《旅游法》在地方旅游条例的基础上,借鉴英美、欧陆国家旅游法制的成熟经验,总结改革开放 40 年来旅游立法、执法、司法的经验,是一部具有人民性、先进性、科学性的法律,受到旅游业界的欢迎,也得到广大旅游者的好评。

中国特色社会主义进入新时代,在新时代为解决人民日益增长的美好生活需要和不平衡不充分的发展之间的矛盾,国家推出一系列的改革措施,大幅精简行政审批事项,全力推进"大众创业、万众创新"。与此相适应,国家相关立法机关、部门对《旅游法》等法律、法规、规章进行了较大幅度的修订。

本教材的编写以党的十九大精神为指引,以《旅游法》的立法框架为依托,教材分为旅游法概论、旅游者权益保护、旅游促进法律制度、旅游经营法律制度等部分,以体现《旅游法》促进、规范、监管的三重属性。

根据党的十九届三中全会审议通过的《深化党和国家机构改革方案》、第十三届全国人民代表大会第一次会议审议批准的国务院机构改革方案和国务院第一次常务会议审议通过的国务院直属特设机构、直属机构、办事机构、直属事业单位设置方案,国务院机构设置发生了较大变化。其中,与本书相关的机构调整主要是:组建文化和旅游部,不再保留文化部、国家旅游局;组建生态环境部,不再保留环境保护部;组建自然资源部,不再保留国土资源部;组建应急管理部,不再保留国家安全生产监督管理总局;组建国家市场监督管理总局,不再保留国家工商行政管理总局、国家质量监督检验检疫总局、国家食品药品监督管理总局;组建国家移民管理局,加挂中华人民共和国出入境管理局牌子,由公安部管理;组建国家林业和草原局,不再保留国家林业局。2019 年 3 月底前,基本完成地方机构的改革。

在本书定稿之际,各地国家机构的改革尚未完成,与本书最为密切的地方旅游部门的名称尚未最后确定,与旅游相关的系列行政法规、规章中有关旅游部门的名称依然为国家旅游局、省旅游局、市旅游局等。鉴此,本书编者从实际出发,从尊重学生阅读、理解习惯出发,对本书正文中有关国家机构的名称暂不作调整,仅在此统一说明。待 2019 年各级国家机构调整完成之后,于本书修订时再对书中涉及的国家机构的名称进行修改。

本书编写分工:邢剑华,山西大学旅游学院博士,撰写旅游者权益部分,负责对本书全部内容的审查工作;邓宇萍,西昌学院教师,撰写导游与领队人员法律制度部分;俞俊峰,贵州民族大学法学院副教授,撰写旅游景区法律制度部分;龚莉婷,北京市海淀区人民法院法官,撰写旅游纠纷处理部分;王天星,北京第二外国语学院国际法学院副教授,承担本书其他章节的编写及全书的统稿工作。

　　从法学的视角对旅游领域的法律制度进行阐释、解读,努力将实践中鲜活的案例、事例融入法学理论之中,使教材更具可读性,便于旅游管理专业的学生掌握,是编者对编写旅游法教材的追求。不过,由于编者能力所限,距离追求的目标尚有较大的差距。对于本教材存在的问题,欢迎广大旅游院校师生和读者发邮件(wangtianxing@bisu.edu.cn)批评指正。

王天星

2019 年 6 月于国家图书馆

目 录

第一章
旅游法概论

【学习目标】

1. 掌握旅游法的概念。
2. 了解我国的旅游法体系。
3. 熟悉我国旅游法的基本制度。

【内容提要】

旅游法是随着旅游业的快速发展,于20世纪中叶在旅游业发达国家逐步发展起来的产业法。在我国,旅游法是改革开放以来,随着旅游业的发展,在旅游政策、旅游规章、地方性旅游法规的基础上形成的法律规范体系。2013年4月25日全国人大常委会通过的《中华人民共和国旅游法》(以下简称《旅游法》),是中国旅游法制建设史上的里程碑,标志着我国旅游法制建设进入了一个新时期。目前,我国已经形成了以《旅游法》为核心,旅游相关法律、行政法规、地方性法规、行政规章为支撑的比较完善的旅游法规范体系。

第一节　旅游法概述

一、旅游法的概念

旅游法,有狭义与广义之分。

狭义的旅游法,是指国家立法机关为了促进、规范旅游业的发展制定的关于旅游业的专项立法,如《中华人民共和国旅游法》《菲律宾旅游法》《马来西亚旅游法》《蒙古国旅游法》《南非旅游法》等。

广义的旅游法,不仅包括狭义的旅游法,还包括与旅游相关的其他通用性法律、法规。《中华人民共和国民法总则》《中华人民共和国合同法》《中华人民共和国侵权责任法》等法律中有关民事关系、合同关系、侵权关系的法律规范,对旅游经营者与旅游者之间的关系能够直接适用;《中华人民共和国价格法》《中华人民共和国文物保护法》《风景名胜区条例》

《历史文化名城名镇名村保护条例》等法律、法规,对旅游经营者的定价、资源使用等行为能够直接适用;《最高人民法院关于审理旅游纠纷案件适用法律若干问题的规定》是人民法院审理旅游纠纷能够直接适用的司法解释;《国家旅游局关于严格执行旅游法第三十五条有关规定的通知》是各级旅游行政管理部门执法时能够直接适用的行政解释;《北京市旅游条例》《三江源国家公园条例(试行)》是相关地方管理部门在行使与旅游相关的行政职权时能够直接依据的地方性条例。

我们将要学习的旅游法,是指广义的旅游法,但狭义的旅游法,特别是《旅游法》,是最主要、最直接的学习内容。

二、旅游法的特征

(一)从形式上看,旅游法是以旅游业为中心的法律规范体系

如前所述,广义的旅游法不仅包括《旅游法》,还包括其他与旅游相关的法律、法规、规章、司法解释、行政解释等。所有与旅游业相关的法律、法规、规章、司法解释、行政解释等法律规范,形成了一个层次分明、效力等级有序的旅游法规范体系。在旅游法律规范体系中,《宪法》是核心,其他法律、法规、规章、司法解释、行政解释都要以《宪法》关于旅游的条款为基础而展开,至少不能与宪法的原则、规范相抵触;《旅游法》是主干,相关法律、法规、规章、司法解释、行政解释是支撑。《旅游法》对旅游业发展的基本原则、基本制度、基本要素、基本规范等作出了原则性、方向性的规定,是旅游法制的基石,是旅游领域的基本法;与旅游相关的法律、法规、规章、司法解释、行政解释是支撑,从不同的角度、不同的层面对旅游业相关主体的经营规范、权利义务等作出了更为详尽、周密的规定,是旅游法制的重要支柱;相关规章、司法解释、行政解释类似于建筑材料,对旅游要素的保护与经营原则、旅游经营主体的经营规则、旅游执法的手段与程序等,作出了细密的规定,是旅游法制大厦的砖、瓦、沙子与水泥。

(二)从内容上看,旅游法的内容较为广泛

由于旅游业涉及的要素多,牵扯的环节多,与110多个行业相关联。旅游法调整的领域、规范的内容包括了旅游资源、旅游经营、旅游监管、旅游合同、旅游者、旅游公共服务、旅游基础设施、旅游投诉等领域;涵盖了传统旅游产业与新兴旅游业态;囊括了政府、社会组织、旅游经营者、旅游者、社会公众等诸多主体;包含了促进、规范、监管等多种法律关系。

(三)从作用上看,旅游法兼具促进、规范、监管三方面的作用

根据我国公民对高质量生活不断攀升的需求与中国旅游业发展不充分不平衡之间的矛盾,特别是旅游业供给侧方面存在的总量不足与结构性失衡并存的现实,《旅游法》规定国家要发展旅游事业,保护旅游资源,规范旅游经营秩序,建设旅游基础设施,提供旅游公共服务,为广大公民外出旅游、休闲提供保障;根据旅游经营者与旅游者之间的关系缺乏细致、可操作性的规范之现状,《旅游法》在《合同法》的基础上,对旅游经营者特别是旅行社与旅游

者之间的包价旅游合同作出了详细的规范;根据旅游市场发展的现状,特别是零负团费盛行、强迫旅游者购物等行为屡屡出现,社会各界出现了强烈要求对旅游市场秩序予以严格监管的呼声,《旅游法》对旅游市场监管的体制、监管的手段、旅游经营者的行为规范及法律责任等作出了详细的规定。

三、旅游法的调整对象

任何一部法律都有其调整对象。旅游法调整的社会关系包括以下内容。

(一)国家行政管理机关与旅游经营者之间的纵向社会关系

国家行政管理机关代表国家,以《旅游法》等法律、法规为依据,对旅游经营者遵守法律、法规、规章的情况进行监督、检查、查处,以此来保证国家在旅游领域的法律、法规立法目的得以实现,维护旅游市场秩序,保护旅游者的合法权益。这里的国家行政管理机关不仅包括旅游行政管理部门,而且包括与旅游业相关的其他管理部门。如价格管理部门,负责对旅游经营者的定价行为进行监督管理;应急理部门,负责对旅游经营者的生产行为是否安全进行监督管理;公安交通管理部门,负责对旅游运输安全进行监督管理;文物保护管理部门,负责对文物旅游资源的保护与使用进行监督管理;等等。国家行政管理机关在对旅游经营者进行监督管理时,必须依法履职,不得超越职权范围,也不得滥用职权,必须尊重旅游经营者的经营自主权,在对旅游经营者的违法行为进行查处时,应依法作出处罚决定,不得在法律规定之外随意实施处罚。

(二)旅游者与旅游经营者之间的横向社会关系

在此种社会关系中,旅游者是消费者,旅游经营者是旅游服务的提供者、旅游商品的生产者,双方的法律地位是平等的。旅游者与旅游经营者的权利、义务、责任,一般通过合同来确定,并由国家法律予以调整。这里的旅游者,包括中国公民,也包括来我国旅游的外国人,还包括来我国旅游的无国籍人。无论哪种旅游者,只要在中国境内参与旅游活动,与旅游经营者进行交往,就要遵守我国旅游法的规定,享有法定权利,履行法定义务。

(三)国家行政管理机关与旅游者之间的服务、管理关系

国家行政管理机关代表国家,以《宪法》《旅游法》《中华人民共和国突发事件应对法》《中华人民共和国政府信息公开条例》等法律、法规为依据,为广大旅游者提供包括旅游信息发布、旅游基础设施建设、旅游紧急救援等公共服务。同时,对旅游者破坏旅游资源、侵害旅游经营者权益的行为进行制止、查处、教育。在服务中,国家是公共服务的提供者,旅游者是公共服务的接受者。根据现代国家的税收原则:取之于民、用之于民,国家为广大旅游者提供的公共服务一般应为免费服务,例如旅游目的地天气预报服务;对于特定旅游者的紧急救援服务,接受服务的旅游者应自行承担相关成本,如从被救援地返回出发地、常住地的交通成本。在管理中,对于旅游者的违法行为、不文明行为,国家行政管理机关应依法对违法者、不文明行为者进行教育、查处、制裁,以促进旅游业的健康、文明、有序发展。

四、旅游法在我国的产生和发展

随着旅游业的发展,旅游法也逐步得以形成、发展、完善。

在中华人民共和国成立之前,旅游业没有得到充分的发展。虽然我国是一个具有悠久的旅行游览历史的文明古国,不过,历史上的旅游活动,主要是帝王巡游、政客游说、贵族游乐等小众旅游,与大众旅游、平民旅游没有太多的关系。与之相适应,专门针对旅游领域的旅游法也就不可能得以形成。

中华人民共和国成立后特别是改革开放以来,旅游业得以快速发展,旅游法也随之逐步形成。中华人民共和国成立之初,我国的旅游活动主要是与国家的外事接待、统战工作和公众的福利事业联系在一起的。真正意义的大众旅游,发端于改革开放之后。可以说,在改革开放之前,我国的旅游法制建设主要停留于国家政策层面,其在覆盖范围、稳定性等方面较差。党的十一届三中全会以后,随着旅游业的快速发展,与旅游相关的各种社会关系亟须国家法律、法规予以调整,旅游法才被提上了国家立法的重要议事日程。概括起来,旅游法的形成经历了以下几个阶段。

(一)1978—1995 年,是我国旅游法制建设的起步阶段

在这个时期,我国的旅游业作为产业开始起步并逐步发展。国家从宏观调控的角度,从各个环节对旅游业的发展进行扶持,对旅游经营开始进行规范。1985 年,国务院颁行的《旅行社管理暂行条例》,是我国规范旅游业的第一个单行法规,标志着我国旅游法制建设的新起点。以此为起点,原国家旅游局、国务院相关部门制定并发布了多个与旅游相关的政府规章。地方旅游法制建设也开始起步。1995 年,海南省人大常委会通过了我国第一部地方性旅游法规:《海南省旅游管理条例》。《海南省旅游管理条例》的出台与实施,不仅对当地旅游业的快速、健康发展提供了坚实的法制保障,而且为全国其他省、自治区、直辖市制定地方性旅游法规提供了经验和参考。在随后的几年里,贵州、湖南、云南、山西、四川等地,相继出台了地方性旅游法规。各地的旅游质量监督管理所、旅游执法大队,在履行旅游市场监管职责时,依据《旅行社管理暂行条例》《导游人员管理暂行规定》等法规、规章,规范旅游市场秩序;法院在审理旅游服务纠纷时,也开始援引《旅行社管理暂行条例》和地方性旅游法规。需要指出的是,旅游法的起草工作也在进行。1988 年,旅游法列入七届全国人大常委会立法规划和国务院立法计划。1990 年,原国家旅游局正式成立起草小组,并于 1991 年将《旅游法(草案)》(送审稿)报送国务院。由于当时旅游业的发展还处于起步阶段,有关方面对旅游立法涉及的一些重要问题的认识还不尽一致,《旅游法(草案)》没能提交审议。

(二)1995—2011 年,是我国旅游法制建设的发展阶段

在这个时期,一条符合中国国情的旅游业发展道路已经基本形成。随着我国加入世界贸易组织、社会主义市场经济体制不断完善,以及旅游业作为国民经济新增长点的地位的确立,旅游业走上了一条理性、科学的发展轨道。旅游立法、执法、司法工作成效显著,旅游法

制体系基本形成。1999 年以来,国务院先后颁布了《导游人员管理条例》《中国公民出国旅游管理办法》《风景名胜区条例》《自然保护区条例》等行政法规;各地也纷纷对原来的旅游管理条例进行了修订,进一步淡化管理色彩,突出促进、规范与可持续发展的理念,分批颁行旅游条例;人民法院受理并审结的旅游纠纷案件数量也有较大幅度的增长;各级旅游执法机关根据法律、行政法规、地方性旅游法规及规章严格执法,旅游市场秩序明显好转。可以说上述成就为旅游法的起草与出台奠定了坚实的基础,提供了很多成熟、有效的经验。

(三)2011 年至今,是我国旅游法制建设的完善阶段

十一届全国人大财政经济委员会成立后,对制定《旅游法》问题多次听取国务院有关部门和地方的意见和建议。各方面意见都认为,经过旅游业近些年蓬勃发展的充分实践,制定《旅游法》已经具备了坚实的基础。2009 年 12 月,十一届全国人大财经委牵头成立《旅游法》起草组,经过 3 年多的调研、反复研讨和起草、修改,并广泛征求社会各界和专家学者的意见,最终形成了《旅游法(草案)》二审稿,于 2012 年 3 月 14 日由全国人大财经委第 64 次全体会议审议并通过,于 2012 年 8 月 27 日提交第十一届全国人民代表大会常务委员会第二十八次会议审议。最后,由第十二届全国人民代表大会常务委员会第二次会议于 2013 年 4 月 25 日通过,并由国家主席习近平签发命令予以公布,自 2013 年 10 月 1 日起在全国施行。《旅游法》的制定,是我国旅游业 40 年来发展经验的总结,其实施是促进旅游业持续健康发展重要的制度基石,是我国旅游法制建设史上的一个里程碑,从此,旅游领域有了本领域的基本法,我国旅游法制建设走向了完善阶段。《旅游法》颁行后,全国各界兴起了学习、贯彻旅游法的高潮;国家相关部门依据《旅游法》,先后出台了旅游景区流量控制、旅游综合协调机制等方面的规范;海南、云南、湖北等省依据《旅游法》先后对地方性旅游法规进行了修订;人民法院以《旅游法》为审判依据,审结了一批旅游服务纠纷案件,对于旅游市场的规范,旅游者以及旅游经营者权益的保护,起到了积极的作用。当前,国务院相关部门、各地人民政府正在按照《旅游法》的要求与精神,对《旅游法》的相关规范进行细化、落地。

五、旅游法律体系

随着旅游业的发展,我国的旅游法制建设也在不断地向前推进。目前,我国的旅游法律体系包括下述内容。

(一)宪法

《宪法》是国家的根本法,是旅游法律体系的基本依据。《宪法》规定:"国家保障自然资源的合理利用,保护珍贵的动物和植物。禁止任何组织或者个人用任何手段侵占或者破坏自然资源""国家保护名胜古迹、珍贵文物和其他重要历史文化遗产",上述条款是旅游资源保护的宪法依据;"国家发展为人民服务、为社会主义服务的文学艺术事业、新闻广播电视事业、出版发行事业、图书馆博物馆文化馆和其他文化事业,开展群众性的文化活动",该条款是国家促进旅游业持续发展的《宪法》依据;"中华人民共和国劳动者有休息的权利。国家发展劳动者休息和休养的设施,规定职工的工作时间和休假制度",此条款是国家保障劳动者休息、休假权利的宪法依据。《宪法》的上述条款是保障我国旅游业发展的最高法律依据。

(二)法律

法律是全国人民代表大会(以下简称"全国人大")及其常务委员会(以下简称"全国人大常委会")依据《宪法》制定的法律规范,其效力在全国有效。与旅游业直接相关的法律是《旅游法》,该法也是旅游业的基本法。由于旅游业的关联性、扩展性等特点,涉及旅游相关要素的法律还有《民法总则》《合同法》《侵权责任法》《文物保护法》《土地管理法》《森林法》《海洋环境保护法》《草原法》《铁路法》《城乡规划法》《价格法》《反不正当竞争法》《消费者权益保护法》《出境入境管理法》等。上述法律从不同的角度、领域对旅游业的发展发挥着引导、规范作用。

(三)行政法规

行政法规是国务院根据法定程序,依据宪法、法律制定的法律规范。与旅游业直接相关的行政法规较多,有《旅行社条例》《导游人员管理条例》《中国公民出国旅游管理办法》《风景名胜区条例》《自然保护区条例》《娱乐场所管理条例》等。上述旅游类行政法规,在当前及今后的旅游业发展中,是各级政府促进、监管旅游业发展的主要依据。

(四)地方性法规

地方性法规是指省、自治区、直辖市的人大及其常委会,设区的市的人大及其常委会,根据本行政区域的具体情况和实际需要,在不同宪法、法律、行政法规相抵触的前提下,制定的法律规范。各省、自治区、直辖市目前均有地方性旅游法规,如《海南省旅游条例》《云南省旅游条例》《山西省旅游条例》《三江源国家公园条例(试行)》等。可以说,我国省级地方的旅游法规体系的构建已经初步完成,并将继续完善。

(五)规章

规章是指有权的行政机关依据法律、行政法规、地方性法规,结合本地经济与社会发展实际制定的法律规范。根据我国目前的立法体制,国务院各部委、中国人民银行、审计署和具有行政管理职能的直属机构可制定部门规章;各省级人民政府,各设区的市级人民政府,均有权制定地方政府规章。国务院各部委、中国人民银行、审计署和具有行政管理职能的直属机构制定的规章在全国有效,各省、自治区、直辖市人民政府及设区的市级人民政府制定的规章在本行政区域有效。目前,国务院相关部委、相关直属机构制定了一些全国性旅游规章,如《旅游投诉处理办法》《旅游行政处罚办法》《森林公园管理办法》等;各省、自治区、直辖市目前一般都有地方性旅游规章,如《上海市旅馆业管理办法》。上述规章,是各级政府及旅游相关部门对旅游业履行促进、监管职责的直接依据,是旅游法的重要内容,应该给予高度重视。

（六）法律解释

法律解释包括立法解释、行政解释与司法解释。立法解释是指全国人大常委会对法律条文的界限和需要补充之处进行的解释；行政解释是指国务院及其主管部门对法律、行政法规在具体应用中的含义所做的解释；司法解释是指最高审判机关、最高检察机关对法律在审判、法律监督中的具体含义所做的解释。就旅游业来说，法律解释主要有行政解释，如原国家旅游局发布的《关于严格执行旅游法第三十五条有关规定的通知》，是对《旅游法》部分条款的具体解释；最高人民法院发布的《关于审理旅游纠纷案件适用法律若干问题的规定》，是针对旅游纠纷的专题性司法解释，该司法解释在《旅游法》生效后依然有效，是各级人民法院审理旅游纠纷案件的主要依据之一。

（七）国家标准及行业标准

根据《中华人民共和国标准化法》的规定，标准包括国家标准、行业标准、地方标准和团体标准、企业标准。国家标准分为强制性标准和推荐性标准，行业标准、地方标准是推荐性标准。强制性标准必须执行，不遵守强制性标准的，应依法承担法律责任。国家鼓励采用推荐性标准。与旅游业相关的国家标准及行业标准如，旅游饭店星级的划分与评定（GB/T 14308—2010）、旅游景区质量等级的划分与评定（GB/T 17775—2003）、旅行社老年旅游服务规范（LBT 052—2016）、旅游休闲示范城市行业标准（LB/T 047—2015）、旅游发展规划评估导则（LBT 041—2015）、旅游民宿基本要求与评价（LB/T 065—2017）。旅游经营者可根据自身情况，自主决定是否采用。

第二节 《旅游法》的制定及其主要内容

如前所述，我国的旅游法律体系由《旅游法》及相关法律、法规、规章等法律规范构成。在这个法律体系中，《旅游法》是主干，是基本法。

一、制定《旅游法》的必要性

自我国改革开放以来，为规范旅游市场秩序、促进旅游业健康发展，旅游业界强烈呼吁国家制定一部专门的《旅游法》。本教程认为，制定《旅游法》的必要性主要包括下述几个方面。

（一）制定《旅游法》是转变我国发展方式、促进劳动就业的迫切需要

当前，旅游业已经成为我国国民经济的重要支柱产业，也是我国劳动密集型的现代服务业。旅游消费是最终消费和大众化消费。通过国家立法，能够推动我国经济结构的战略性调整，实现科学发展，降低就业成本，扩大就业规模，优化就业结构，增加旅游目的地

的居民收入。

（二）制定《旅游法》是规范旅游市场秩序、促进旅游业持续健康发展的迫切需要

旅游业包括食、住、行、游、购、娱、学、医、养、商等要素，涉及110多个行业，是综合性强、关联度高、产业链长的现代服务业，客观上需要综合规范。协调旅游管理与有关行业的关系是一项比较复杂、难度较大的工作。目前，我国旅游市场上的不正当竞争问题比较严重，特别是零负团费经营模式、强迫或者变相强迫旅游者购物或另行安排旅游项目、未经许可经营旅行社业务、无证导游提供导游服务等，严重损害了旅游者与合法旅游经营者的合法权益，迫切需要通过制定旅游法，明确一些基本法律规范和旅游合同特殊规定，建立和改进旅游与相关行业管理的协调机制，为实现旅游业持续发展创造良好的法制环境。

（三）制定《旅游法》是提升法律层次、完善旅游法律制度的迫切需要

在《旅游法》出台之前，我国没有统一的旅游法，对旅游活动的规范主要依赖国务院制定的《旅行社条例》《导游人员管理条例》等行政法规，地方制定的旅游条例以及国家有关部门制定的涉及旅游的部门规章。上述行政条例、地方性法规及部门规章的法律层级较低，效力较差，许多领域不能涉及和协调，致使难以适应旅游业跨地域、跨行业发展的需要。制定《旅游法》，能够提升法律层级，对完善我国旅游法律体系，促进旅游业持续发展具有重要作用。

（四）制定《旅游法》是促进国际交往、协调国内外旅游法律制度的迫切需要

根据世界旅游组织公布的数据，目前世界上已经有60多个国家和地区制定并实施了旅游法律，世界旅游组织、欧盟也制定了许多国际旅游公约。随着我国公民出境旅游和境外旅游者入境旅游的日趋频繁，国际交往日益增多，需要把一些通行的国际条约、准则通过国内立法加以确认，促进我国旅游法律制度与国际、地区旅游法律制度的协同发展。

二、制定《旅游法》的基础

任何一部法律的产生，必然有其相应的社会、经济、法律基础。作为旅游领域的基本法，《旅游法》的产生有着多方面的基础。

（一）社会经济基础

《旅游法》不是凭空产生的，而是建立在一定的社会经济基础之上的。中国旅游业的发展就是《旅游法》的社会经济基础。旅游业虽然在中华人民共和国成立之后便已起步，但在"文化大革命"之前发展相当缓慢，没有形成产业，而是停留于对特定少数国家的少数人群的外事接待层面，停留于向上述群体展示我国社会主义建设的伟大成就方面。1978年以后，随着国家建设方针的调整，旅游业得到了突飞猛进的发展。1986年，国务院正式决定将旅游业纳入国民经济与社会发展计划，旅游业正式成为一个新兴产业。1998年，中共中央提出把旅游业作为国民经济新的增长点的战略决策。经过40年的快速发展，旅游业已经成为我国的战略性支柱产业。在旅游业快速发展的同时，以旅游者为主线，旅游者与旅行社、旅游景区、旅游饭店、旅游交通之间,旅游者与旅游目的地的政府之间,旅游者与国家之间产生了新的社会关系,这种社会关系在发展中逐步暴露出较多的无序、不可持续、侵害权益等问题,以至于社会各界多次呼吁需要国家通过立法对其进行调整。这使得《旅游法》的制定具备了坚实的社会经济基础。

(二)宪法基础

《宪法》是国家的根本法,是包括《旅游法》在内的一切法律、法规的立法依据。《旅游法》必须以《宪法》为依据,体现《宪法》的精神与原则,不能与《宪法》相抵触。《旅游法》的《宪法》基础非常深厚。《宪法》中的很多条款为《旅游法》的制定提供了依据,例如:国家的根本任务条款,国家关于文物保护、环境保护的条款,国家关于文化、教育的条款,国家关于公民权利的条款等。

(三)法规基础

一般来说,当一种新型社会关系出现时,在其中的问题没有充分暴露,成因没有充分展现,对策研究没有成熟时,国家一般不会通过立法对其进行调整。但是,这并不意味着国家对此种新型社会关系、新兴社会经济领域置之不理,而是会通过政策进行临时性干预,授权地方立法机关进行立法探索,为国家立法机关积累经验。国家在旅游方面的政策及地方性旅游法规就成了《旅游法》的政策法规基础。例如,国务院于1981年10月10日出台《关于加强旅游工作的决定》;1984年,中办、国办转发原国家旅游局《关于开创旅游工作新局面几个问题的报告》;1998年,中央经济工作会议将旅游业列为国民经济新的增长点;2009年12月1日,国务院发布《关于加快发展旅游业的意见》,对旅游业提出了全新的定位,提出把旅游业培育成国民经济的战略性支柱产业和人民群众更加满意的现代服务业的宏伟目标,并对旅游业的发展作出了一系列部署,提出了一系列促进旅游业发展的具体政策措施。自云南省出台旅游管理条例开始,各级有地方立法权的地方人大及其常委会在国家尚未出台《旅游法》的情况下,根据国家关于旅游业的基本政策,结合当地旅游业发展的实际需要,出台了旅游管理条例、旅游发展促进条例等。在国家《旅游法》出台之前,全国内地所有的省、自治区、直辖市,均颁行了地方性旅游管理条例,有的甚至多次修订。上述政策与地方性法规,为《旅游法》的出台奠定了坚实的政策、法规基础。

三、《旅游法》的立法精神

立法精神,是指立法者在立法工作中贯穿始终的理念与目标。立法精神贯穿于立法的整个过程,体现在法律的每一个条文之中,是整部法律的灵魂。对于《旅游法》来说,其立法精神包括下述内容。

(一)保障旅游者和旅游经营者及其从业人员的合法权益

1. 旅游者合法权益的保障是《旅游法》的首要宗旨

旅游者是旅游业服务的对象,是旅游经营者服务的对象,是整个旅游业存在的目的。当旅游者与旅游经营者之间出现冲突时,《旅游法》更倾向于保护处于弱势地位的旅游者。为此,《旅游法》就旅游者专设一章,以《消费者权益保护法》列举的消费者权益为基础,根据旅游业的实际,将一般性的消费者权利进行了细化与提升,明确列举了旅游者的诸项权利。为了保障旅游者权利的实现,《旅游法》设立了许多制度来保障前述权利能够落地,如旅游景区的开业条件验收、旅游景区的流量控制、旅游景区的门票价格规范,旅游住宿业的经营规范,旅行社的设立、经营规范等。

2.《旅游法》兼顾旅游经营者及其从业人员合法权益的保护

《旅游法》在旅游者一章中为旅游者设立了若干义务,事实上是为了更好地保障旅游经营者的合法权益。同时,赋予旅行社特定情形下变更、解除合同的权利,规定了公平合理分担责任的原则,针对保障旅游从业人员合法权益做了专门规定,在法定情形下免除或减轻旅游经营者的法律责任等。可以说,《旅游法》兼顾了旅游者与旅游经营者及其从业人员的合法权益,较好地平衡了各方的关系。

(二)规范我国的旅游市场秩序

自改革开放以来,我国的旅游业得到了快速发展,取得了很大的成绩。同时,旅游市场中出现的强迫或者变相强迫旅游者购物、参加另行付费游览项目,未经旅游者同意随意拼团等,广为社会各界所关注、诟病,以至于成为《旅游法》立法者最为关注的问题。为此,《旅游法》明确了旅游经营的基本制度。

对于旅游经营者,《旅游法》明确规定了旅行社的设立条件、业务范围、经营规范等。对于旅游从业人员,《旅游法》明确了从业条件及从业要求等。同时,对规范旅游服务合同、规范旅游监管、旅游纠纷处理等都提出了明确的要求,旨在进一步全面规范我国的旅游市场秩序。

(三)促进旅游业持续健康发展

人类要持续发展,旅游业也要可持续发展。为了实现旅游业的可持续发展,《旅游法》从四个方面作出了规定,包括:健全旅游管理体制、强化旅游发展规划、保护与合理利用旅游资源以及完善旅游产业发展机制。

四、《旅游法》的基本内容

由于旅游产业链条长,关联行业广,涉及部门多,很难针对不同类型旅游活动单独立法,因此采取了综合立法的模式,对旅游者权益、旅游经营者及其从业人员权益、旅游资源保护、旅游安全保障、规范旅游经营、规范旅游服务合同、规范旅游监管、健全管理体制、强化旅游发展规划、完善旅游产业发展机制等方面作出了规定,具体内容如下所述。

(一)旅游者权益保护

《旅游法》为旅游者专设一章,以明确列举旅游者具体权利的形式落实对旅游者的保护:

一是自主选择权;二是拒绝强制交易权;三是知悉真情权;四是要求履约权;五是受尊重权;六是请求救助保护权;七是特殊群体旅游者获得便利优惠权。在此基础上,其他相关章节还以保障旅游者合法权益为主线作出了更加详细的规定。

(二)旅游经营者及其从业人员权益保障

《旅游法》不仅维护旅游者的合法权益,还注重保障旅游经营者及其从业人员的权益,以平衡两者的关系。在遇有不可抗力、合同不能继续履行的情况下,该法赋予旅行社变更、解除合同的权利;为解决旅游经营者责任问题,针对旅游活动中出现的各种情况,该法规定了公平合理分担责任的原则,并建立了责任保险制度。为保障旅游从业人员的合法权益,该法专门规定,旅行社应当与导游人员签订劳动合同,支付劳动报酬,缴纳社会保险,支付导游服务费用,不得要求导游垫付或者向导游收取费用。

(三)旅游资源保护

《旅游法》提出旅游业发展应遵循社会效益、经济效益和生态效益相统一的原则,在有效保护的前提下,依法合理利用旅游资源。对自然资源和人文资源进行旅游利用,必须严格遵守有关法律、法规的规定,符合资源、生态保护与文物安全的要求,尊重和维护当地传统文化和习俗,维护资源的区域整体性、文化代表性和地域特殊性,并考虑军事设施保护的需要。政府应当加强对资源保护和旅游利用状况的监督检查。

(四)旅游发展规划

《旅游法》进一步明确了旅游发展规划的编制主体、内容及要求,明确了旅游发展规划与土地利用总体规划、城乡规划、环境保护规范以及其他自然资源和人文资源的保护和利用规划的衔接与兼顾,要求将旅游业发展纳入国民经济和社会发展规划。

(五)旅游产业发展机制

《旅游法》进一步明确了各级政府促进旅游产业发展的职责。一是制定并组织实施有利于旅游业持续健康发展的产业政策,推进休闲体系建设,采取措施推动区域合作,促进旅游与其他产业的融合,扶持特殊地区旅游业发展;二是根据实际情况安排资金,加强旅游基础设施建设、公共服务和形象推广;三是根据需要建立旅游公共信息和咨询平台,建立客运专线或者游客中转站,向旅游者提供必要的公共服务;四是倡导健康、文明、环保的旅游方式,支持和鼓励各类社会机构开展旅游公益宣传,鼓励和支持发展旅游职业教育和培训,提高从业人员素质。

(六)旅游安全保障

安全是旅游业的生命。对于旅游安全,《旅游法》确立了政府统一负责、部门依法监管、旅游经营者具体负责、旅游者自我保护的全程、全面责任制度:一是设立事前预防制度,包括旅游目的地安全风险提示、流量控制,旅游经营者安全评估、警示、培训等;二是设立事中安全管理制度,包括政府安全监管和救助,旅游经营者报告和救助,旅游者遵守安全规定等;三是设立事后应急处置制度,包括政府和旅游经营者处置责任,旅游者配合并依法承担费用等义务。

(七)旅游经营规范

旅游市场要有秩序,旅游经营就必须有规范。《旅游法》对旅游经营确立了明确的规范。对于旅行社,该法明确了旅行社的设立条件、业务范围、经营规则,明确规定旅行社不得虚假宣传,不得安排违法和违反社会公德的项目,不得以不合理低价组织旅游活动,不得指定具体购物场所,不得安排另行付费项目,不得要求导游垫付或者收取费用,不得拖欠导游工资导游服务费。对于旅游从业人员,该法规定了从业条件和要求。在服务中,导游、领队不得擅自变更旅游行程或者中止服务活动,不得向旅游者索取小费,不得诱导、欺骗、强迫旅游者购物或者参加另行付费项目。对于旅游景区,该法明确了景区的开放条件,要求利用公共资源建设的游览场所应当体现公益性质,对门票价格作出更加细致的规定。对于新兴旅游业态,该法对农家乐、高风险旅游项目、网络经营以及其他旅游经营活动作出明确规定,同时对违法经营行为的法律责任作出了明确规定。

(八)旅游服务合同

《旅游法》对包价旅游合同的订立、变更、解除、违约作了全面具体的规定,进一步明确了包价旅游合同的主要内容、旅行社说明义务、合同解除的情形以及责任分担,并对旅游安排合同、代订合同、咨询合同和住宿合同作了原则规定。同时,该法对旅游者和旅行社、组团社与地接社、委托社与代理社、旅行社和履行辅助人之间的特色责任分担制度进行了规定。

(九)旅游监管

对于旅游监管,《旅游法》明确了政府牵头、部门分工负责的监管机制,联合执法机制,统一受理投诉机制,违法行为查处信息共享机制,跨部门跨地区督办机制,监督检查情况公布机制等。法律明确禁止旅游主管部门及其工作人员参与任何形式的旅游经营活动,对旅游行业组织依法制定行业经营规范和服务标准,对其会员的经营行为和服务质量进行自律管理,组织业务培训,提高从业人员业务素质。对于旅游纠纷,该法从处理的途径、程序和法律责任方面作出了规定。

(十)旅游管理体制

《旅游法》规定国务院建立健全旅游综合协调机制,对旅游业发展进行综合协调。要求县级以上地方人民政府加强对旅游工作的组织和领导,明确相关部门或者机构,对本行政区域旅游业发展和监督管理进行统筹协调。

五、制定《旅游法》的意义

（一）制定《旅游法》是保护旅游者和旅游经营者合法权益的迫切需要

近些年来，政府有关部门在整顿和规范旅游市场秩序方面做了大量工作，但是部分旅游企业经营行为不规范、旅游市场秩序混乱的问题仍然比较突出，恶性竞争、零负团费、强迫购物、虚假广告等问题屡禁不止。上述行为不仅侵害了旅游者的合法权益，而且影响了中国旅游业的形象，制约了旅游业的持续健康发展。《旅游法》运用行政法、经济法和民事法的基本原则和方式，对旅游业发展的重要领域进行规范，对于有效打击违法行为、维护旅游者和经营者的合法权益，具有不可替代的作用。

（二）制定《旅游法》是有效保护与合理利用旅游资源的根本保障

在旅游业快速发展的过程中，一些地方盲目开发、过度开发旅游资源的问题日益突出。热点旅游景区普遍超负荷经营，节假日更是人满为患；一些景区的生态环境受到严重破坏；个别城市或景区在发展旅游业中破坏了珍贵的自然遗产和文化遗产，造成的损失不可逆转。《旅游法》全面界定了政府、旅游经营者和旅游者三方的责任，确定了旅游规划的法律效力，对旅游资源的整体性保护、禁止重复建设和掠夺性开发、促进旅游业持续健康发展意义重大。

（三）制定《旅游法》是促进经济发展方式转变和经济结构调整的有力支撑

旅游业资源消耗少，关联产业多，带动作用大。发展旅游业能够有效扩大内需和提高第三产业在国民经济中的比重。据文化和旅游部消息，2018 年全国旅游总收入为 5.97 万亿元，测算全国旅游业对 GDP 的综合贡献为 9.94 万亿元，占 GDP 总量的 11.04%。旅游直接就业 2 826 万人，旅游间接就业 7 991 万人，占全国就业总人口的 10.29%。根据国家旅游数据中心数据，截至 2017 年 12 月，全国有 26 个省（直辖市、自治区）把旅游业定位为支柱产业，其中 17 个省（直辖市、自治区）将其定位为战略性支柱产业。通过立法促进旅游业持续健康发展，对我国扩大内需和优化产业结构，提升经济增长的内生动力，将发挥重要作用。

（四）制定《旅游法》是适应国际交流与合作新形势的客观要求

用法律的手段规范旅游市场，促进旅游业健康发展，是国际通行的做法。一些国际旅游组织和区域组织都制定了多边旅游公约，旅游业发达的国家和地区也都有《旅游法》或相关法律。作为世界旅游大国，我国居民出境旅游需要熟悉和了解目的地的法律，境外居民入境旅游也须遵守我国法律，同时国内旅游企业的经营活动需要与国际通行做法接轨。《旅游法》的制定和施行，有利于拓展我国旅游业的国际交流与合作，促进我国与世界各国的民间往来。

第三节　学习《旅游法》的意义与方法

一、学习《旅游法》的意义

（一）学习《旅游法》，可以促进旅游法知识在我国的普及和提高，强化旅游业发展法治保障的水平和能力

《宪法》规定："中华人民共和国实行依法治国，建设社会主义法治国家。"党的十八届四中全会对法治政府、法治社会、法治中国的建设作出了系列部署与安排。据此，中国旅游业的发展也必将纳入法治轨道。《旅游法》是旅游业发展的基本法，其对各级人民政府在旅游业发展、旅游者权益保护、旅游市场秩序规范中的职责作出了明确的界定。学习《旅游法》有利于未来从事旅游行政管理工作的人员更好地履行政府的促进、监管职责，做到依法行政、依法推进旅游业的发展。

（二）学习《旅游法》，可以促进旅游市场秩序的规范

《旅游法》为旅游经营者确立了经营规范。学习好、掌握好、运用好这些规范，对规范旅游市场秩序，对旅游业的可持续发展至关重要。通过学习《旅游法》，作为未来的旅游经营者及其管理人员，可以在工作中完善各类旅游合同，制定旅游安全管理规范，做好旅游安全培训，建立健全旅游应急救援制度等，通过落实《旅游法》的相关规定，旅游市场上的不规范行为将会逐步减少，旅游市场秩序将会逐步趋好，旅游业的可持续发展将会得到有力保障。

（三）学习《旅游法》，可以促进旅游者依法维权

《旅游法》针对旅游者专设一章，明确了旅游者在旅游过程中的权利与义务，同时，在相关章节，还明确了旅游者的行为规范。通过学习，旅游者了解了自己在旅游过程中的权利与义务、责任与行为规范，从而能够文明旅游、舒心旅游、放心旅游、理性维权。

二、学习《旅游法》的方法

首先，应坚持理论联系实际的学习方法。这里的理论主要是指法学理论、旅游理论。旅游法学是旅游学与法学的交叉学科、衍生学科，涉及法学、旅游学的基本概念和理论。就法学来说，涉及的理论有合同法理论、侵权法理论、诉讼法理论等；就旅游学来说，涉及旅游规划理论、旅行社管理理论、旅游景区管理理论等。在我国建设法治国家、法治政府、法治社会的进程中，从应对新时代旅游法治建设的进程来说，仅仅学习旅游法学一门课程显然不够，还需要根据自己的兴趣与未来的职业规划，有选择性地对上述理论进行系统学习。这里的实践包括旅游行政管理、旅游经营管理、司法实务等领域。不同领域的实务,对旅游法知识的需求侧重点不同。学生可以根据自己的兴趣,选择不同的领域,认真观察不同领域旅游法治的动态、进展、问题及趋势等,并结合前述理论对该领域旅游法治存在问题的原因、解决对策等进行系统思考、分析,以促进旅游法治走进新时代。

其次,应掌握理性分析方法。旅游法学作为旅游学与法学的交叉学科,由一系列概念、范畴和原理所构成,已经形成一门系统的理论,学习《旅游法》必然会遇到一些抽象的概念和理论观点。在学习本课程时,应从理论上弄清有关的基本概念,在此基础上进一步弄清这些概念之间的联系。唯有如此,才能为进一步理解《旅游法》的基本原理、基本理论奠定基础。例如,要深刻理解旅游服务合同法律制度的概念和原理,就必须了解合同的订立、变更、解除、履行、不可抗力等概念和原理,弄清合同的相对性原理,弄清违约责任与侵权责任的不同与联系,否则,就难以真正掌握旅游服务合同制度的内涵、外延及其法律意义。另外,要掌握旅游经营者安全保障义务的边界,就需要弄清侵权的类型、不同情形下的担责原则、侵权责任的承担形式等。否则,在旅游经营侵权实务中,就难以准确把握是否存在侵权、侵权行为的性质、侵权是否应当担责、侵权担责的形式与边界是什么等问题,不利于维护自身合法权益。

再次,应掌握比较分析的方法。在世界各国发展联系越来越紧密的今日,在旅游法学的学习过程中采用比较方法非常重要。我们既可以对不同国家、不同地区的旅游法律、旅游法规进行比较和分析,也可以对中国旅游法制建设过程中不同时期的旅游法律、法规进行比较,以便探寻旅游法律制定和实施的规律,探寻各国和不同地区之间旅游法制建设的成功经验和失败教训,并通过比较,汲取其他国家、地区旅游法律法规的优点,从而使我们在旅游法制建设方面少走或不走弯路。在此方面,我们既要关注发达国家如美国、英国、日本等国家的旅游法,也要关注与中国处于同一个发展阶段的国家如俄罗斯、巴西、南非等国家的旅游法。发达国家的旅游法可以帮助我们看清中国旅游法发展的未来前景,发展中国家的旅游法可以帮助我们看到中国旅游法在精细化、可操作化方面的不足与解决思路。

最后,关注现实旅游案例。任何法律规范,由于立法技术、立法规范的要求及法律语言本身的抽象、模糊,如果没有案例的辅助,理解起来是有一定难度的。为了更好地掌握旅游法,应结合现实中的典型案例及专家解读、法官判决,分析和理解其中包含的旅游法原理与理念。由于互联网技术的发展与司法公开的不断推进,我国自2013年开始,全国各地的法院都在实施裁判文书网络公开制度。通过登录中国裁判文书网,以旅行社、旅游景区、旅游饭店、旅游法等为关键词,就可以查询到全国各地法院针对旅游服务纠纷作出的判决与裁定。同时,根据《政府信息公开条例》的要求,从2008年开始,包括旅游行政部门在内的各级政府及其所属部门,都应当实施政府信息公开,将本机关行政立法、行政处罚、行政许可、行政强制等方面的信息向社会公开。在学习相关章节时,可以在学习相关理论后,通过裁判文书网及旅游行政管理部门的官方网站,查询一定数量的现实案例,认真阅读案件的基本事实、证据及法官(行政执法人员)的分析。由此,逐步了解《旅游法》在现实中是如何运用的,作为旅游经营者应如何规范经营,作为旅游者应如何依法维权。

【思考题】

1. 旅游法的概念、特征是什么？

2. 我国《旅游法》的立法精神有哪些？

3. 我国《旅游法》的主要内容有哪些？

第二章
旅游者权益保护法律制度

【学习目标】

1.掌握旅游者享有的权利。

2.掌握为保障旅游者的权利,国家行政机关可以采取的措施。

【内容提要】

旅游者是旅游业服务的对象。满足旅游者的需要是旅游业发展的原始动力。根据旅游的特点及旅游业发展中旅游者的实际地位,国家通过《旅游法》《消费者权益保护法》等法律、法规赋予了旅游者多项权利。为保障旅游者权利的实现,国家立法机关、行政机关、司法机关及相关社会组织通过履行职责,采取相应措施,保护旅游者的各项权益。

第一节　旅游者的概念

一、旅游者的概念

旅游者,是指为了满足自己较高层次的精神生活消费需要,向旅游经营者购买、接受旅游服务和产品,实现其旅游目的的自然人。对此,可以从以下几个方面把握:

第一,旅游者是自然人。旅游在本质上是一种个体的体验性活动,只有自然人才能参与、接受、体验旅游服务和产品,法人、其他组织作为法律上的主体,无法成为旅游者。无论是中国人,还是外国人,都可以成为旅游者。

第二,旅游者是消费者。旅游者购买旅游产品和服务是为了满足自己精神层面的需要,属于消费者,在旅游活动中受《中华人民共和国消费者权益保护法》(以下简称《消费者权益保护法》)等法律的保护。

二、旅游者的特点

如上所述,旅游者属于消费者。但旅游消费者又具有一定的特殊性,主要体现在以下几个方面：

（一）旅游者进行消费主要是为了满足精神层面的需要

旅游者外出旅游，需要乘坐火车、飞机、轮船等交通工具，需要入住宾馆、饭店、旅舍，也会购买有形的旅游纪念品、旅游目的地的土特产品，但其目的更多的是欣赏沿途的风景、放松自己的心灵，追求的目的更多的不是满足自己物质层面的需要，而是精神层面的需要。这就使得对同一趟行程，同一个目的地，同一个景点，同一个导游与领队人员，不同的旅游者会有不同的感受，不同的评价。

（二）旅游者进行消费需要亲自体验

旅游活动，无论是乘坐飞机、入住饭店、参观景点、观看演出、品尝美食等，都需要旅游者亲自进行、亲自体验、亲自前往，他人不能也无法替代。法人、其他组织可以安排本组织的员工外出旅游，可以为员工外出旅游支付费用，但是，法人、其他组织不能成为旅游者，只有亲身参加旅游活动的自然人才能成为旅游者，无论是成年人还是未成年人，是本国人还是外国人。由此，旅游活动中发生的损害，只能是给旅游者带来的损害。只有受到损害的旅游者，才有权提起诉讼、要求赔偿。为旅游者支付费用的法人、其他组织，在旅游者提起诉讼的过程中，只能给予协助，而不可能代替。

（三）旅游者处于弱势地位

旅游者外出旅游，离开自己的常住地、居住地，来到一个相对陌生的城市、景区、线路，与常年在当地开展旅游业务的旅游经营者相比，在信息、专业知识等方面无疑存在着劣势。在发生纠纷之后，由于多数旅游者的日程在出发之前就已经确定，与旅游经营者相比，旅游者在时间、精力方面也无法与旅游经营者相抗衡。以上两点，使得旅游者与旅游经营者相比，处于弱势地位。因此，对旅游者权益的保障需要给予更多的关注。

三、旅游活动的特点

（一）旅游活动具有异地性

旅游，一般要离开自己的常住地，前往异地去观光、游览、度假、休闲、游憩等。只有异地的山水、文物、风俗、民情，才能对旅游者构成吸引力，才能使旅游者愿意前往。旅游者的常住地、居住地，更多的是作为生活、居住、工作的地方，是自己最为熟悉的地方，也是自己旅游之后返回的地方。如果不离开自己的居住地、常住地前往异地，就无所谓旅游，也就没有旅游活动了。旅游活动的此项特点，决定了旅游者对旅游目的地的天气、交通、风俗等不够熟悉，不够了解。旅游者要想顺利地旅游，要么参加旅游团，签订包价旅游活动；要么自己做足功课，开展自助旅游。无论何种形式的旅游，与旅游经营者相比，旅游者存在着信息不足、时间紧张等劣势。为了平衡旅游者与旅游经营者之间的关系，旅游者的知情权、自主选择权等权利就需要得到更有力的保障。

(二)旅游活动具有多环节、多要素等特点

旅游者前往异地旅游,需要解决吃、住、行、游、购、娱、养、医、出境、入境等诸多需要,涉及餐饮、交通、景区、宾馆、边防查验、海关检查等诸多环节、诸多部门,并且上述环节、要素、部门之间要很好地衔接、协调,否则,整个行程就不可能顺利,旅游就不可能顺心,旅游者就不可能开心。正是由于旅游活动的上述特点,在今日信息技术如此发达,了解信息如此方便的形势下,依然有诸多人群选择参加旅行社组织的团队旅游,其目的就是省心。因此,旅游者特别关注行程的安排是否符合期望,是否符合双方的约定,是否符合对方的承诺。为此,就特别需要强调旅游者的获得诚信服务权。

(三)旅游服务具有空间移动迅速的特点

旅游者去异地旅游,需要借助飞机、火车、长途汽车等交通工具往返于出发地与旅游目的地之间,在旅游目的地期间,也需要借助旅游巴士、公交车等完成旅游景点之间的转换与移动,从而使得整个行程具有空间移动迅速、频繁的特点,安全风险无疑会大大增加。为此,就特别需要强调旅游者的安全保障权。

(四)旅游服务的正常运行需要政府的保障

旅游者去异地旅游,需要多方面的信息,涉及天气、疫情、地质灾害、住宿、景区容量、土特产品、娱乐演出等诸多方面。上述信息,旅游经营者作为企业并不都能了解、掌握。有些信息,尤其是天气、地质灾害隐患等信息,只有政府及其专业部门才有能力掌握,才有资格发布。由此,旅游信息的提供,需要政府的介入。在安全方面,尤其是在突发性危险事件来临之时,只有政府的专业性应急力量介入,才能切实保障旅游者的安全。对此,需要特别强调政府对旅游者权益的保障,尤其是紧急救援方面的权益保障。

第二节 旅游者的权利

旅游者的权利,是指旅游者在旅游消费中所享有的,由法律、法规确认的或由合同约定的受法律、法规保护的权利。旅游者所享有的权利包含法定权利和约定权利两类。约定权利是通过签订有效的旅游合同而享有的,法定权利则不需要双方当事人的约定,法律直接对此进行了规定。作为消费者,旅游者当然享有《消费者权益保护法》中所规定的保障安全权、知悉真情权、自主选择权、公平交易权、获得赔偿权、结社权、获得知识权、受尊重权、监督权等九项权利。这些权利,在旅游法律关系中表现比较突出的是保障安全权、知悉真情权、公平交易权、获得赔偿权以及监督权。相应的,旅游者的法定权利则体现为旅游经营者的法定义务。

一、安全保障权

安全保障权,是指旅游者在购买、接受旅游服务时所享有的人身、财产安全不受损害的权利。安全保障权是《消费者权益保护法》赋予消费者的重要权利。《消费者权益保护法》第七条规定:"消费者在购买、使用商品和接受服务时享有人身、财产安全不受损害的权利。消费者有权要求经营者提供的商品和服务,符合保障人身、财产安全的要求。"

(一)安全保障权的实现

1. 安全保障权实现的基础是旅游经营者履行安全保障义务

与旅游者的安全保障权相对应的是旅游经营者的安全保障义务。旅游经营者认真履行法定的安全保障义务是旅游者的安全保障权得以实现的基础。因此,《消费者权益保护法》第十八条规定:"经营者应当保证其提供的商品或者服务符合保障人身、财产安全的要求。对可能危及人身、财产安全的商品和服务,应当向消费者作出真实的说明和明确的警示,并说明和标明正确使用商品或者接受服务的方法以及防止危害发生的方法。宾馆、商场、餐馆、银行、机场、车站、港口、影剧院等经营场所的经营者,应当对消费者尽到安全保障义务。"

2. 安全保障权实现的关键是政府履行安全监管职责

旅游者的安全要靠旅游经营者履行安全保障义务,但旅游经营者忠实履行安全保障义务不能仅靠旅游经营者的良心、道德,也不能仅靠安全事故发生后的赔偿责任形成负面激励。要保障旅游者的人身、财产安全,关键要靠各级政府及相关部门,依法、主动、及时、全面履行安全监管职责,以此来督促、推动旅游经营者依法履行安全保障义务。

3. 安全保障权的核心是紧急救助请求权

紧急救助请求权,是指旅游者在遭遇危险时,有请求旅游经营者、国家、社会提供及时、有效、合理的救助与保护的权利。在旅游行程中,旅游者可能遇到的危险主要包括以下几种类型:自然灾害,如地震、泥石流、飓风、山体滑坡、落石、塌方、山火等;社会事件,如动乱、军事冲突、交通事故、疫情、抢劫、盗窃;意外事件,如落水、跌落山崖、坠入山洞等。对于旅游者遭遇上述危险面临困境时,《旅游法》第八十二条中规定:"旅游者在人身、财产安全遇有危险时,有权请求旅游经营者、当地政府和相关机构进行及时救助。中国出境旅游者在境外陷于困境时,有权请求我国驻当地机构在其职责范围内给予协助和保护。"

(二)确认安全保障权的理由

1. 旅游者外出旅游的前提是其人身、财产安全能够获得保障

只有旅游者相信自己的人身、财产安全能够得到保障,才会安排出行、出游。如果旅游者认为旅游目的地存在安全风险,自己的人身、财产安全无法得到保障,理性的旅游者一般会放弃此次旅游计划。为此,必须通过法律确认旅游者在购买旅游产品、接受旅游服务中享有人身、财产安全保障权,才能够使旅游者安心出游。

2.旅游活动本身的特点需要确认旅游者的安全保障权

旅游者在旅行时迅速、频繁的空间移动,使得旅游者的人身、财产安全风险系数大大增加。同时,由于旅游者外出旅游期间,精神一般比较放松,警惕性往往会降低,且对旅游目的地的环境较为陌生,在此种情形下,旅游者的人身、财产容易受到侵害。通过确认旅游者的安全保障权,赋予旅游经营者相应的安全保障义务,要求旅游经营者精心组织、精心安排、及时提醒,确保旅游者的人身、财产安全。

二、知悉真情权

知悉真情权,也可以称为了解权、知情权,是指旅游者享有知悉、获取旅游服务的真实情形的自由和权利。旅游具有异地性,旅游目的地的相关信息、旅游线路安排、行程中的注意事项等信息,对于旅游者购买旅游产品和服务时作出理性的决策具有极为重要的作用。

(一)知情权的含义

1.知情的内容

旅游者作为消费者,在购买旅游产品和服务时,享有《消费者权益保护法》赋予的知情权。《消费者权益保护法》第八条规定:"消费者享有知悉其购买、使用的商品或者接受的服务的真实情况的权利。消费者有权根据商品或者服务的不同情况,要求经营者提供商品的价格、产地、生产者、用途、性能、规格、等级、主要成分、生产日期、有效期限、检验合格证明、使用方法说明书、售后服务,或者服务的内容、规格、费用等有关情况。"据此,参团旅游者有权知道旅游行程安排、价格、付款方式与时间、投诉方式、随团导游、入住宾馆的规格、游览景区的情形等信息;自由行旅游者有权知道旅游交通的承运人、出发及抵达时间、旅行期间的服务内容、服务价格,入住宾馆的位置、规格、服务内容、价格等信息。

2.知情的方式

旅游者了解上述信息的方式包括旅游经营者主动介绍与旅游者询问查阅两种。旅游经营者主动介绍,是指旅行社、旅游景区、旅游饭店、旅游交通、旅游餐饮、旅游娱乐、旅游纪念品商店等旅游经营者,将自己为旅游者提供的旅游产品、服务的项目、期间、价格、类型、投诉方式以及旅游经营者自身的相关信息,如注册地、法人代表、注册资金、有效期间等向旅游者进行详尽的告知,告知的方式可以通过网站、宣传手册、合同中提示等。旅游者询问,是指旅游者针对旅游经营者提供的旅游产品和服务,就自己不了解、不明白的相关内容,向旅游经营者、旅游目的地政府的相关工作人员进行询问,要求获得详尽、准确、及时的答复。旅游者查阅,是指旅游者在签署合同前、签署合同后通过网络、电话、手册等渠道、方式,全面了解旅游目的地相关信息。在互联网时代,尤其是移动互联时代,旅游者咨询、查询相关信息已十分便利,各地建立的旅游咨询服务信息中心,各级政府旅游主管部门建立的旅游信息网等平台,都可以很好地满足旅游者的信息需求。无论何种方式,旅游者了解相关信息是为了更好地出游。

3.知情的基本要求

知情的基本要求是真实。真实,就是符合实际、符合原本的情形。信息只有真实,才有意义。虚假、编造、捏造、伪造的信息,只能给旅游者的行程带来困扰、麻烦与烦恼。因此,旅游经营者无论是主动提供信息,还是接受旅游者的咨询,提供的信息必须是真实的。向旅游者提供虚假、编造的信息,属于对旅游者的欺骗、欺诈,依法应承担相应的法律责任。

4.知情权的义务主体是旅游经营者

现代社会,旅游者出游的方式有参团旅游、自助旅游等多种方式。如果是参团旅游,旅游者可以向旅行社了解信息,旅行社有向旅游者提供相关信息的义务。对于自助出游,旅游者是自己直接购买各种旅游产品,例如交通、住宿、景区门票、餐饮、娱乐产品等。对于上述旅游产品,相关旅游产品的提供者、旅游经营者有义务向旅游者提供相关信息。但是,旅游目的地的天气、治安、疫情等公共信息,旅游经营者则无力、无法提供,能够提供这些信息的只有旅游目的地的政府,但提供上述旅游公共信息公开属于政府公共服务方面的职责,本书第三章将进行介绍。

(二)确认知情权的理由

《旅游法》之所以确认旅游者拥有知情权,主要是出于下述考虑。

1.理性决策所需

只有对自己将要购买的旅游产品和服务有全面的了解,才能作出理性的消费决策。如旅游景区的位置、资源品质、价格,入住饭店的位置、服务质量规格,餐饮的标准,交通方式、时间及价格,自费项目的名称、数量、停留时间等。

2.共同配合达成旅游目的所需

只有对自己购买的旅游产品和服务有全面的了解,才能够更好地享受服务、配合旅游经营者共同完成体验之旅。旅游中的许多项目、内容,需要旅游者全面地了解操控方式、使用方法、注意事项、费用数额等。

3.旅游消费本身的特点所需

旅游消费的客体是以服务为核心内容的综合性产品,主要是无形的服务,难以通过肉眼观察和计量,只有在旅游者的实际体验中才能作出评价与判断。这使得旅游者在决定是否参加旅游时容易被蒙蔽。旅游消费的惯例是先付费后接受服务,付费与接受服务之间有相当长的时间差,付费是一次性的,接受服务是持续性的,从而增加了旅游消费的不确定性。

4.旅游经营者与旅游消费者之间的力量、信息存在不对称

在旅游活动中,旅游经营者处于优势地位,信息掌握全面、及时,相对而言,旅游者则处于弱势地位。旅游经营者可能会利用其交易中的强势地位和信息占有上的优势,对旅游者进行欺骗、蒙蔽或者模糊处理,侵犯旅游者的合法权益。

三、自主选择权

自主选择权是指旅游者根据自己的主观愿望,在法律规定的范围内享有的自由选择旅

游服务商、旅游产品和服务的权利,有拒绝强制交易的权利。《旅游法》第九条第一款规定:"旅游者有权自主选择旅游产品和服务,有权拒绝旅游经营者的强制交易行为。"

(一)自主选择权的内容

旅游产品是指旅游经营者通过开发、整合旅游资源,提供给旅游者的旅游体验经历。根据旅游产品分类,旅游产品一般可分为:观光旅游产品(自然风光、名胜古迹、城市风光等);度假旅游产品(海滨、山地、温泉、乡村、野营等);专项旅游产品(商务、文化、体育、修学等)以及生态旅游产品等。旅游服务是指旅游经营者向旅游者提供的各种劳动服务,包括住宿服务、交通运输服务、餐饮服务、娱乐服务、导游服务、领队服务等。

自主选择是指旅游者根据自己的喜好、财力、时间等选择参加或者不参加旅游活动,以团队或自由行等方式参加旅游活动,接受哪一家旅游经营者提供的旅游产品和服务。在作出选择、决定之前,旅游者有权进行比较、鉴别和挑选。即使在已事先设计好的旅游服务格式合同中,旅游经营者也应当尊重旅游者的自主选择,对旅游者的特殊要求可以通过签订补充协议的方式予以满足。

强制交易行为是指旅游经营者违背旅游者的意愿,强制或者限定旅游者购买其指定的旅游产品、商品或者服务的行为。强制交易行为包括:限定旅游者只能购买、使用其附带提供的相关产品、服务,而排斥其他同类产品、服务;强制旅游者购买其提供的不必要的产品、服务、纪念品,如旅游景区强制旅游者乘坐景区内电瓶车、索道,旅游购物点工作人员以威胁、威逼、恐吓等方式逼迫旅游者进行消费,甚至要求至少购买一定数量的纪念品、特产等;强制旅游者购买其指定的经营者提供的不必要的产品、服务,如强迫旅游者购买著名景区周边的"关联景区"门票、套票等;对不接受其不合理条件的旅游者,拒绝、中断、减少其提供的相关服务,如旅行社强制旅游者购物遭拒后,拒绝为旅游者继续提供旅游巴士运输服务,将旅游者抛弃在高速公路服务站等。

(二)确认自主选择权的理由

《旅游法》之所以确认旅游者的自主选择权,主要是出于下述考虑。

1. 旅游者的自主选择权需要给予特别保护

旅游活动的特点决定了旅游者的自主选择权特别容易被侵犯。如前所述,旅游活动的惯例是先付费后服务。旅游者一旦付费,在与旅游经营者之间的关系中就不再居于优势地位,容易被旅游经营者胁迫、牵制;另外,旅游者对旅游产品和旅游服务不甚了解,和旅游经营者相比,在信息方面明显居于下风,旅游经营者容易利用自己的信息优势,蒙蔽、欺骗旅游者。

2. 与《消费者权益保护法》相衔接

《消费者权益保护法》第九条规定:"消费者享有自主选择商品或者服务的权利。消费者有权自主选择提供商品或者服务的经营者,自主选择商品品种或者服务方式,自主决定购买或者不购买任何一种商品、接受或者不接受任何一项服务。消费者在自主选择商品或者服务时,有权进行比较、鉴别和挑选。"旅游者属于消费者,在旅游消费中自然享有消费者的自主选择权。

3. 吸收《旅行社条例实施细则》的立法经验

《旅行社条例实施细则》第三十九条规定:"在签订旅游合同时,旅行社不得要求旅游者必须参加旅行社安排的购物活动或者需要旅游者另行付费的旅游项目。"在旅游行程中,旅游者有权拒绝上述行为,并且旅行社及其工作人员不得因此拒绝履行合同或以此相威胁。

4. 为了解决旅游实践中的突出问题

旅游实践中,强制消费、强制购物、强制旅游者参加另行付费旅游项目,侵害旅游者权益的行为几乎成为一种常态,一种恶习,屡禁不止,深受社会各界的诟病,以至于成为旅游法立法者最为关心、要求必须解决的问题之一。

四、获得赔偿权

获得赔偿权是指旅游者在因购买、使用旅游产品或接受旅游服务时,人身、财产受到损害时,有权获得赔偿的权利。获得赔偿权是弥补旅游者所受损害的必不可少的救济性权利。

(一)获得赔偿权的含义

1. 赔偿的缘由包括违约行为与侵权行为

侵害旅游者的缘由较多,可分为违约行为和侵权行为。违约行为侵害旅游者是指旅游经营者违反合同约定,给旅游者的人身、财产造成损害。侵权行为侵害旅游者是指旅游经营者违反法律规定,侵害旅游者的人身、财产。

2. 赔偿的主体包括旅游经营者、履行辅助人、第三人等

如果旅游者受到的损害是由旅游经营者(如组团社)造成的,旅游者可以根据双方签订的合同,以旅游经营者违约为由请求其承担违约责任,也可以以旅游经营者违反安全保障义务等侵害自己的人身、财产权益为由,要求旅游经营者承担侵权赔偿责任。如果旅游者受到的损害是由组团社选定的地接社或履行辅助人造成的,旅游者可以选择组团社与地接社、履行辅助人,要求其进行赔偿。旅游者要求组团社赔偿的,组团社赔偿旅游者后,有权向地接社、履行辅助人进行追偿。由于公共交通经营者的原因造成旅游者人身损害、财产损失的,由公共交通经营者依法承担赔偿责任,旅行社应当协助旅游者向公共交通经营者索赔。如果旅游者的损害是由第三人造成的,根据《侵权责任法》的规定,应直接请求第三人承担侵权赔偿责任。如果给旅游者造成侵害的是租赁景区、住宿的场地或项目的经营者,景区、住宿经营者应与租赁其场地、项目的实际经营者共同向旅游者承担连带责任。

3. 赔偿的标准包括弥补性赔偿与惩罚性赔偿

弥补性赔偿是指按照旅游者实际遭受的损害或者支付的旅游费用进行赔偿,以弥补受害旅游者的实际损失为最大额度,一般适用于旅游经营者因过失、疏忽大意给旅游者的人身、财产造成的损害。例如,《旅游法》第七十条第一款中规定:"旅行社不履行包价旅游合

同义务或者履行合同义务不符合约定的,应当依法承担继续履行、采取补救措施或者赔偿损失等违约责任。"惩罚性赔偿是指以旅游者遭受的实际损害或者支付的旅游费用为基准,要求旅游经营者赔偿受害人数倍额度的损失,一般适用于旅游经营者因故意、恶意给旅游者的人身、财产造成的损害。例如,《旅游法》第七十条第一款中规定:"旅行社具备履行条件,经旅游者要求仍拒绝履行合同,造成旅游者人身损害、滞留等严重后果的,旅游者还可以要求旅行社支付旅游费用一倍以上三倍以下的赔偿金。"

4. 获得赔偿的途径有协商、调解、仲裁、诉讼

旅游者的人身、财产受到侵害的,可依法通过以下途径获得赔偿。一是协商,即旅游者与当事人协商要求赔偿;二是调解,旅游者可向消费者协会、旅游投诉受理机构或者有关调解组织申请调解;三是仲裁,根据与当事人达成的仲裁协议提请仲裁机构仲裁;四是诉讼,旅游者向人民法院提起诉讼要求赔偿。

5. 赔偿的范围包括人身损害赔偿、财产损害赔偿

根据《中华人民共和国民法总则》(以下简称《民法总则》)、《中华人民共和国侵权责任法》等法律、法规、司法解释,人身损害包括旅游者的生命权、健康权、姓名权、名誉权、荣誉权等。人身损害的赔偿范围包括医疗费、误工费、医院伙食补助费、护理费、交通费、住宿费等;因其所受人身损害而造成残疾的,还有权获得残疾人生活补助费、残疾用具费;因其所受人身损害而造成死亡的,还有权获得丧葬费、死亡补偿费、被抚养人生活费;在侵权行为给旅游者的精神、心理造成损害时,侵权人应承担一定的精神损害赔偿金。财产损害赔偿是指旅游者的财产受到侵害的,有权获得按照财产损失发生时的市场价格或者其他方式计算出的财产损失费用。

(二)确认获得赔偿权的缘由

1. 获得赔偿权是旅游者权益遭受侵害后应当享有的权益

权益遭受他人侵害后获得赔偿是人类社会的基本理念,也得到了我国《民法总则》《侵权责任法》《消费者权益保护法》等法律的确认与保护。为此,《旅游法》第十二条第二款规定:"旅游者人身、财产受到侵害的,有依法获得赔偿的权利。"

2. 获得赔偿权是督促旅游经营者规范运营的有效机制

法律就是人类的行为准则。旅游法是旅游经营者经营的行为准则。遵守法律规范,对旅游经营者来说需要付出相应的成本,其出于追求利润的考虑,对于法律规范常常采取躲避、抵制的态度。当旅游经营者违反法律规范,给旅游者的人身、财产造成损害时,由旅游经营者依法承担法律责任,对受害的旅游者给予赔偿,触动其利益,使其为了避免未来更多、更大的损失,只有规范经营。

五、获得诚信服务权

(一)获得诚信服务权的含义

获得诚信服务权是指旅游者有要求旅游经营者按照约定提供产品和服务的权利。可以

从以下几个方面理解该项权利。

1. 约定的形式

根据《合同法》，约定可以是口头形式，也可以是书面形式，还可以是其他形式。根据《旅游法》《旅行社条例》的规定，包价旅游合同必须采用书面形式。包价旅游合同附随的旅游行程单是合同的重要组成部分，旅游行程单中的内容自然属于约定的内容。

2. 约定的目的

按照约定是指旅游经营者应严格按照合同约定和旅游行程单的安排，全面履行合同义务。根据《旅游法》的规定，旅行社在行程开始前、行程中，均应遵循诚实信用原则，不得随意增加、减少旅游项目，降低服务标准，擅自变更旅游行程安排。但是，如果发生不可抗力或者旅行社已尽合理注意义务仍不能避免的事件，影响旅游行程，导致合同不能完全履行的，旅行社应当向旅游者作出说明，可以在合理范围内变更合同。旅游者不同意变更的，可以解除合同。无论是变更合同还是解除合同，旅行社都应当采取适当措施，将损失减少到最低程度。

3. 约定的解除

除旅游者自己提出，或者发生《旅游法》规定的因旅游者自身原因造成旅行社被迫解除合同，或者因不可抗力、旅行社已尽合理注意义务仍不能避免的事件致使旅行社解除合同以外，旅行社不得擅自解除合同。

（二）确认获得诚信服务权的理由

《旅游法》之所以规定旅游者享有获得诚信服务权，其主要原因一是旅游实践中不诚信经营的现象较为普遍，引发广大旅游者的强烈不满。在实践中，为了追逐高额利润，部分旅行社及其工作人员为了吸引旅游者参团，在旅游合同中承诺了较高标准的产品或服务，但在实际履行中却故意降低服务标准或者随意变更约定，如擅自降低旅游饭店的标准，减少、遗漏旅游景点，减少旅游景点的参观时间，降低旅游服务质量。二是与《消费者权益保护法》相衔接。《消费者权益保护法》规定，经营者与消费者进行交易，应当遵循自愿、平等、公平、诚实信用的原则。

六、受尊重权

受尊重权是指旅游者在购买、接受旅游服务时，享有其人格尊严、民族风俗习惯、宗教信仰得到尊重的权利。受尊重权是消费者的一项基本权利。

（一）人格尊严

人格尊严是指公民作为人所应有的最起码的身份、社会地位受到他人和社会的最基本的尊重。在当今社会，人格尊严作为一种人格权益应当受到宪法、法律的保护，已经成为社会的共识。《宪法》第三十八条规定："中华人民共和国公民的人格尊严不受侵犯。禁止用任何方法对公民进行侮辱、诽谤和诬告陷害。"《民法总则》规定，公民、法人享有名誉权。自然人的人格尊严受法律保护。《旅游法》对旅游者人格尊严的强调,既是在落实宪法的精神、与民法总则相衔接,也是对旅游实践中部分旅游经营者侵犯旅游者人格尊严行为的回应。旅游者的人格尊严应当得到尊重,意味着旅游者在旅游活动中,应当受到旅游经营者和其他人的尊重,任何人不得侵犯其人格尊严。

(二)民族风俗习惯

民族风俗习惯是指一个民族在长期的历史进程中,在长期的生产生活中形成的风尚、行为、礼节、倾向等。民族风俗习惯更多地表现在该民族公民的饮食、节庆、礼仪、禁忌、歌曲、舞蹈、服饰等方面,在不同程度上反映了该民族的历史传统和心理定式。我国是一个多民族的国家,尊重民族风俗习惯,对于预防民族纠纷,维护民族团结,繁荣和发展民族文化,实现社会和谐,有着十分重要的意义。《宪法》第四条第四款规定,"各民族都有使用和发展自己的语言文字的自由,各民族都有保持或者改革自己的风俗习惯的自由"。《旅游法》根据《宪法》,进一步强调旅游者的民族风俗习惯应当得到尊重。之所以如此强调,是因为在旅游实践中,有些旅游经营者对部分旅游者的民族风俗习惯不够尊重,甚至故意冒犯,从而导致旅游者的严重不满,甚至引发较大的纠纷。对此,无论是哪个民族的旅游者,在进行旅游活动时,其民族的风俗习惯都应当得到旅游经营者和其他人员的尊重,任何人都不得以本民族的风俗习惯为标准,去衡量和要求其他民族的旅游者,也不得以个人的好恶去对待旅游者的民族风俗习惯,去处理旅游者与民族风俗习惯有关的事情。

(三)宗教信仰

宗教信仰是指人们对某种特定宗教的信奉和皈依。当今世界,除极少数宗教国家外,多数国家通过宪法确认人们的宗教信仰自由是公民的基本权利,国家、社会团体、个人不得干涉公民的宗教信仰自由。我国《宪法》也确认了宗教信仰自由。《旅游法》在《宪法》的基础上,进一步确认了旅游者的宗教信仰应当得到尊重。对此,旅游者在旅游时,可以自由地表示自己的信仰和宗教身份,旅游经营者和其他人对旅游者的宗教信仰应当予以尊重。任何人都不得根据自己对宗教的认识、评价而对旅游者的宗教信仰予以贬损、歧视、排斥,也不得以与旅游者宗教信仰相悖的言行对待旅游者。

七、特殊群体旅游者依法享受便利和优惠

(一)特殊群体旅游者的范围

特殊群体的旅游者包括残疾人、老年人、未成年人、军人等。根据相关法律、法规,特殊群体旅游者可以享受相应的便利、优待、优惠。

1. 残疾人在旅游活动中依法享受便利和优惠

根据《中华人民共和国残疾人保障法》(以下简称《残疾人保障法》)规定,文化、体育、娱乐和其他公共活动场所,为残疾人提供方便和照顾;县级以上人民政府对残疾人搭乘公共交

通工具,应当根据实际情况给予便利和优惠;残疾人可以免费携带随身必备的辅助器具;盲人持有效证件免费乘坐市内公共汽车、电车、地铁、渡船等公共交通工具;公共服务机构和公共场所应当创造条件,为残疾人提供语音和文字提示、手语、盲文等信息交流服务,并提供优质服务和辅助性服务;公共交通工具应当逐步达到无障碍设施的要求;等等。上述法律赋予残疾人在包括旅游活动在内的社会生活中可以享受的便利和优惠,旅游经营者有义务给予优待和优惠。

2. 老年人依法享受便利和优惠

《中华人民共和国老年人权益保障法》(以下简称《老年人权益保障法》)规定,地方各级人民政府根据当地条件,可以在参观、游览、乘坐公共交通工具等方面,对老年人给予优待和照顾。法律赋予老年人在包括旅游活动在内的社会生活中可以享受的便利和优惠,旅游经营者有义务给予照顾和优待。

3. 未成年人依法享受便利和优惠

《中华人民共和国未成年人保护法》(以下简称《未成年人保护法》)规定,爱国主义教育基地应当对未成年人免费开放,博物馆、纪念馆、科技馆、展览馆、美术馆、文化馆以及动物园、公园等场所,应当按照有关规定对未成年人免费或者优惠开放;等等。法律赋予未成年人在包括旅游活动在内的社会生活中可以享受的便利和优惠,旅游经营者有义务给予照顾和优待。

4. 军人及军属依法享受便利和优惠

《中华人民共和国兵役法》(以下简称《兵役法》)规定,现役军人、残疾军人参观游览公园、博物馆、展览馆、名胜古迹享受优待;优先购票乘坐境内运行的火车、轮船、长途汽车以及民航班机;其中,残疾军人按照规定享受减收正常票价的优待,免费乘坐市内公共汽车、电车和轨道交通工具。《浙江省军人军属权益保障条例》第十一条第一款规定:"军人、残疾军人、烈士遗属、因公牺牲军人遗属和病故军人遗属在本省行政区域内,凭有效证件可以享受以下优待:(一)乘坐火车、轮船、长途公共汽车和民航班机等交通工具时优先购票,残疾军人享受正常票价半价优待,车站、码头、机场等应当设置专门服务窗口;(二)免费乘坐城市公共汽车和轨道交通等公共交通工具;(三)免费游览公园、国有单位经营的旅游景点;(四)免费参观科技馆、博物馆、纪念馆等公共文化服务设施。"法律、法规赋予军人、军属的便利和优惠,旅游经营者依法应给予便利和优惠。

除上述特殊群体外,其他法律、法规和有关规定对其他特殊群体赋予优待和照顾的,其他特殊群体在旅游活动中依法有权享受,旅游经营者依法有义务给予优待和照顾。

(二)确认特殊群体旅游者享受便利、优惠的缘由

旅游法之所以确认上述群体在旅游活动中有权享受相应的便利、优惠,主要是考虑到下列因素:

一是残疾人在参与社会生活时,除具有公民的一般共性外,还存在特殊性,如有的残疾人行动需要借助于特殊器具。如果旅游经营者不为其提供便利,残疾人这个群体将无法顺利出游,将难以像常人那样饱览名山大川。

二是老年人与常人相比,在收入水平、思维的敏捷性、行动的灵活性等方面都存在一些差距。如果旅游经营者不给其提供便利、优惠,老年旅游者将无法安全、顺利出游。

三是未成年人的身心尚未完全成熟,具有特殊的生理和心理特征,需要国家、社会给予其特别的关心和照顾。

四是军人承担保卫和平的重任,由于其职责所在,军人的收入相对于社会其他同龄人的收入水平而言较低。

对于上述特殊群体,国家为了保障其权益,使其能够平等地参与社会生活,共享社会物质文化成果,制定了《残疾人保障法》《老年人权益保障法》《未成年人保护法》《兵役法》等法律,对上述群体可以享有的便利和优惠作出了明确规定。《旅游法》对特殊群体旅游者在旅游活动中享有便利和优惠,既是与上述法律相衔接,也是针对旅游实践中特殊群体旅游者遇到的诸多不便、困难而作出的回应。

八、获取旅游知识权

(一)获取旅游知识权的含义

获取旅游知识权是指旅游者享受的获得旅游消费和旅游者权益保护方面的知识的权利。

1. 旅游知识的内容包括旅游消费知识和旅游者权益保护知识

旅游消费知识主要是指有关旅游消费观的知识、旅游产品和服务的基本知识、旅游市场的基本知识。这是保障旅游者正确、理性旅游不可缺少的前提条件。旅游者权益保护知识主要是指有关旅游者权益保护的法律、法规、规章以及保护旅游者权益的机构、纠纷解决途径等方面的知识。如果旅游者缺乏上述方面的知识,在旅游活动中的合法权益就无法得到充分、有效的保障。

2. 获取旅游知识的方式

政府旅游主管部门、新闻媒体、消费者协会、旅游经营者的宣传、教育、咨询与介绍是旅游者获取旅游知识权的基本途径。政府旅游主管部门是旅游者获取旅游知识权的重要保障主体;新闻媒体的宣传、教育、咨询与介绍,在旅游者获得有关旅游消费知识、旅游维权、文明旅游的知识方面具有不可估量的作用;消费者协会的宣传、教育是旅游者获取旅游知识的重要主体;旅游经营者的宣传、教育,尤其是出境旅游组团社在旅游行程开始前对旅游者的教育,是旅游者获取旅游知识的直接渠道。对于上述渠道与方式,《旅游法》第五条规定:"国家倡导健康、文明、环保的旅游方式,支持和鼓励各类社会机构开展旅游公益宣传,对促进旅游业发展做出突出贡献的单位和个人给予奖励。"

(二)确认获取旅游知识权的理由

确立获取旅游知识权,主要是出于以下考虑:

1.针对旅游实践中的突出问题

旅游实践中频频出现的零负团费旅游、不文明旅游、过度维权等现象,很大程度上与旅游者缺少旅游知识,不理性参与旅游有关。

2.与《消费者权益保护法》等法律相衔接

《消费者权益保护法》第十三条规定:"消费者享有获得有关消费和消费者权益保护方面的知识的权利。消费者应当努力掌握所需商品或者服务的知识和使用技能,正确使用商品,提高自身保护意识。"

九、旅游者信息受保护权

(一)旅游者信息受保护权的含义

旅游者信息受保护权是指旅游者对本人信息所享有的支配、控制和排除他人侵害的权利。对于该项权利,主要体现在《旅游法》对旅游经营者的义务中。《旅游法》第五十二条规定:"旅游经营者对其在经营活动中知悉的旅游者个人信息,应当予以保密。"根据旅游法的上述规定,可以推论出旅游者信息受保护权。

对于旅游者信息受保护权,可以从以下几个方面理解:

1.旅游者信息的范围

旅游者信息是指一切可以识别特定旅游者的信息,包括姓名、住址、财产状况、婚恋状况、缺点、爱好等个人资料。上述资料具有个人性、可识别性、价值性、可控制性。个人性是指旅游者信息的主体是自然人;可识别性是指旅游者信息必须具有明显的可识别性。所谓识别,是指通过身份证件号码或者一个或多个与其身体、生理、社会身份有关的特殊因素来确定一个旅游者的身份;价值性是指旅游者的信息是具有价值的资源,能够创造获得利润的机会;可控制性是指旅游者能够控制个人信息是否为他人收集、使用。

2.旅游者信息的类型

根据不同的标准,可以把旅游者信息进行不同的分类。根据是否能够直接识别旅游者为标准,旅游者信息可以分为直接个人信息和间接个人信息。直接个人信息是指不需要其他的辅助信息就能识别出该旅游者的信息,例如姓名、有效证件号码、肖像等;间接个人信息是指那些不能单凭某些信息把旅游者本人识别出来,必须借助于其他信息才能确定旅游者本人的确切信息,如性别、爱好、家庭住址等。根据是否涉及旅游者隐私为标准,旅游者信息可分为敏感的旅游者信息和日常的旅游者信息。敏感的旅游者信息一般是指涉及旅游者个人隐私信息,如性偏好、宗教信仰等。日常的旅游者信息是指不涉及旅游者个人隐私的信息。该项区分的意义在于两者受保护的程度不同。

3.旅游者信息受保护权的范围

根据学理,旅游者信息受保护权包括信息决定权、信息保密权、信息查询权、信息更正权、信息封锁权、信息删除权和报酬请求权等。

（二）确认旅游者信息受保护权的理由

1.旅游实践中侵害旅游者信息权益的行为较为普遍

实践中,旅游饭店的前台工作人员将旅游者信息告知社会不法分子,不法分子利用电话、短信、登门拜访等方式对旅游者实施敲诈、抢劫等非法活动,严重危害旅游者的人身、财产安全;旅行社将旅游者信息非法出售给其他经营者,其他经营者通过手机、短信等方式频繁向旅游者发送广告、其他信息,严重干扰旅游者的个人生活;航空公司未经旅游者授权或者超出授权范围与保险公司共享旅游者信息,等等。

2.为了与《侵权责任法》等法律、法规相衔接

《侵权责任法》规定,侵害民事权益,应当依照本法承担侵权责任。本法所称民事权益,包括生命权、健康权、姓名权、名誉权、荣誉权、肖像权、隐私权等人身、财产权益。

十、监督权

（一）监督权的含义

监督权是指旅游者享有对旅游产品和服务以及保护旅游者权利工作进行监督的权利。

1.监督的对象

旅游者监督的对象包括旅游经营者、旅游主管部门、与旅游相关的管理部门、旅游投诉受理机构、消费者协会等组织及其工作人员。

2.监督的内容及方式

对于旅游经营者在提供旅游服务、销售旅游产品过程中侵害旅游者权益的行为,有权检举、控告;对于旅游主管部门、与旅游相关的管理部门、旅游投诉受理机构、消费者协会等组织及其工作人员在保护旅游者权益工作中的违法失职行为,有权提出批评、建议。

（二）确认监督权的理由

确立旅游者监督权的理由,主要有:

1.确立旅游者监督权是旅游业健康、可持续发展的需要

旅游业的发展应以满足旅游者的需要为前提,而了解旅游者需要的方式之一就是借助旅游者的检举、控告。旅游业的发展需要良性的竞争秩序,而良性的竞争秩序不仅要靠旅游市场监管机关的主动检查、查处,更需要广大旅游者的检举、控告,以此为旅游市场监管机关提供信息、线索。

2.确立旅游者监督权是与消费者权益保护法相衔接的需要

《消费者权益保护法》第十五条规定:"消费者享有对商品和服务以及保护消费者权益工作进行监督的权利。消费者有权检举、控告侵害消费者权益的行为和国家机关及其工作人员在保护消费者权益工作中的违法失职行为,有权对保护消费者权益工作提出批评、建议。"

第三节　旅游者合法权益的保护

　　《旅游法》的立法目的是保障旅游者与旅游经营者的合法权益,但重点是保护旅游者的合法权益。旅游者的权益保护,根据保护主体的不同,可以分为国家保护、社会组织保护、经营者保护、自我保护等。本节主要对国家保护、社会组织保护、自我保护进行介绍与分析,经营者保护的内容,在旅行社、导游与领队、旅游饭店、旅游景区法律制度中将会进行详细介绍。

一、旅游者权益的国家保护

　　国家是抽象的,国家机关是具体的。国家对旅游者权益的保护是通过国家机关行使职权实现的。根据我国《宪法》的规定,国家机关包括国家权力机关(立法机关)、国家主席、行政机关、军事机关、审判机关、检察机关等。对旅游者权益的保护主要是通过国家权力机关(立法机关)、行政机关、审判机关,在极为特殊的情形下,军事机关也会加入旅游者权益保护(如境外旅游目的地发生动乱等危险情形时,军方出动军用运输机紧急营救境外中国游客)的行列中来。与此相适应,可将国家对旅游者权益的保护分为三种:立法保护、行政保护、司法保护。

(一)立法保护

　　立法保护是指国家及法定的地方权力机关通过制定、修改、废止等立法活动,保护旅游者的权益。主要体现在以下三个方面:

　　1.立法宣示

　　通过立法向社会宣示旅游者的合法权利以及法律、法规对各种侵犯旅游者权益行为的禁止,从而警示相关人员不得实施侵犯旅游者权益的行为,促使人们自觉地遵守法律、法规规定而防止侵害旅游者权益的行为发生。

　　2.执法、司法依据

　　通过立法规定,为国家行政机关的执法、审判机关的审判、相关行业组织的调解提供依据,以便执法机关、审判机关、行业组织能准确地判断某种行为是否违反法律法规对旅游者权益保护的规定,并在侵害旅游者权益的行为发生时,予以及时、有效的制止、补救;通过对行政、审判、行业组织活动的法律监督,保障旅游者权益的全面落实。

　　3.构建旅游法律、法规体系

　　通过立法保护旅游者权益,首先要保证法律、法规本身的公正、科学和可执行性。当前,我国关于旅游者权益保护的相关法律、法规已经形成了一个以《旅游法》为龙头,以《消费者权益保护法》《合同法》《侵权责任法》《产品质量法》等法律,《旅行社条例》《导游人员管理条例》和《中国公民出国旅游管理办法》等行政法规,《北京市旅游条例》《山东省旅游条例》等地方旅游法规为支撑的旅游法律、法规体系。上述法律、法规,为旅游者权益的保护奠定了坚实的立法基础。

今后,随着旅游业的发展及法学研究的日益深入,与旅游者权益相关的立法将会日益完善。

(二)行政保护

行政保护是指国家行政机关通过制定行政法规、规章及规范性文件,实施行政许可、行政检查、行政处罚、行政强制、行政指导等活动,对旅游者权益进行保护。由于旅游业涉及多个环节、多种要素,因此,通过行政活动保护旅游者权益的国家行政机关包括各级人民政府及其相关行政管理部门。《旅游法》第八十三条规定:"县级以上人民政府旅游主管部门和有关部门依照本法和有关法律、法规的规定,在各自职责范围内对旅游市场实施监督管理。县级以上人民政府应当组织旅游主管部门、有关主管部门和工商行政管理、产品质量监督、交通等执法部门对相关旅游经营行为实施监督检查。"对此,可以理解为上述行政机关通过对旅游市场的监督检查,实现对旅游者权益的保护。鉴于行政保护在旅游者权益保护体系中更直接、更有效、更常见,需要从行政保护的主体、保护的方式等方面进行进一步的介绍。

1. 行政保护的主体

(1)旅游主管部门。旅游主管部门是指县级以上人民政府中负责旅游工作的机构。目前,在国家层面组建了国家文化和旅游部,地方相应改为文化与旅游厅或局,如山西省文化和旅游厅、海南省旅游和文化广电体育厅、北京市文化和旅游局。

(2)涉及旅游工作的其他部门。根据《旅游法》的规定以及国家机构改革,涉及旅游工作的其他部门包括发展和改革、市场监督管理、生态环境、公安、住房和城乡建设交通运输、水利、农业农村、自然资源、文物等部门。根据景区依托的资源性质不同,景区主管部门又可以分为住建、水利、自然资源、生态环境等部门。

2. 行政保护的方式

国家行政机关通过对旅游经营者、旅游市场的监督检查,以及依据监督检查发现的证据,对违法者作出行政处罚,实施行政强制,或者将涉嫌犯罪的移交公安机关。在监督检查中,旅游主管部门依法可以对涉嫌违法的合同、票据、账簿以及其他资料进行查阅、复制。其他主管部门依据相关法律、法规对旅游经营者实施监督检查。对于依法实施的监督检查,有关单位和个人应当配合,如实说明情况并提供文件、资料,不得拒绝、阻碍和隐瞒。县级以上人民政府旅游主管部门和有关部门,在履行监督检查职责中或者在处理举报、投诉时,发现违法行为的,应当依法及时作出处理;对不属于本部门职责范围的事项,应当及时书面通知并移交有关部门查处。县级以上地方人民政府建立旅游违法行为查处信息的共享机制,对需要跨部门、跨地区联合查处的违法行为,应当进行督办。旅游主管部门和有关部门应当按照各自职责,及时向社会公布监督检查的情况。

3. 行政保护的领域

行政保护的领域,也可以称为监督检查的领域。根据《旅游法》的规定,县级以上人民政府旅游主管部门和有关部门实施监督管理的对象是旅游市场。旅游市场涉及的范围较广,包括为旅游者提供交通、餐饮、住宿、娱乐等服务的活动,包括旅游商品的生产、销售等活动,以及市场准入、市场规则、服务标准等工作。

4. 行政保护的依据

国家行政机关保护旅游者的依据有《旅游法》及相关法律、法规,如《价格法》《消费者权益保护法》《道路交通安全法》等。

(三)司法保护

司法保护是指国家司法机关对旅游者权益的保护。在旅游业,司法机关主要是指人民法院和人民检察院。

1. 人民法院在旅游者权益保护中的职责

人民法院是国家审判机关,通过行使审判权保护旅游者的合法权益。人民法院在旅游者权益保护中的职责主要包括以下三个方面:

①通过对民事案件的审理,追究违法者的民事责任,使受害的旅游者得到及时、充分的赔偿。经营者侵犯旅游者权益的行为大多属于民事性质的侵权、违约行为。例如,旅游景区、旅游饭店违反安全保障义务致使旅游者的人身、财产受到损害;旅行社提供的服务不符合合同约定;等等。通过对这些侵权、违约案件的审理,可以使侵害旅游者权益的旅游经营者受到民事制裁,同时使旅游者的损失得到及时、充分的补偿。

②通过司法解释,阐释法律的含义,弥补现行法律的不足,使《旅游法》等法律得以正确实施,旅游者权益获得更充分的保障。根据《立法法》,最高人民法院有权对现行法律在审判中的适用作出司法解释。通过司法解释,阐述法律的含义,有利于各级人民法院审判人员全面准确地理解、适用法律。同时,在法律没有明文规定的情况下,最高人民法院还可以根据《旅游法》的一般原则,进行司法创制活动,弥补现行法律规定之不足,例如《最高人民法院关于审理旅游纠纷案件适用法律若干问题的规定》,就是一个典型的司法创制成果。

③通过司法改革创新,建立具有旅游纠纷案件特点的审判机制。旅游纠纷往往具有金额小、案情简单等特点,双方当事人都不愿意花费大量时间、精力和金钱进行诉讼。为方便旅游者通过司法途径解决旅游纠纷,我国有些地方的人民法院在实践中主动作为,创建"旅游巡回法庭""旅游小额法庭"等审判机制,方便旅游者诉讼,方便旅游者维权。

2. 人民检察院在旅游者权益保护中的职责

人民检察院是行使法律监督权的国家机关。在旅游者权益保护方面,人民检察院主要履行下列职责:

①通过对有关行政机关的监督,及时发现、惩治旅游市场监管中的玩忽职守行为;②及时发现、惩治旅游市场监督机关工作人员的贪污、受贿等违法犯罪行为;③通过对旅游纠纷民事审判的监督、抗诉等,积极维护旅游市场秩序。

二、社会组织保护

社会组织保护是指社会组织对旅游者权益的保护。社会组织包括消费者协会、新闻媒体等。

(一)消费者协会

消费者协会是以保护包括旅游消费者在内的消费者权益为宗旨的社会团体。根据《消费者权益保护法》,消费者协会在旅游者权益保护方面,主要履行下列职责:①向旅游者提供信息和咨询服务,提高旅游者维护自身合法权益的能力,引导文明、健康、节约资源和保护环境的旅游消费方式;②参与制定有关旅游者权益的法律、法规、规章和标准;③参与有关行政部门对旅游商品和旅游服务的监督、检查;④就有关旅游者合法权益的问题,向有关部门反映、查询,提出建议;⑤受理旅游者投诉,并对投诉事项进行调查、调解;⑥就损害旅游者合法权益的行为,支持受损害的旅游者提起诉讼;⑦对损害旅游者合法权益的行为,通过大众传播媒介予以揭露、批评。

需要指出的是,消费者协会的上述职责都是公益性职责,应当面向全体旅游者,无差别、无偿地进行。

(二)新闻媒体

新闻媒体包括传统的报纸、电视台、广播电台、杂志以及如今的网络媒体等。新闻媒体通过揭露侵害旅游者权益的事实、曝光侵害旅游者权益的手法、提示旅游者注意相关事项等,对于旅游者维护权益,有着很大的作用,例如青岛的"天价大虾"、雪乡导游"强售套票"事件等都是通过新闻媒体曝光引发社会关注,进而促成有效的市场治理。今后,新闻媒体将在旅游者权益保护中发挥更大的作用。

三、旅游者自我保护

自我保护在任何领域、任何时候都是必要的,也是非常有效的。就旅游者权益的保护而言,旅游者的自我保护同样是必要的、有效的。旅游者的自我保护与国家保护、社会组织保护、经营者保护等构成了旅游者权益保护的完整体系。旅游者权益的自我保护主要表现在三个方面:一是增强权益自我保护意识;二是学习权益自我保护知识;三是提升权益自我保护能力。

(一)增强权益自我保护意识

1.增强主体意识

旅游者是旅游经营者服务的对象,对侵犯自身权益的行为要敢于说"不"。这不仅关系到旅游者个人的权益,而且关系到旅游市场的秩序,关系到中国旅游业的声誉和可持续发展。

2.增强权利意识

为了保护旅游者权益,法律对旅游者赋予了多项权利。旅游者的权利不仅包括《旅游法》赋予的各项权利,而且包括旅游者根据其他法律如《消费者权益保护法》《民用航空法》《铁路法》等法律而享有的其他权利。权利是受法律保护的利益,当法律对旅游者的权利进行界定后,对受法律保护的利益的侵害,就是违法行为。对于违法行为,旅游者应该为了维护自身的权利而斗争,让不法行为失去市场。唯有认真捍卫自己的权利,才能使旅游市场的秩序真正好转。

3.增强防范意识

自我防范意识不仅要求旅游者在购买旅游产品、接受旅游服务前,要注意考虑自己的利益,而且在购买旅游产品、接受旅游服务的过程中,也要注意保护自己的利益。在向旅游经营者交纳费用前,应对旅游经营者进行必要的了解,选择信得过的旅游经营者签订合同,索要票据,以便在受到侵害时能够及时、有效地进行投诉、索赔。

4.增强文明旅游意识

在旅游的过程中,旅游者应当对自己的行为进行必要的约束,杜绝愚昧、不文明的旅游方式与行为。文明旅游的基本要求是合法,不能破坏、损坏文物;不能欺凌、打骂导游、领队人员;不能在住宿场所大声喧哗;不能以维权为由妨害公共秩序、侵害他人利益,如霸机、霸车、霸船等。

(二)学习自我保护知识

学习有关旅游者权益保护方面的法律。《旅游法》《消费者权益保护法》《侵权责任法》《合同法》等法律,都是与旅游者权益保护密切相关的法律。对于这些法律,旅游者应当认真学习。

1.掌握必要的旅游知识

随着旅游业的快速发展,旅游产品的种类、旅游经营者的数量、旅游经营的形式日益增多,竞争日益激烈,促销花样日益翻新。对此,旅游者有必要掌握必要的旅游知识。

2.了解旅游经营者的资质

由于旅游服务的特殊性,国家对多数旅游经营项目,如旅行社业务、旅游住宿服务、旅游交通运输服务、旅游餐饮服务等实施资质许可制度。经营上述旅游业务,经营者应依法取得法定资质,如旅行社业务经营许可证、住宿业治安许可、旅游客运资质等。没有法定资质,说明经营者不符合法定条件,不能从事上述业务,不能接待旅游者。

3.了解旅游经营者的信誉

对于旅游经营者,国家实施了标准化管理体系,并在自愿参与的基础上,实施旅游服务质量评价制度,如A级景区、星级饭店、百强旅行社等。通过各地旅游主管部门的网站、咨询电话等渠道,可以快捷、准确地了解旅游经营者的信誉等级,从而为自己的决策提供必要的信息支持。

4. 熟悉旅游投诉的知识

在旅游行程开始前应了解旅游经营者的监督投诉电话,旅游目的地的旅游投诉联系方式,以便在出现问题时及时联系、及时解决问题。在权益受损时,旅游者应通过手机、相机等电子设备及时地收集、固定、保存证据;及时向事发地公安机关、旅游行政管理部门寻求帮助,尽量第一时间在事发现场解决问题,不把纠纷带回家。

【思考题】

1. 公民旅游权和旅游者权利有什么区别?

2. 旅游者与一般消费者有何不同?

3. 旅游者应当如何保护自己的合法权益?

第三章
旅游规划与促进制度

【学习目标】

1. 了解旅游规划的性质。
2. 熟悉旅游发展规划的编制依据。
3. 掌握旅游公共信息服务的内容。

【内容提要】

旅游规划是对旅游业未来如何发展作出的基本设计与安排,是旅游业发展的纲领和蓝图,是旅游业科学发展、可持续发展的依据与前提。旅游促进制度是国家、地方对旅游业发展的系统措施支持,往往对旅游业发展具有前瞻性、全局性的指导意义。本章将分别从旅游规划的法律性质、编制原则、编制依据、编制程序、法律责任等方面对旅游规划相关内容作一阐述,并从旅游促进政策、旅游形象宣传、旅游公共信息服务、旅游救援服务、旅游基础设施建设、旅游人才队伍建设等方面系统阐述旅游促进制度。

第一节 旅游规划

一、旅游规划的概念

旅游规划是在旅游资源调查评价的基础上,针对旅游资源的属性、特色和旅游地的发展规律,根据社会、经济和文化发展趋势,对旅游资源的开发与保护进行的设想和统筹部署。《旅游法》将旅游规划分为旅游发展规划和旅游区规划两种类型。

旅游发展规划是大区域或旅游目的地层面的总体规划,包括了国家级、省级、地市级、县级等不同层面的旅游发展规划。旅游发展规划是根据旅游业的发展历史、现状和市场要素等所制定的目标体系,以及实现该目标体系的战略措施,是各级政府及旅游主管部门实施宏观指导和战略决策的依据,也是旅游区规划制定的依据。

旅游区规划是指为了保护、开发、利用和经营管理旅游功能区,使其发挥多种功能和作用而进行的各项旅游要素的统筹部署和具体安排。旅游区是以旅游为主要功能的开放式地域片区,不同于风景名胜区、自然保护区、地质公园、森林公园等,是由核心旅游吸引物连同周边的毗邻区共同构成的区域。在核心区内集合了旅游游憩功能,在毗邻区集中了旅游服务功能、旅游产业功能,以实现区内游、区外住,实现旅游资源的有效保护和利用。实践中,比较典型的旅游区有旅游度假区、旅游开发区、乡村旅游区等。根据规划层次,旅游区规划可分为总体规划、控制性详细规划、修建性详细规划等。

鉴于旅游发展规划在旅游规划中占据的重要地位及其对旅游业发展的作用,结合本书总体编写要求,本书仅对旅游发展规划进行介绍与分析。

二、旅游发展规划的法律性质

旅游规划的法律性质是指旅游规划在法律上的地位、属性。明确旅游规划法律性质的核心目的在于确定旅游规划本身的拘束力。因为法律性质不明首先带来的就是拘束力不明和规划本身的"刚性"得不到体现,也不利于杜绝纷争并保障私人权益。从根本上而言,之所以需要制定旅游规划,不仅因为规划应具有通过公正的制定程序而得到保障的科学性、长期性和可持续发展性,而且还在于编制完成后的规划应当具有一定的约束效力。否则,旅游发展中所体现出来的往往只是行政首长一时的主观判断,而不是规划本身所应具有的科学性、长期性和可持续发展性。

根据旅游业发展的实际,通常的旅游发展规划由政府或政府所属旅游主管部门编制。一般来说,旅游主管部门在旅游方面代表政府行使职权,其编制旅游规划的行为自然也具有政府属性。根据法学原理,政府行为可以分为不具有强制性的、引导性的行政指导行为,具有强制力的法规范性文件,具有强制力的具体行政行为三种类型。旅游发展规划的作用在于确定中长期发展目标和实现措施,是一种纲领性、战略性和导向性的规划,其作用是为旅游业发展提供一个指导性框架。因此,旅游发展规划原则上不对特定相对人的权益构成法律上的影响,从而可以确定其法律性质属于不具有强制力的规范性文件。

三、旅游发展规划的原则

旅游发展规划的原则是指政府在组织编制、审批、实施、评估旅游发展规划时应遵循的基本准则。一般来说,旅游发展规划的原则包括公开原则、参与原则、资源保护原则三种。

(一)公开原则

旅游发展规划的公开原则是指政府在组织编制、审批、实施、评估旅游发展规划时应将相关信息向社会公开,以方便相关部门、旅游经营者了解政府在旅游业方面的目标及措施,以便及时作出相应的判断或处置。

(二)参与原则

旅游发展规划的参与原则是指政府在旅游发展规划的各阶段、各环节都应充分听取利益相关群体,如旅游经营者、当地居民代表、当地旅游者代表、旅游学者专家的意见,从而使旅游发展规划能够兼顾各方面利益,具有充分的民意基础,进而提高旅游发展规划的执行力。

(三)资源保护原则

资源保护原则是指政府在对旅游资源进行规划、开发时,应当注重资源的保护与合理利用,合理调控旅游容量,以实现旅游业的可持续发展。

四、旅游发展规划编制的依据

旅游发展规划编制的依据是指编制旅游行政规划时的根据、标准及依托。根据《旅游法》的规定,国务院和省、自治区、直辖市人民政府以及旅游资源丰富的设区的市和县级人民政府,应当组织编制旅游发展规划。由此可知,组织编制旅游发展规划是政府的重要职权与职责。根据法治政府建设的原则和要求,政府行使职权必须依法进行。鉴于旅游发展规划涉及的领域、要素众多,政府在组织编制旅游发展规划时需要遵循的法律规范相应地也较为广泛。具体来说,政府组织编制旅游发展规划需要遵循的法律规范包括下述内容。

(一)宪法

《宪法》是国家的根本大法,是政府行使职权必须遵循的最高法律规范。《宪法》明确规定:矿藏、水流、森林、山岭、草原、荒地、滩涂等自然资源,都属于国家所有,即全民所有;由法律规定属于集体所有的森林和山岭、草原、荒地、滩涂除外。国家保障自然资源的合理利用,保护珍贵的动物和植物。禁止任何组织或者个人用任何手段侵占或者破坏自然资源。国家保护名胜古迹、珍贵文物和其他重要历史文化遗产。根据《宪法》的上述规定,政府在组织编制旅游发展规划时,必须使其规划能够体现对自然资源的合理利用,能够体现对珍贵动物和植物的保护,能够体现对名胜古迹、珍贵文物和其他重要历史文化遗产的保护。

《宪法》明确规定:县级以上的地方各级人民政府领导所属各工作部门和下级人民政府的工作,有权改变或者撤销所属各工作部门和下级人民政府的不适当的决定。地方各级人民政府对本级人民代表大会负责并报告工作。县级以上的地方各级人民政府在本级人民代表大会闭会期间,对本级人民代表大会常务委员会负责并报告工作。地方各级人民政府对上一级国家行政机关负责并报告工作。全国地方各级人民政府都是国务院统一领导下的国家行政机关,都服从国务院。根据《宪法》的上述规定,县级以上的地方各级人民政府有权改变或者撤销下级人民政府不适当的旅游发展规划;地方各级人民政府编制旅游发展规划的行为应向本级人民代表大会及其常务委员会负责并报告工作,接受其监督;地方各级人民政府编制的旅游发展规划效力低于国务院组织编制的旅游发展规划,其组织编制规划的行为必须服从国务院的领导。

(二)旅游法

《旅游法》是旅游领域的综合法,相当于旅游领域的小宪法,对政府组织编制旅游发展规划提出了多项具体而明确的要求,是政府组织编制旅游发展规划应遵循的主要法律规范。《旅游法》的相关规定主要有:国务院和省、自治区、直辖市人民政府以及旅游资源丰富的设区的市和县级人民政府,应当按照国民经济和社会发展规划的要求,组织编制旅游发展规划。对跨行政区域且适宜进行整体利用的旅游资源进行利用时,应当由上级人民政府组织编制或者由相关地方人民政府协商编制统一的旅游发展规划;旅游发展规划应当包括旅游业发展的总体要求和发展目标,旅游资源保护和利用的要求和措施,以及旅游产品开发、旅游服务质量提升、旅游文化建设、旅游形象推广、旅游基础设施和公共服务设施建设的要求和促进措施等内容;根据旅游发展规划,县级以上地方人民政府可以编制重点旅游资源开发利用的专项规划,对特定区域内的旅游项目、设施和服务功能配套提出专门要求;旅游发展规划应当与土地利用总体规划、城乡规划、环境保护规划以及其他自然资源和文物等人文资源的保护和利用规划相衔接;各级人民政府编制土地利用总体规划、城乡规划,应当充分考虑相关旅游项目、设施的空间布局和建设用地要求。规划和建设交通、通信、供水、供电、环保等基础设施和公共服务设施,应当兼顾旅游业发展的需要;对自然资源和文物等人文资源进行旅游利用,必须严格遵守有关法律、法规的规定,符合资源、生态保护和文物安全的要求,尊重和维护当地传统文化和习俗,维护资源的区域整体性、文化代表性和地域特殊性,并考虑军事设施保护的需要。有关主管部门应当加强对资源保护和旅游利用状况的监督检查;各级人民政府应当组织对本级政府编制的旅游发展规划的执行情况进行评估,并向社会公布。

(三)涉及旅游发展的其他法律

旅游是一个涉及面广、带动性强的综合性产业,与旅游相关的行业达110多个,而旅游发展规划是对诸多旅游发展要素所作出的总体安排。鉴于旅游发展的许多要素,如山川、河流、森林、湿地、文物、地质遗迹、交通、土地、海洋等属于相关法律调整,要将上述要素纳入旅游业并对其旅游利用作出规划、安排,就不能不遵循相关法律。具体来说,相关法律有《土地管理法》《城乡规划法》《文物保护法》《水法》《海洋环境保护法》《公路法》《海岛保护法》等。政府在组织编制旅游发展规划时如果不遵循或违反上述法律,其后果一是政府要根据依法行政、法治政府的要求承担相应法律责任,二是政府组织编制的旅游发展规划由于不符合或者违反相关法律规定而难以得到相关部门的支持、配合,从而使旅游发展规划难以得到全面实施,甚至无法实施。

(四)涉及旅游的行政法规

行政法规是国务院发布的规范性文件,在效力上仅次于法律。就旅游发展规划来说,涉及的行政法规主要有《风景名胜区条例》《中华人民共和国自然保护区条例》《机关团体建设楼堂馆所管理条例》《长城保护条例》《中华人民共和国道路运输条例》《无障碍环境建设条例》《规划环境影响评价条例》《太湖流域管理条例》等。上述行政法规是政府编制旅游发展规划时必须遵守的法律规范。违反上述行政法规的法律后果同上。

（五）涉及旅游的地方性法规

地方性法规是省级人民代表大会及其常务委员会、有地方立法权的地方人大及其常务委员会制定的涉及本行政区域的法律规范。《旅游法》虽然对旅游业的发展、规范、促进作出了综合性规定，但作为国家层面的法律，考虑到中国地域广大、幅员辽阔、各地风土多样的特点，许多规定依然是粗线条的，其目的就是给地方立法机关留出空间。具体来说，除各地的旅游条例外，涉及旅游的地方法规还有《大连金石滩国家旅游度假区管理条例》《广西壮族自治区钟乳石资源保护条例》《海南省珊瑚礁和砗磲保护规定》《南京市夫子庙秦淮风光带条例》等。由上述地方法规的名称可知，地方立法机关结合本地旅游资源的特点及保护、管理的特殊性要求，根据国家上位法的精神与要求，对当地旅游资源的规划、管理、利用、保护作出了具有浓郁地方特色的规定，是地方政府组织编制旅游发展规划时必须遵循的法律规范依据。

（六）涉及旅游的国务院部门规章

国务院部门规章是国务院组成部门、直属机构、法律授权的事业机构等国家机关，为管理特定领域行政事务，根据《宪法》《中华人民共和国国务院组织法》相关法律的授权制定的法律规范性文件。涉及旅游的主要有《森林公园管理办法》《水利风景区管理办法》《旅游发展规划管理办法》《全国旅游标准化工作管理办法》《旅游规划设计单位资质等级认定管理办法》等。上述部门规章是对旅游及旅游规划作出的专门规定，是政府组织编制旅游规划须遵循的法律规范性文件。

（七）旅游规划的国家标准、规范及行业标准

旅游规划的国家标准或规范是政府在编制旅游规划时需遵循的技术性规范，主要包括《旅游规划通则》（GB/T 18971—2003）、《旅游发展规划评估导则》（LB/T 041—2015）、《风景名胜区规划规范》（GB 50298—1999）、《森林公园总体设计规范》（LY/T 5132—95）、《自然保护区管护基础设施建设技术规范》（HJ/T 129—2003）等。上述标准、规范更具可操作性、可实施性，因而是旅游规划编制更为直接的依据。

（八）关于旅游发展规划的规范性文件

2009年11月，国务院出台《国务院关于加快发展旅游业的意见》（以下简称《意见》）。该《意见》明确提出要把旅游业培育成国民经济的战略性支柱产业和人民群众更加满意的现代服务业，为此出台了多项支持旅游业发展的措施，其中有多处涉及旅游发展规划的支持与保障，例如土地利用、基础设施等。同时，许多地方政府，如杭州、贵州、宁波、上海等地，为促进当地旅游业发展，也纷纷出台促进旅游业发展的意见或办法，在水域、滩涂、废弃荒地用作旅游方面给予了许多具体的支持。上述文件所体现的精神、要求，政府在编制旅游发展规划时必须予以遵循，不得违背。

（九）当地国民经济与社会发展计划

国民经济与社会发展计划是各级政府对当地经济、社会活动、科技教育、文化事业所做的总体安排和部署，是指导经济和与社会发展的纲领性文件。根据时间的长短，有长期计划（10～20年）、中期计划（5年）及年度计划三种。其中，年度计划经同级人民代表大会通过后，具有相应的法律效力，是本级机关、团体、企事业单位必须遵循的依据。政府在编制旅游发展规划时，必须遵循当地的国民经济与社会发展规划，否则，将难以与其他专项规划如城乡规划、土地利用规划、环境保护规划等相协调、衔接，从而无法保证旅游发展规划实施所必需的土地、交通、电信、环卫等基础设施、公共服务的支持，进而难以落地。

（十）已通过审批的相关法定规划

已通过审批的相关法定规划因其性质而具有相应的法律效力，是下级政府组织编制旅游发展规划应当遵循的依据。具体来说，主要有上级政府组织编制的旅游发展规划；当地政府或相关部门组织编制的城乡规划、土地利用年度规划、环境保护规划等。实践中，许多旅游发展规划难以实施的主要原因是在编制旅游发展规划时没有认真研究、遵循上述法定规划，从而难以获得相关部门在土地、用水、电信、环卫、交通等方面的支持。

综上所述，政府组织编制旅游发展规划需要遵循的依据很多，需要政府、旅游规划机构、评审人员认真学习、贯彻，吃透相关依据。只有如此，才能够使本级政府组织编制的旅游发展规划顺利通过审批，顺利实施。

五、旅游发展规划的编制程序

旅游发展规划的编制程序是指政府组织编写旅游发展规划应遵循的步骤、顺序、形式、时限等要求。对规划编写的程序作出要求是为了保障规划的科学性、民主性及实效性。《旅游法》对旅游发展规划的程序仅作了原则性规定，要求旅游发展规划必须与相关规划衔接。对旅游发展规划程序的规定主要体现在《旅游发展规划管理办法》及各地的旅游规划管理规定中。从《旅游发展规划管理办法》以及各地旅游条例对旅游发展规划程序的规定来看，旅游发展规划的编写应遵循的程序主要有以下几个方面。

（一）旅游发展规划的编制

鉴于旅游发展规划的专业性、综合性、技术性等特点，国家要求旅游发展规划应当包括必备的基本内容，编制旅游发展规划需要具备一定的资质。《旅游法》第十八条第一款规定："旅游发展规划应当包括旅游业发展的总体要求和发展目标，旅游资源保护和利用的要求和措施，以及旅游产品开发、旅游服务质量提升、旅游文化建设、旅游形象推广、旅游基础设施和公共服务设施建设的要求和促进措施等内容。"《旅游发展规划管理办法》第十五条规定："国家旅游局对编制旅游发展规划的单位进行资质认定，并予以公告。"据此，国务院和省、自治区、直辖市人民政府以及旅游资源丰富的设区的市和县级人民政府应选择具有法定资质的旅游规划设计单位具体从事旅游发展规划的编制工作。

(二)旅游发展规划的评审

为保证旅游发展规划的可行性,与国土规划、土地利用总体规划、城乡规划及相关规划相衔接,有利于旅游发展规划的实施,有必要对旅游发展规划进行评审。《旅游法》第十九条规定:"旅游发展规划应当与土地利用总体规划、城乡规划、环境保护规划以及其他自然资源和文物等人文资源的保护和利用规划相衔接。"《旅游发展规划管理办法》第二十二条规定:"旅游发展规划上报审批前应进行经济、社会、环境可行性论证,由各级旅游局组织专家评审,并征求有关部门意见。"

(三)旅游发展规划的批准

旅游发展规划的批准权一般由政府行使。政府之所以作为旅游发展规划的批准主体,是因为旅游发展规划的实施涉及多方面的协调,例如交通、土地、林业、水利、建设、文物等部门,而政府作为上述相关部门的上级机关与直接领导,在协调上更为有力、便捷、高效。上级政府作为审批主体的意义,在于可以从更高层面、更为宏观的视角,对下级政府或旅游主管部门组织编制的旅游发展规划进行综合平衡、全面考虑,从而便于地方旅游发展规划与全国旅游发展规划、区域旅游发展规划、邻近区域旅游发展规划进行对接与协调。政府对旅游发展规划进行批准,同时还意味着增强了旅游发展规划的合法性,减少其实施中的变动、走样。《旅游发展规划管理办法》规定:"地方旅游发展规划在征求上一级旅游部门意见后,报同级人民政府批复实施;国家确定的重点旅游城市的旅游发展规划,在征求国家旅游局和本省(自治区、直辖市)旅游局意见后,由当地人民政府批复实施。"

(四)旅游发展规划的修订

旅游发展规划是对一定区域内旅游业未来的发展所作的预测与要素安排。由于预测时掌握的信息不够充分,或者旅游发展规划经审批后的情势变更等,现实发展需要对旅游发展规划进行相应的修订。为保证旅游发展规划的严肃性、权威性、执行性,《旅游发展规划管理办法》第二十三条对修订旅游发展规划作出了明确要求:"地方各级旅游局可以根据市场需求的变化对旅游规划进行调整,报同级人民政府和上一级旅游局备案,但涉及旅游产业地位、发展方向、发展目标和产品格局的重大变更,须报原批复单位审批。"

(五)旅游发展规划的实施

旅游发展规划的实施是指旅游发展规划确定的项目、计划、方案等的执行与落地。旅游发展规划的实施是落实旅游发展规划战略意图的重要保证。由于旅游发展规划的实施涉及土地、资金等要素,因而需要由相关部门给予支持和配合。对此,《旅游法》第十七条规定:"国务院和县级以上地方人民政府应当将旅游业发展纳入国民经济和社会发展规划。"《旅游法》第二十条规定:"各级人民政府编制土地利用总体规划、城乡规划,应当充分考虑相关旅游项目、设施的空间布局和建设用地要求。规划和建设交通、通信、供水、供电、环保等基础设施和公共服务设施,应当兼顾旅游业发展的需要。"旅游业的发展、旅游项目的落地,都需要得到各级政府的支持。政府支持旅游业发展的标志就是将旅游业纳入当地的国民经济和社会发展规划。唯有如此,旅游业发展所需的政府资金才能够有财政的保证,旅游项目所需用地才能够纳入土地利用总体规划和年度供地计划,旅游项目运行所需的供水、供电、环保、通信、交通才能够纳入相关部门的长期规划与年度计划,列入相关部门的议事日程。《旅游法》对旅游规划实施的上述规定,就是为各级政府设定了明确的法律义务,为旅游发展规划的实施与落地提供了坚实的法律支撑与保证。

(六)旅游发展规划的执行评估

旅游发展规划的执行情况如何,既关系到旅游发展规划自身的权威性,也关系到旅游业的科学发展。为此,就需要对旅游发展规划的执行情况,执行中的困难与障碍,执行后的生态、经济、社会影响等进行全面评估。《旅游法》第二十二条规定:"各级人民政府应当组织对本级政府编制的旅游发展规划的执行情况进行评估,并向社会公布。"

六、旅游发展规划的法律责任

法律责任是保障法律规范有效实施的保障。对于旅游发展规划,根据《旅游法》及相关法律、法规、规章,可以将其责任分为以下几个方面。

(一)旅游发展规划的编制责任

在旅游发展规划编制方面的违法行为有两类。一是旅游发展规划编制的不作为,即不组织编写旅游发展规划,应承担不作为的法律责任,其法律责任的承担主体包括国务院、省级政府及其他有编制旅游发展规划义务的政府;二是编写的旅游发展规划内容与相关法律、法规、规章或者上一级旅游发展规划存在冲突、突破等情形,应承担违法行为的法律责任,其法律责任承担主体包括国务院、省级政府及其他承担编制旅游发展规划义务的政府。国务院在编写全国旅游发展规划方面也必须遵守《宪法》《旅游法》及相关法律,下级政府编写规划应符合中央政府编写的全国旅游发展规划,不得突破或违背。三是编写旅游发展规划的程序违法,未在编写过程中依照法律进行公示、征求意见、召开听证会等或没有与相关部门进行沟通与协调的,承担程序违法法律责任,其责任主体为编制旅游发展规划的地方各级政府。

(二)旅游发展规划的执行责任

旅游发展规划的执行主体分为两种,一是旅游发展规划编制主体的下级政府,二是旅游发展规划中的旅游项目建设主体。旅游发展规划编制主体的下级政府的执行责任是因为在编制本级旅游发展规划时与上级旅游发展规划相冲突。旅游项目建设主体的执行责任是因为在建设旅游发展规划确定的旅游项目时违反规划,依法承担相应的法律责任。

(三)旅游发展规划的监督责任

旅游发展规划的监督主体包括中央政府、省级政府及其他编制旅游发展规划的主体。

上述主体在旅游发展规划监督方面的责任主要是违反法律规定的监督规划执行职责,导致旅游发展规划确定的目标、项目等没有如期、如规划实现,依法承担相应的法律责任。

第二节　旅游促进制度

改革开放以来,我国旅游业的发展取得了令世人瞩目的成就。为充分发挥旅游业在扩大内需、提升人民生活品质等方面的积极作用,国家明确提出要把旅游业培育成为国民经济的战略性支柱产业和人民群众更加满意的现代服务业,并设定了具体的目标,规定了相应的举措,这必将极大促进旅游业的发展。

本节将对国家及地方促进旅游业发展的相关制度分别进行阐述,包括旅游促进制度概述、旅游形象宣传制度、旅游公共服务制度、旅游基础设施建设制度、旅游救援服务、旅游人才队伍建设制度等。

一、旅游促进政策

(一)旅游促进政策概述

旅游促进政策是指政府促进旅游业发展的措施总和。旅游业自身的特点及中国旅游业发展的特殊进程,使得旅游业的发展需要政府给予促进与支持。

(二)促进旅游业发展的意义

1.促进旅游业发展有利于扩大内需

当前,内需不足、消费不振是制约我国经济发展的突出问题,而旅游消费具有拉动内需、促进消费的独特优势。首先,旅游是终端消费,普通民众可以用自己的钱直接购买服务;其次,旅游是综合性消费,包括对餐饮、娱乐、物品、游览、交通、住宿等各方面的消费;再次,旅游是多层次消费,不同收入档次、不同文化品位、不同出游方式的旅游者都可以找到适合自己的旅游服务;同时,旅游消费是可重复性消费,只要人们有时间、有收入、有愿望,就可以重复出游、不断消费。鉴于旅游消费的上述特点,发展旅游业将对国家的内需提升有极大的促进作用。

2.促进旅游业发展有利于促进就业

旅游是集现代服务业与传统服务业、劳动密集型与知识、技术密集型于一身的产业,有着很强的吸纳就业的能力。世界旅游组织测算,旅游业每增加3万美元的收入,就可以增加1个直接就业机会和5个间接就业机会。当前,由于技术进步带来的资本有机构成提高和产业结构不合理等原因,我国的就业弹性系数已经从改革开放初期的0.3下降到目前的0.1左右。这意味着当前经济发展吸纳就业的能力在下降。如果加上当前城镇化与调整经济结构的因素,第一、第二产业富余的和难以吸纳的人员,都要进入服务业。旅游业作为新兴产业,具有就业容量大、门槛相对较低、就业层次多、就业方式灵活等优势。发展旅游业将有利于积极促进就业,减缓我国的就业压力。

3. 促进旅游业发展有利于提升人民生活质量

随着人们收入的增加与生活水平的提升,人们的消费结构也在不断变化,逐渐由以物质消费为主转向以精神消费为主。旅游活动可以陶冶情操、开阔视野、增加知识、增进交往,可以舒缓工作压力与精神压力,根本性地提升个人和家庭的和谐幸福。可以说,旅游已经成为人们提升生活质量的重要标准。

4. 促进旅游业发展有利于促进对外交往

旅游是人在空间的移动,既有外国旅游者到中国旅游,也有中国人到外国旅游,还有中国人在自己的国土上旅行、游览。无论是哪种方式,旅游者必然会在异地与当地民众发生交往,进行交流,增加对异地风土人情、风俗习惯的认识与了解,旅游可谓是没有口号的外交。近年来,通过我们发展旅游业,外国游客对中国有了更深入的了解,中国人也对祖国的大好河山有了全面的认识,对西方发达国家也有了较多的了解。

(三)旅游促进制度的具体内容

1. 旅游发展协调机制

旅游发展协调机制是指各地协调部门之间、地方之间及地方与部门间关系以促进旅游业发展的机制,其具体形式为旅游领导小组、旅游发展联席会议、旅游发展大会等。建立上述协调机制,其意在于协调相关部门、地方,以形成促进旅游发展的合力,营造旅游业发展的良好环境。目前,国家及各地的旅游发展协调机制基本上属于假日旅游协调机制或特定旅游项目协调机制(如红色旅游),常态性的旅游发展协调机制尚未建立或健全。旅游业的发展在体制、机制上受到极大制约。为此,《旅游法》第七条规定:"国务院建立健全旅游综合协调机制,对旅游业发展进行综合协调。县级以上地方人民政府应当加强对旅游工作的组织和领导,明确相关部门或者机构,对本行政区域的旅游业发展和监督管理进行统筹协调。"据此,国务院及省级、市级、县级地方人民政府都应建立健全旅游综合协调机制,旅游乡镇也要明确专人负责乡村旅游工作,以体制机制的力量推动旅游业持续健康发展。

2. 旅游项目用地政策

旅游企业的发展需要落地,需要有一定的土地空间。无论是景区,还是宾馆、农家乐项目等,都需要建设在土地之上。《旅游法》第二十条对此作出了明确的规定,要求各级人民政府编制土地利用总体规划、城乡规划,应当充分考虑相关旅游项目、设施的空间布局和建设用地的要求。各地应根据《旅游法》的要求,结合地方实际,完善用地政策。例如,年度土地供应,要根据当地旅游业发展的空间相应增加旅游业用地指标;为旅游配套的公益性城镇基础设施建设用地按照划拨方式提供;利用林地、水面、山头兴办的旅游项目,可以通过承包、租赁等形式取得使用权或经营权;以出让方式取得土地使用权的,可以依法转让、出租和抵押;城乡建设用地增减挂钩和土地整理节余的土地使用向乡村旅游业倾斜,等等。

3.旅游金融政策

旅游企业的发展离不开银行等金融机构的支持。金融机构的支持是旅游企业健康发展、跨越式发展的保障与基础。为此,各地应根据《旅游法》大力发展旅游业的精神及国务院2009年41号文件的要求,不断完善融资政策,引导金融机构积极支持旅游业发展。鼓励金融机构在依法合规、风险可控的基础上,开展旅游企业建设用地使用权抵押、海域使用权抵押、水域滩涂养殖使用权抵押、林权抵押、养殖物抵押等抵押贷款业务。涉农金融机构要加大对乡村旅游的信贷投放和金融服务力度。在乡村旅游集聚地区要优先布设 ATM 机。鼓励有实力的企业发起设立旅游产业基金,组建融资性旅游担保公司。支持符合条件的企业发起成立小额贷款公司、旅游投资公司、民间资本管理公司。凡是符合小额担保贷款政策支持对象的乡村旅游企业,均可申请小额担保贷款,并按规定予以贴息。

4.旅游税费优惠政策

旅游业的发展最终要落实到每一个旅游企业的发展。旅游企业的发展可以从两个方面进行,一个是增加收入,一个是减少支出。对旅游企业的发展而言,支持、促进的措施之一就是落实好国家已有的旅游税费政策。之所以说落实已有的税费优惠政策,不出台新的旅游税费优惠政策,是因为在建设法治国家的今天,税费优惠的出台必须依法进行,不符合法律的地方税费优惠政策既无法出台,更无法持续。因此我们认为,只要能把国家已有的旅游税费优惠政策落到实处,落实到每一个旅游企业身上,就是对旅游企业的莫大支持与促进。具体来说,应根据国务院2009年41号文件的要求,对星级饭店、旅游景区、旅游度假区、温泉企业、旅游商品生产企业等单位,实行与一般工业企业同等的用水、用电、用气价格政策。对经营采摘、观光农业的单位和个人,落实国家有关规定,其直接用于采摘、观光的种植、养殖、饲养的土地,免征城镇土地使用税。旅游企业的促销费用依法纳入企业的经营成本,减少企业的税收压力。

5.旅游财政政策

旅游是产业,又是事业。产业的发展要靠市场、靠旅游企业自身,当然也需要政府的积极引导。事业的发展,其责任主要在政府。旅游既是产业,又是事业,其发展自然就需要政府的投入。为此,《旅游法》第二十四条规定:"国务院和县级以上地方人民政府应当根据实际情况安排资金,加强旅游基础设施建设、旅游公共服务和旅游形象推广。"据此,国务院和县级以上地方人民政府要根据旅游发展实际,设立旅游发展资金,并根据旅游业发展需要,逐步加大投入。

6.旅游消费促进政策

旅游业的发展,既要靠投入,又要靠消费。因此,《旅游法》第二十三条要求,国务院和县级以上地方人民政府应当制定并组织实施有利于旅游业持续健康发展的产业政策。消费促进当然是产业促进政策的重要组成部分。由此,采取各种有利于促进、刺激旅游消费的措施就是落实《旅游法》精神的实质步骤。具体来说,行政事业单位和国有企业的交通、住宿、餐饮、会展、会务以及出国境服务可以委托旅行社办理,这样既能够节省上述单位的精力、财力,又能够促进旅游业的发展。切实落实带薪休假制度,鼓励企业将安排职工旅游休闲作为奖励和福利措施。鼓励学校组织学生进行寓教于游的课外实践活动,健全学校旅游责任保险制度。加快推进公益性景区、博物馆、纪念馆等免费开放,依托公共资源开发的旅游景区实行低票价制度。积极落实旅游景区对未成年人、老年人、现役军人、残疾人、高校学生、教师等群体减免门票等优惠政策。

二、旅游形象推广

(一)旅游形象概述

旅游形象是旅游目的地相关主体宣传与传播的成果,是旅游目的地各旅游产品及其他因素综合作用产生的效果总和,是人们对旅游目的地各种感知、印象、看法、感情和认识的综合体现,在旅游目的地发展中占据极其重要的地位。因此,加强旅游形象推广就成为促进旅游业发展的重要措施。

(二)旅游形象推广的主要内容

1. 旅游形象推广的主体

鉴于旅游形象往往与国家和地方整体形象密切相关,需要统筹有关部门共同推进,为此,这一责任应当由各级政府承担。根据《旅游法》第二十五条的规定,国家制定并实施旅游形象推广战略。国务院旅游主管部门在国家旅游形象境外推广中,统筹组织国家旅游形象境外推广工作,建立旅游形象推广机构和网络,开展旅游国际合作与交流。对地方旅游目的地而言,则要求县级以上地方人民政府承担本地旅游形象推广的统筹工作。

2. 旅游形象推广的方式

根据旅游形象宣传的基本原理,国家或县级以上地方人民政府应整合旅游形象推广的各种方式,协调文艺、体育、外宣、节庆、会展等相关组织,整合新闻媒体、铁路、机场、公路等组织、公共服务主体,打造统一、协调的国家旅游形象或地方旅游形象。具体来说,国家及国务院旅游主管部门应积极推进国家旅游形象的境外宣传工作,县级以上地方人民政府主要负责地方旅游形象的境内宣传,境外宣传应与国家层面的旅游形象宣传战略保持一致,具体宣传方式应效仿国家层面的整合方式。

3. 旅游形象宣传的经费

旅游形象宣传的投入具有数额大、投入时效长等特点,因此需要有稳定的经费保障机制。境外发达国家的旅游形象宣传经费保障一般均通过专项立法予以保障。例如,美国的国家旅游形象宣传经费来源于入境旅游者缴纳的费用,英国、爱尔兰、法国、澳大利亚的国家旅游形象宣传费用则有政府拨款等多种渠道,政府拨款的数额根据入境旅游收入总量确定。

此种规定方式的好处是旅游形象宣传的效果与其经费直接挂钩,有利于激励旅游形象推广机构不断改善旅游形象宣传方式,不断提升旅游形象宣传的效果。

三、旅游公共信息服务

(一)旅游公共信息服务概述

旅游公共信息服务是指旅游目的地政府及其他公共组织为满足广大旅游者对该地相关旅游信息的需求,通过多种途径和方法,收集、加工、传输或公开旅游信息的职责、行为及其过程。

(二)旅游公共信息服务的特点

1. 权威性

权威性是由政府及其他公共组织所处的地位决定的。因为政府及其他公共组织握有国家权力或社会公共权力,能够获得一般旅游企业无法或无力获取的大量信息,例如旅游目的地的总体接待能力、天气预报、地质灾害预警信息等。

2. 有效性

政府及其他公共组织的权威性确保了政府公共信息服务的有效性。如果由某企业或私人部门提供公共信息,因其自利性而导致其提供信息的可信度将大打折扣。

3. 广泛性

政府及其他公共组织的活动涉及旅游目的地经济与社会生活的方方面面,其信息来源之多、范围之广和内容之丰富是其他组织难以比拟的,各种旅游政务信息、旅游市场信息、旅游接待能力信息等主要由政府及其他公共组织掌握。

4. 公共性

旅游公共信息服务是政府及其他公共组织的公共服务形式之一,体现了政府及其他公共组织的性质和目的,具有公共物品的属性。

5. 共享性

政府公共信息服务的对象是所有符合资格的旅游者,并间接地服务于旅游企业。

(三)旅游公共信息服务的作用

1. 旅游公共信息服务能够有效地满足自助旅游者的需求

随着经济与社会的发展,人们越来越多地选择自助出游这一旅游方式。2017年我国国内游客达到50亿人次,其中自由行游客约48亿人次,占比达到96%。与跟团出游的旅游者相比,散客需要自己收集旅游目的地的接待信息、天气预报、地质灾害预警等信息。上述信息单靠旅游企业是无法满足旅游者对信息的全面性、真实性、及时性需求的。政府及其他公共组织提供旅游公共信息服务能够为自助出行的散客带来诸多方便。

2.旅游公共信息服务是旅游目的地的一项重要服务功能

旅游公共信息服务水平的高低,是衡量一个国家或地方旅游产业发展水平的重要尺度。

3.旅游公共信息服务可以减少由于信息不对称而造成的道德陷阱问题

旅游者对目的地的相关情况所知甚少,在整个行程中容易遭受因信息不对称而造成的道德陷阱,受到欺骗、欺诈。旅游公共信息服务可以有效地缓解旅游者与旅游目的地经营者之间的信息不对称状况。

(四)旅游公共信息服务制度的内容

鉴于旅游公共信息服务对便利旅游者出游、促进旅游业发展的重要作用,《旅游法》对旅游公共信息服务作出了详尽规定,主要包括下述内容。

1.旅游公共信息服务的提供主体

《旅游法》明确规定旅游公共信息服务的主体在中央是国务院旅游主管部门,在地方则是县级以上地方人民政府。旅游公共信息服务是公共服务,理应由政府承担,也只有政府才有能力、有公信力承担。

2.旅游公共信息服务的内容

《旅游法》规定国务院旅游主管部门及县级以上地方人民政府应向旅游者提供旅游景区、线路、交通、气象、住宿、安全、医疗急救等必要信息和咨询服务。上述信息是旅游者制订出游计划,作出旅游决策、确定旅游路线、保障旅游安全与便捷必须知晓的信息。

3.旅游公共信息的提供方式

信息的价值就在于能够及时、廉价、便捷地为公众所获取。为了方便旅游者能够及时、廉价、便捷地获取旅游公共信息,《旅游法》明确规定国务院旅游主管部门及县级以上地方人民政府应无偿向旅游者提供旅游所必需的信息和咨询服务。这里应强调旅游公共信息服务的无偿性。因为旅游公共信息是政府利用包括旅游者在内的纳税人的钱获取的信息,从本质上说应属于公众共有。为旅游者免费提供旅游公共信息,既是人民政府为人民的最好体现,也是对纳税人的回报。同时,《旅游法》还要求设区的市和县级人民政府有关部门应当根据当地旅游业发展的需要,在交通枢纽、商业中心和旅游者集中场所设置旅游咨询中心,在景区和通往主要景区的道路上设置旅游指示标识。上述规定的落实,有利于旅游者便捷地获取旅游目的地的公共信息。

四、旅游救援服务

(一)旅游救援服务概述

旅游救援服务是指对旅游活动中发生安全事故的当事人提供紧急救护与援助服务的系统。

旅游救援服务对旅游业的发展具有重要的作用与意义。首先,旅游救援服务是"旅游不安全"的现实需要。旅游的流动性、异地性、短暂性将旅游活动中的旅游者置于一种相对陌生的环境中,对危险的来源、频率等缺乏认识,同时旅游者在旅游途中又容易放松警惕,导致突发事件发生的概率增加,从而导致对旅游应急救援服务的需求上升。旅游安全问题始终贯穿旅游活动的始末,并伴随着旅游现象而存在。可以说,旅游活动中的不安全是绝对的,安全是相对的。因此,现实需要旅游安全应急救援系统,以便在发生旅游安全问题的时候提供尽可能的旅游应急救援。其次,旅游安全应急救援服务将为旅游应急救援时的多方协作、共同作业提供平台和空间。旅游应急救援服务能够把政府应急救援系统、旅游经营者的应急救援机构、外围机构等相关机构和人员组织起来,以政府应急救援指挥中心这一核心机构来统一策划旅游应急救援工作,形成社会联动系统,发挥集体的力量。一旦有旅游安全事件发生,发生旅游安全问题的旅游景区/点、旅游企业、社区,应急救援的公安、消防、医院、武警和外围的保险公司等就能够协同作战,在同一平台上开展旅游应急救援工作。

(二)旅游救援服务制度

旅游救援服务制度主要体现在国家层面的立法上。国家层面的旅游应急救援立法主要体现在《中华人民共和国突发事件应对法》(以下简称《突发事件应对法》)及地方制定的突发事件应对实施条例或办法之中。

1. 旅游救援服务的主体

根据《突发事件应对法》的规定,突发事件的应急救援主体是当地县级人民政府。涉及两个以上行政区域的,由有关行政区域共同的上一级人民政府负责,或者由各有关行政区域的上一级人民政府共同负责。据此,县级人民政府应属于旅游应急救援的主体或者有关行政区域共同的上一级人民政府。

2. 旅游救援服务的预防性程序

旅游应急救援的预防性程序是旅游突发事件的监测与预警,这对事后的救援有着重要的支撑作用。对于旅游突发事件的监测与预警,其主体同样应为县级以上人民政府。旅游主管部门负责收集与旅游突发事件有关的信息,并应及时上报。当可以预警的涉旅自然灾害、事故灾难或者公共卫生事件即将发生或者发生的可能性增大时,县级以上地方各级人民政府负责发布相应级别的警报,决定并宣布有关地区进入预警期,同时向上一级人民政府报告。

3. 旅游救援服务的运行

涉及旅游的突发事件发生后,当地县级人民政府应当针对其性质、特点和危害程度,立即组织有关部门,调动应急救援队伍和社会力量,依法采取应急处置措施。应急处置措施包括并不限于下列各项:组织营救和救治受害旅游者,疏散、撤离并妥善安置受到威胁的旅游者以及采取其他救助措施;迅速控制危险源,标明危险区域,封锁危险场所,划定警戒区,实行交通管制以及其他控制措施;立即抢修被损坏的交通、通信、供水、排水、供电、供气、供热等公共设施,向受到危害的旅游者提供避难场所和生活必需品,实施医疗救护和卫生防疫以及其他保障措施;禁止或者限制使用有关设备、设施,关闭或者限制使用有关场所,中止旅游者密集的活动或者可能导致危害扩大的生产经营活动等。

五、旅游基础设施建设

(一)旅游基础设施概述

基础设施,顾名思义是最基本的设施。旅游基础设施是指直接为旅游者服务,具有公益性、社会性和基础支撑性的各项设施的总称。旅游基础设施既是连接各旅游服务环节的重要链条,又是提升旅游产品质量和服务质量的基础性因素。

一个国家或地区旅游业的发达程度,并不仅仅表现为星级旅游饭店的多少和 A 级旅游景区的数量,更在于游客咨询服务中心、旅游厕所、旅游标示体系、游客休息站、自驾车旅游服务区、景区内外旅游交通设施、旅游停车场、配套供水供电设施、垃圾污水处理设施、消防设施、安全防护设施等诸多基础设施的配备与完善程度。

(二)促进旅游基础设施建设

《旅游法》第二十条对旅游基础设施的规划建设作出了总体要求:"各级人民政府编制土地利用总体规划、城乡规划,应当充分考虑相关旅游项目、设施的空间布局和建设用地要求。规划和建设交通、通信、供水、供电、环保等基础设施和公共服务设施,应当兼顾旅游业发展的需要。"

一般来说,要使旅游基础设施建设落到实处,应根据《旅游法》的要求,从以下几个方面入手。

1. 旅游基础设施应作为土地利用总体规划、城乡规划、环境保护规划的内容

旅游基础设施,无论是交通设施,或者是环卫设施,还是通信设施,都需要建设在一定的空间之中,需要建设在土地之上,需要与旅游景区、旅游线路等配套、衔接,才能发挥基础性作用,才能服务于旅游业。而建设旅游基础设施所需要的空间、土地及与相关景区衔接、配套,就需要在各地的土地利用总体规划、城乡规划、环境保护规划中有其位置,有其要求,有其存在。因为根据现行法律、法规,任何基础设施的建设均需要以纳入土地利用总体规划、城乡规划、环境保护规划为前提。

2. 加强旅游基础设施建设的资金保障

旅游基础设施建设一般具有资金投入规模大、收益见效慢、受益群体广泛等特点,从而使其资金投入常常难以保障,建设进度、效果自然也会受到较大影响。对此,各地应根据《旅游法》的要求,从促进旅游业持续健康发展的角度,落实发展旅游事业的国家责任,明确旅游基础设施建设的资金来源,疏通社会资本进入旅游基础建设领域的通道,创新旅游基础设施建设资金的融资方式。

3. 建立旅游基础设施建设协调机制

由于旅游基础设施建设涉及的部门、方面、领域多,根据现行行政管理体制,必须建立相

应的协调机制,才能使旅游基础设施建设规划与相关规划衔接、协调,才能使旅游基础设施建设落到实处。

六、旅游人才队伍建设

在任何行业,人才都是发展的重要因素。做任何事情,都需要人才。没有人才,任何事业都无法正常、快速、可持续发展。对旅游这样的服务性行业而言,人才的作用就更为突出。促进旅游业的发展,进一步提升旅游服务的品质,提高旅游消费者的满意度,促进旅游业的转型升级,增强中国旅游业的国际竞争力,就需要继续大力推进旅游人才队伍建设。

(一)旅游人才概述

旅游人才是国家旅游业发展的首要资源。加快人才资源开发已成为在激烈的国际竞争中赢得主动权的重大战略选择。改革开放以来,我国旅游人才队伍建设取得很大成绩,与旅游行业特点相适应的旅游人才体系初步建立,与旅游业快速发展相适应的各类人才队伍不断壮大,市场配置人才资源的能力显著增强,人才发展环境进一步优化,人才资源在旅游业发展中的战略支撑和引领作用日益突出。截至 2018 年 4 月,全国开设旅游管理类本科专业和旅游管理类高职专业的普通高等院校 1 694 所,2017 年全国共招生 17.2 万人;中等职业学校 947 所,比上年增加 135 所,2017 年共招生 10.2 万人。两项合计,旅游院校总数 2 641 所,全年招生 27.4 万人。

但是,与快速发展的旅游业相比,旅游人才总量还存在较大缺口,旅游人才整体素质偏低,旅游人才的教育支撑不足,旅游人才的保障机制和开发机制仍相对滞后。

目前,我国旅游业正进入新一轮发展黄金期,同时也将进入深度改革和产业转型升级的关键期,承担着把我国旅游业培育成国民经济的战略性支柱产业和人民群众更加满意的现代服务业等两大战略目标,特别是要实现产业融合和产业发展方式由过度依赖资源消耗和资本投入向主要依靠技术和管理创新、人才资源素质提高的根本转变,我国旅游业对人才资源需求的紧迫程度前所未有。

面对新形势新任务,必须坚定不移地走人才强旅、科教兴旅之路。要通过法制化手段,明确建立下列制度,以制度促进旅游人才的培养、培训、保障等。

(二)旅游人才队伍建设制度

根据《旅游法》的规定,加强旅游人才队伍建设包括以下几个方面:

1. 大力发展旅游职业教育

旅游职业教育是提供旅游人才的主渠道,旅游职业院校的毕业生是提升旅游服务品质的生力军、主力军,加强旅游人才队伍建设,首先要抓好旅游职业教育。国家及各地区应根据《旅游法》的要求,从建设旅游强国、旅游强省(区、市)的高度,增强发展旅游教育的使命感与责任感,建立健全政府主导、行业指导、企业参与的旅游职业教育办学机制。健全多渠道投入机制,加大对旅游职业教育的财政投入,满足经济社会对高素质旅游技能型人才的需要。

2. 开展旅游从业人员的培训

旅游从业人员是当前正在从事旅游服务业的人员,其整体素质如何,既关系到旅游业当前的运营状况,更关系到旅游业未来的发展后劲。对乡村旅游来说,旅游从业人员的培训就显得更为紧迫。应建立乡村旅游全员培训制度,全员培训乡村旅游从业人员,提升服务技能、接待礼仪和业务操作技能。因此,旅游从业人员当然是旅游人才队伍的重要组成部分,开展旅游从业人员培训是旅游人才队伍建设的重要内容。

3. 建立健全旅游人才发展体制机制

人才不仅需要教育与培训,还需要完善相关社会保障机制,才能使人才安心工作,真心服务。为此,国家及各地应按照《旅游法》的要求,根据旅游行业的实际,完善旅游从业人员的养老和医疗保障机制,支持用人单位为各类旅游人才建立补充养老、医疗保险,增强旅游从业人员的职业归属感和职业安全感。

【思考题】

1. 旅游促进的意义是什么?
2. 旅游形象宣传的特点是什么?
3. 旅游公共信息服务的内容是什么?
4. 旅游救援服务的主体有哪些?
5. 促进旅游基础设施建设的内容是什么?

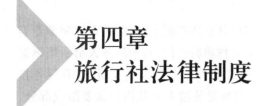

第四章
旅行社法律制度

【学习目标】

1.掌握旅行社的设立条件。

2.熟悉旅行社质量保证金制度。

3.了解旅行社监督管理制度。

【内容提要】

设立旅行社需要具备法定的条件,履行法定的程序,先行办理工商营业执照,后办理旅行社业务经营许可证。旅行社运营需要遵守相应的原则和规则。国家对旅行社的运营建立了质量保证金制度、旅行社责任保险制度、监督管理制度等制度。在经营中,旅行社享有法定的权利,应履行法定的义务,违反法律规定的义务及经营规范,应当承担相应的法律责任。

旅行社法律制度是关于旅行社的设立、经营、权利与义务的规定,是旅行社开展业务经营的法律依据,也是旅游等行政管理部门对其实施监管的法律依据。目前,我国旅行社法律制度主要由《旅游法》《旅行社条例》《旅行社条例实施细则》等法律、法规、规章组成。此外,国家旅游局等有关部门发布的《旅游服务质量保证金存取管理办法》《旅行社责任保险管理办法》等规章、规范性文件,与前述法律、法规等共同构成旅行社法律制度。

第一节　旅行社概述

一、旅行社的概念及其特征

旅行社是指从事招徕、组织、接待旅游者等活动,为旅游者提供相关旅游服务,开展国内旅游业务、入境旅游业务或者出境旅游业务的企业法人。旅行社的含义,可以从以下几个方面理解。

（一）旅行社是企业法人

作为企业法人,旅行社的设立、运营必须遵守《中华人民共和国公司法》(以下简称《公司法》)、《中华人民共和国反不正当竞争法》(以下简称《反不正当竞争法》)等法律对企业的一般性要求,符合企业法人的设立条件,依照企业设立的程序履行工商登记等手续。

（二）旅行社的业务是招徕、组织、接待旅游者

招徕是指旅行社开展宣传、推销业务、招揽旅游者;组织旅游者是指旅行社根据市场调研,事先自行设计或者按照旅游者的要求,规划、选定旅游路线和沿途观光、休闲、娱乐、餐饮等旅游项目,并将此线路中为实现观光、休闲、度假等目的涉及的交通、住宿等要素,向其他合格的服务提供者事先订购,加上自身的导游或领队服务,形成一个由自己和履行辅助人提供的服务组合,并以总价打包销售,一般也称之为包价旅游业务。包价旅游业务属于旅行社的专属业务,非旅行社不得经营。组织旅游业务中的产品设计是否合理、选定的供应商是否合格,不仅关系到行程能否顺利完成,更关系到旅游者的人身、财产安全,需要经营者具有相当的运营能力,承担更多的安全保障责任,一般性的市场主体无力运营,也没有承担责任的能力;接待是指旅行社根据合同的事先约定,为旅游者实际提供交通、住宿、餐饮、观光等服务。

（三）旅行社的业务是提供旅游服务

根据《旅行社条例实施细则》的规定,旅游服务主要包括:①安排交通服务;②安排住宿服务;③安排餐饮服务;④安排观光游览、休闲度假等服务;⑤导游、领队服务;⑥旅游咨询、旅游活动设计服务。

旅行社还可以接受委托,提供下列旅游服务:①接受旅游者的委托,代订交通客票、代订住宿和代办出境、入境、签证手续等;②接受机关、事业单位和社会团体的委托,为其差旅、考察、会议、展览等公务活动,代办交通、住宿、餐饮、会务等事务;③接受企业委托,为其各类商务活动、奖励旅游等,代办交通、住宿、餐饮、会务、观光游览、休闲度假等事务;④其他旅游服务。前款所列出境、签证手续等服务,应当由具备出境旅游业务经营权的旅行社代办。

二、旅行社的经营范围

根据接待对象和旅游目的地的不同,旅游业务分为境内旅游、出境旅游、边境旅游、入境旅游和其他旅游业务。

（一）境内旅游

境内旅游是指在中华人民共和国领域内,除香港、澳门特别行政区以及台湾地区之外的地区进行的旅游活动。根据《中华人民共和国出境入境管理法》(以下简称《出境入境管理法》)的规定,此处的"境",是指关境,而不是一般意义上的国境。因为中国目前"一国两制"

的现实,内地居民进入香港特别行政区、澳门特别行政区还需要办理出境手续,大陆居民进入台湾地区也需要办理出境手续。下文中的"入境""边境"中的"境"的意思同此。

(二)出境旅游

根据《出境入境管理法》的规定,出境是指由中国内地前往其他国家或者地区,由中国内地前往香港特别行政区、澳门特别行政区,由中国大陆前往台湾地区。由此,出境旅游包括:中国内地居民前往其他国家或地区旅游;中国内地居民赴香港特别行政区、澳门特别行政区旅游;中国大陆居民赴台湾地区旅游;在中国内地的外国人,无国籍人,在内地的香港特别行政区、澳门特别行政区居民和在大陆的台湾地区居民前往其他国家或地区旅游。

(三)边境旅游

边境旅游是指经批准的旅行社组织和接待我国及毗邻国家的公民,集体从指定的边境口岸出入境,在双方政府商定的区域和期限内进行的旅游活动。

(四)入境旅游

入境旅游,一是指其他国家或地区的旅游者来中国境内旅游;二是指香港特别行政区、澳门特别行政区旅游者来内地旅游;三是指台湾地区居民来大陆旅游;在中国境内长期居住的外国人,无国籍人和香港特别行政区居民、澳门特别行政区居民、台湾地区居民在境内旅游。

(五)其他旅游业务

其他旅游业务属于概括性的规定,属于立法中的兜底条款,包括代订旅游服务、代售旅游产品、提供旅游咨询与设计等业务。根据旅游业的发展及技术的进步,旅行社可以从事的业务范围还会不断拓展。

第二节　旅行社的设立

一、设立旅行社的条件和程序

(一)设立旅行社的条件

旅行社作为企业,在资金、场所、人员、组织机构等方面要符合企业设立的一般性规定。此外,《旅游法》《旅行社条例》以及《旅行社条例实施细则》,对旅行社的设立条件也有专门的规定,具体包括以下几个方面。

1.有固定的经营场所和必要的营业设施

经营场所是旅行社开展招徕、接待旅游者咨询、签订旅游服务合同等旅游业务,从事旅游经营活动的场所。营业设施是旅行社为旅游者提供服务、保障经营活动顺利运行的经营场所内的设备设施。《公司法》规定设立公司必须有公司住所。要求设立旅行社必须有固定的经营场所和必要的营业设施,既是为了与《公司法》相衔接,也是旅行社开展业务所需。

根据《旅行社条例实施细则》的规定,经营场所的要求是拥有产权的营业用房,或者租期不少于一年的营业用房。无论是何种类型的营业用房,其都应该能够满足申请者业务经营的需要。从旅行社运营的实践来看,营业用房的面积、位置都应当充分考虑到接待旅游者、旅行社正常开展业务的需要。一般来说,营业用房应位于所在地主要商业街区的临街位置,一般不应位于地下室、住宅楼内。

根据《旅行社条例实施细则》的规定,营业设施的要求是拥有两部以上的直线固定电话;传真机、复印机;具备与旅游行政管理部门及其他旅游经营者联网条件的计算机。从多年来旅行社运营的实践来看,缺乏或不具备上述营业设施,旅行社将无法正常运营。

2.有符合规定的注册资本

注册资本是公司制企业章程规定的全体股东或发起人认缴的出资额或认购的股本总额,并在公司登记机关依法登记。注册资本既是旅行社开展业务的资金基础,又是其对外承担法律责任的保障。根据《旅行社条例》的规定,申请设立旅行社,经营国内旅游业务和入境旅游业务的,需要有不少于30万元的注册资本。注册资本可以是现金、实物、土地使用权、无形资产等形式。

3.有必要的经营管理人员和导游人员

此项条件是《旅游法》提出的新要求。旅行社既是劳动密集型服务企业,同时也是知识、信息和技能等要素聚集的现代服务业,经营管理人员对旅行社的经营服务和发展非常关键,因此,旅行社应当有必要的经营管理人员。《旅游法》还规定,导游只能由旅行社委派才能从事导游服务,导游服务是旅行社的专属业务,也是包价旅游中最常见、最基础的服务。设立旅行社,必须拥有一定数量的专职导游人员,这样既有利于解决目前社会导游劳动报酬低的问题,也有利于保障旅游者的权益。关于"必要的",是数量方面的要求,由各旅行社自行决定。

4.法律、行政法规规定的其他条件

其他法律、行政法规,对旅行社设立有要求的,设立旅行社也应符合该法律、行政法规的规定。

(二)设立旅行社的程序

根据《旅行社条例》《旅行社条例实施细则》的规定,旅行社的设立程序具体包括申领营业执照、办理旅行社业务经营许可证等程序,可以简称为"先照后证"。这与之前的"先证后照"在设立程序上有着巨大的区别。由"先证后照"改为"先照后证",不是审批许可证件和营业执照发放顺序的简单位移,而是给旅行社的设立申请者提供了相当大的便利与福利。

在 2014 年之前,要设立旅行社,首先要到旅游部门审批,取得旅行社业务经营许可证等相关许可,行政许可办证期限一般需要 20 个工作日,许可证发放下来后才能办理营业执照。改为"先照后证",旅行社设立申请人先拿到营业执照、在等待许可证期间,可以着手进行部分不需凭旅行社业务经营许可证经营的活动。

1. 办理工商登记

旅行社设立申请人先到工商行政管理部门办理设立登记并取得营业执照。符合《公司法》规定并取得企业法人营业执照的,成为企业法人。但是,根据《旅行社条例》的规定,在申请人取得营业执照后未取得旅行社业务经营许可证之前,依然不能开展旅行社业务,只能以市场主体身份去购买、租赁经营场所,采购经营设备,签订用工合同等,为申请旅行社业务经营许可证准备条件。

2. 办理旅行社业务经营许可证

办理旅行社业务经营许可证,根据旅行社业务的不同类型,企业法人须向不同层级的旅游行政管理部门提出申请。

企业法人经营国内旅游业务和入境旅游业务的,应当向所在地省、自治区、直辖市旅游行政管理部门或者其委托的设区的市级旅游行政管理部门提出申请,并提交下列文件:设立申请书,内容包括申请设立的旅行社的中英文名称及英文缩写,设立地址,企业形式、出资人、出资额和出资方式,申请人、受理申请部门的全称、申请书名称和申请的时间;法定代表人履历表及身份证明;企业章程;依法设立的验资机构出具的验资证明;经营场所的证明;营业设施、设备的证明或者说明,工商行政管理部门出具的企业法人营业执照等。受理申请的旅游行政管理部门对符合条件的申请人,应当自受理之日起 20 个工作日内作出予以许可的决定,并向申请人颁发旅行社业务经营许可证;否则,则作出不予许可的决定,书面通知申请人并说明理由。自获得旅行社业务经营许可证之日起,企业法人可以合法经营旅行社业务。

旅游行政管理部门应当根据《旅行社条例》第六条规定的最低注册资本限额要求,通过查看企业章程、在企业信用信息公示系统查询等方式,对旅行社认缴的出资额进行审查。省级旅游行政管理部门可以委托设区的市(含州、盟,下同)级旅游行政管理部门,受理当事人的申请并作出许可或者不予许可的决定。

企业法人拟经营出境旅游业务的,应当向国务院旅游行政主管部门或者其委托的省、自治区、直辖市旅游行政管理部门提出申请,受理申请的旅游行政管理部门应当自受理申请之日起 20 个工作日内作出许可或者不予许可的决定。予以许可的,向申请人换发旅行社业务经营许可证;不予许可的,书面通知申请人并说明理由。需要注意的是,经营出境旅游业务需要满足一定的条件,即旅行社取得经营许可满两年,且未因侵害旅游者合法权益受到行政机关罚款以上处罚、经工商行政管理部门变更经营范围的企业法人营业执照,方可申请经营出境旅游业务。也就是说,企业法人拟经营出境旅游业务,首先要先经营国内旅游业务和入境旅游业务,且应在取得经营许可后的两年内,经营良好。由此来看,出境旅游业务对旅行社经营资质的要求更高。

其他旅游业务的许可。旅行社申请经营边境旅游业务,适用《边境旅游暂行管理办法》;

旅行社申请经营赴台湾地区旅游业务的,适用《大陆居民赴台湾地区旅游管理办法》的规定。上述两类旅游业务的许可涉及旅游、公安、外交、海关、国务院台湾事务办公室等多个部门,手续更为复杂。

3. 缴存质量保证金

从《旅行社条例》对旅行社设立条件的规定来看,缴存质量保证金并非法定的设立条件。但是,《旅行社条例》第十三条第一款规定:"旅行社应当自取得旅行社业务经营许可证之日起 3 个工作日内,在国务院旅游行政主管部门指定的银行开设专门的质量保证金账户,存入质量保证金,或者向作出许可的旅游行政管理部门提交依法取得的担保额度不低于相应质量保证金数额的银行担保。"《旅行社条例》第四十八条规定:"违反本条例规定,旅行社未在规定期限内向其质量保证金账户存入、增存、补足质量保证金或者提交相应的银行担保的,由旅游行政管理部门责令改正;拒不改正的,吊销旅行社业务经营许可证。"据此,企业法人需要在获得旅行社业务经营许可证之日起非常短的 3 个工作日内,缴存质量保证金。由此来看,缴存质量保证金属于设立旅行社的实质要件之一。

二、外商投资旅行社的设立

外商投资旅行社,包括中外合资经营旅行社、中外合作经营旅行社和外商独资旅行社三种形式。

(一)外商投资旅行社的设立条件

《旅行社条例》对外商投资旅行社的设立条件没有作出特别规定,即外商投资旅行社的设立条件适用前述旅行社设立条件的一般性规定。

(二)外商投资旅行社的设立程序

在设立程序上,外商投资旅行社涉及外商投资企业管理和旅行社管理的双重行政审批,所以其设立程序较一般旅行社设立更为复杂。

1. 工商登记

申请人首先向工商行政管理部门办理设立外商投资企业登记。自营业执照颁发之日起,该外商投资企业成立。符合《公司法》规定,获得企业法人营业执照的,取得企业法人资格。

2. 办理旅行社业务经营许可证

设立外商投资旅行社,由投资者向国务院旅游行政主管部门提出申请,并提交相关证明文件。国务院旅游行政主管部门应当自受理申请之日起 30 个工作日内审查完毕。同意设立的,出具外商投资旅行社业务许可审定意见书;不同意设立的,书面通知申请人并说明理由。对比外商投资旅行社的设立程序与普通旅行社的设立程序后可以看出,在许可主体、许可程序方面存在着一定的区别。从许可主体来看,设立普通旅行社无须向国家旅游行政主管部门提出申请,只需向省级旅游行政管理部门或者其委托的设区的市级(含自治州、盟)旅游行政管理部门提出申请即可,而外商投资旅行社必须向国家旅游行政主管部门提出申请许可;从许可的时限来看,普通旅行社的许可申请审查时限为 20 个工作日,外商投资旅行社的许可申请审查时限为 30 个工作日。这是因为外商投资旅行社的许可申请之审查更复杂、涉及的部门更多,因此需要由更高级别的部门、更长的时间来审查,以确保稳妥。

第三节　旅行社经营

一、旅行社经营的原则

(一)诚信经营

诚信经营是指在经营活动中,旅行社应以诚信为本,公平确定与旅游者的权利义务,讲究信用,严格履行合同。

(二)公平竞争

公平竞争是指旅行社在经营活动中应当公平对待竞争对手,不得以虚假宣传、假冒他人标识、进行贿赂等不正当手段参与市场竞争,损害竞争对手的合法权益,破坏市场竞争秩序。

(三)承担社会责任

承担社会责任是指旅行社在履行法律、行政法规、规章规定的强制性义务的基础上,为实现自身和社会的可持续发展,在道德规范、商业伦理方面应承担包括防止环境污染、保护生态、维护所属员工权益、文明旅游、生态旅游在内的社会责任。

(四)为旅游者提供安全、健康、卫生、方便的旅游服务

旅行社在经营中应履行安全保障义务,保障旅游者的人身、财产安全;采取措施保障旅游者的身体、心灵健康;采取措施保障为旅游者提供卫生、干净的服务;采取措施为旅游者提供快捷、方便、周到的服务。

二、旅行社经营的具体规则

在经营过程中,旅行社除遵守上述经营原则外,根据旅游业务的特点,还应遵守法律、法规确定的下列经营规则。

(一)不得超范围经营

如前所述,旅行社的经营范围包括境内旅游、出境旅游、边境旅游、入境旅游、其他旅游业务等。对于出境旅游、边境旅游业务,国家对其实施特别许可制度。未取得许可的旅行

社,不得经营上述旅游业务。为此,旅行社在经营中应当按照核定的经营范围开展经营活动,严禁超范围进行旅游活动。在实践中,下列行为属于超范围经营:未经批准,擅自经营或者以商务考察、培训等形式变相经营出境旅游、边境旅游、赴台湾地区旅游业务;分社的经营范围超越设立分社的旅行社的经营范围;旅行社服务网店从事招徕、咨询以外的经营活动;未经批准,外商投资旅行社擅自经营中国内地居民出国旅游业务,以及赴香港特别行政区、澳门特别行政区旅游业务,组织大陆居民赴台湾地区旅游业务;出境旅游组团社组织旅游者到国家旅游局公布的中国公民出境旅游目的地之外的国家和地区旅游等。

(二)不得以不合理低价组织旅游活动

旅行社经营包价旅游业务,除正当、合理的情形外,不得低于其经营、接待和服务成本。一般来说,正当、合理的低价主要是由于批量采购机票、船票的总成本在销售后期已经收回并产生盈利之后,旅行社采取降低团费的方式对剩余名额进行促销,或者旅行社将景区、住宿、餐饮、娱乐等经营者向其集中支付的奖励性款项作为促销补贴而降低团费。在上述情形之外,旅行社以不合理低价组织旅游活动,组团成行后,又千方百计增加自费旅游项目、购物活动,并借此弥补损失,获取高额利润,此种经营模式俗称"零负团费"。"零负团费"经营模式既侵害了游客的利益,又破坏了旅游业的竞争秩序。《旅游法》重点规范的内容就是"零负团费"经营模式。

(三)不得出租、出借、以其他形式非法转让旅行社业务经营许可证

出租是指旅行社将自己的旅行社业务经营许可证租赁给他人使用,并收取租金的非法行为;出借是指旅行社将自己的旅行社业务经营许可证无偿借给他人使用的非法行为;非法转让是指旅行社将自己的旅行社业务经营许可证,没有通过法律、法规允许的转让方式、程序等要求转让业务经营许可。实践中,旅行社非法转让旅行社业务经营许可证的形式主要有:旅行社允许其他不具有相关业务经营资质的企业、团体或者个人,以自己的名义从事旅行社专属的业务经营活动。上述行为,都使依法设立的旅行社业务经营许可制度流于形式,使得大量原本没有取得旅行社业务经营资质的企业或个人,非法从事旅行社业务,损害了守法旅行社的合法权益,扰乱了旅游市场秩序,导致侵害旅游者权益的现象大量出现,应当严格禁止。

(四)按照规定交纳旅游服务质量保证金

旅游服务质量保证金是用于保障旅游者合法权益的专用款项。对于该项经营规则,将会在旅游质量保证金制度中进行详细介绍。

(五)为招徕、组织旅游者发布信息须真实、准确

发布信息和宣传是旅行社销售旅游产品的重要手段,也是旅游者了解、识别旅游产品,作出选择的重要依据。为了保障旅游者做出理性消费决策,旅行社发布信息,进行宣传必须真实、准确。真实、准确是指与客观事实相符合。旅行社发布的信息应真实、准确,是指旅行

社宣传自身的信誉、资金能力等信息以及旅游产品线路等的信息来源可以信赖,信息内容完整到位,符合信息发布当时的客观事实。规定旅行社发布旅游信息必须真实、准确,是对我国已有立法的进一步细化和完善。《中华人民共和国广告法》(以下简称《广告法》)第四条第一款规定:"广告不得含有虚假或者引人误解的内容,不得欺骗、误导消费者。"《消费者权益保护法》第八条第一款规定:"消费者享有知悉其购买、使用的商品或者接受的服务的真实情况的权利。"经营者应当向消费者提供有关商品或者服务的真实信息,不得作引人误解的虚假宣传。《反不正当竞争法》第八条第一款规定:"经营者不得对其商品的性能、功能、质量、销售状况、用户评价、曾获荣誉等作虚假或引人误解的商业宣传,欺骗、误导消费者。"《旅行社条例》第二十四条规定:"旅行社向旅游者提供的旅游服务信息必须真实可靠,不得作虚假宣传。"虚假宣传是指在市场交易活动中,旅行社为了获取竞争优势和不当利益,利用广告或其他方法,对商品或服务的质量、履行辅助人等作出与实际不符的宣传和说明,致使旅游者产生误认的行为。是否属于虚假宣传主要以客观事实为认定标准。误导旅游者是指旅行社通过信息发布和宣传可能使旅游者在主观上对旅游商品或服务的真实情况产生错误的判断,从而影响其购买的决定。

(六)不得安排参观或参与违反我国法律、法规和社会公德的项目或活动

从组织接待的业务范围看,在境内旅游、出境旅游、边境旅游、入境旅游业务中均不得安排;从组织、接待的具体形式看,组团社及其从业人员在组织旅游活动时,在包价旅游合同中,地接社在接待旅游者时,在包价合同之外,均不得安排相关项目或者活动。违反我国法律、法规的项目或活动,主要是含有损害国家利益和民族尊严,民族、种族、宗教歧视,淫秽、赌博、涉毒,以及其他违反法律、法规规定的内容。社会公德是指公民在履行社会义务或者涉及社会公众利益的活动中应当遵循的道德标准。根据《公民道德建设实施纲要》,文明礼貌、助人为乐、爱护公物、保护环境、遵纪守法是社会公德的主要内容和要求。一般情况下,旅游者个人违反社会公德,将接受道德上的谴责。作为旅游活动的组织者,旅行社应当承担更高的法律、道义上的责任、义务。因此,应当禁止旅行社及其从业人员安排旅游者参观或者参与违反我国社会公德的项目或者活动。

(七)组织旅游活动应当向合格的供应商订购产品和服务

供应商是指由旅行社选择的、为旅游者提供服务的企业或者个人,包括地接社、饭店、娱乐、景区、巴士等履行辅助人;合格是指具有法律、法规要求的相应资质。法律、法规没有规定资质要求的,应当按照市场的常规判断来确定;订购就是预订、购买。组织旅游活动,包括组团社组织或安排的包价旅游产品和服务,也包括地接社为接待旅游者而订购的旅游产品和服务。无论是旅行社预先采购、打包销售,还是旅行社根据旅游者的要求安排旅游活动,在订购旅游产品和服务中,旅行社具有决定权。因此,在组织旅游活动时,旅行社应当承担审慎选择供应商,保障旅游者权益。

(八)按照规定安排领队或者导游全程陪同

领队是指代表境内的组团社为出境旅游团提供旅途全程陪同和有关服务,协同境外接

待旅行社完成旅游计划安排,协调处理旅游过程中相关事务的人员。导游主要是指地方陪同导游、全程陪同导游。地方陪同导游是指受地接社委派,作为其代表实施旅游行程接待计划,为旅游者提供当地导游服务的导游;全程陪同导游是指受组团社委派,作为其代表监督、协调地接社和地方陪同导游的服务,以使组团社的接待计划能够得以按照约定顺利实施,并为旅游者提供全程陪同服务的导游。

这里的规定主要是指《旅行社条例》《中国公民出国旅游管理办法》。《旅行社条例》规定,旅行社组织中国内地居民出境旅游的,应当为旅游团队安排领队全程陪同。《中国公民出国旅游管理办法》第十条第一款规定:"组团社应当为旅游团队安排专职领队。"另外,出于旅游目的地的特殊性以及保障境外旅游者人身、财产安全等方面的考虑,有关部门和地方对旅行社组织、接待团队入境旅游安排导游全程陪同有一些规定,对此,旅行社应当遵照执行。

之所以要求旅行社派出导游或领队提供全程陪同服务,主要是因为领队或导游是旅游合同履行的监督者、协调者、督促者。旅游合同履行过程中,涉及餐饮、景区、住宿、娱乐、购物等主体、环节,经济关系复杂。如果没有组团社的代表全程进行协调,旅游行程很难顺利推进,旅游服务的质量也会受到很大影响。此外,领队、导游服务对于保障旅游者的人身、财产安全和旅游行程的舒适性、便利性具有重要作用。

第四节　旅行社管理制度

旅行社的管理制度,主要包括质量保证金制度、责任保险制度、监督检查制度等。

一、质量保证金制度

(一)质量保证金制度概述

质量保证金是指根据《旅行社条例》的规定,由旅行社在指定银行缴存或由银行担保提供的用于保障旅行者合法权益的专项资金。质量保证金制度是指关于旅行社质量保证金缴纳、管理、使用的规范总和。目前,有关旅行社质量保证金的规范主要体现在《旅游法》《旅行社条例》《旅行社条例实施细则》《旅游服务质量保证金存取管理办法》中,其中,《旅游服务质量保证金存取管理办法》是有关旅行社质量管理的最为直接的规范。

设立旅行社质量保证金,其目的主要是保护旅游者的合法权益,确保旅行社规范经营。根据《旅游法》的规定,质量保证金主要是用于旅游者权益损害赔偿和垫付旅游者人身安全遇有危险时紧急救助的费用。收缴质量保证金或者为旅行社提供保证金担保业务的银行,由国家旅游局本着公开、公平、公正的原则,指定符合法律、法规和本办法规定并提出书面申请的中国境内商业银行作为保证金存储银行。旅行社须在原国家旅游局指定的范围内,选择某一家银行(含其银行分支机构)存储保证金。保证金实行专户管理,专款专用。银行为旅行社开设保证金专用账户。当专用账户资金额度不足时,旅行社可对不足部分申请银行担保,但担保条件须符合银行要求。

银行本着服务客户的原则受理旅行社的保证金存储业务,按期办理保证金的存款、取款和支付手续,不得为不符合担保条件的旅行社提供担保。

目前,多数国家都建立了旅行社质量保证金制度,具体名称与形式不尽相同,但其目的与作用大致相同。

(二)质量保证金的交纳标准

旅行社经营的业务不同,其风险也不尽相同,因此,其应缴纳的质量保证金的数额也不尽相同。根据《旅行社条例》规定,经营国内旅游业务和入境旅游业务的旅行社的质量保证金交纳标准统一为20万元,每设立一个分社增存5万元;经营出境旅游业务的旅行社,应当增存质量保证金120万元,总额为140万元;每设立一个分社,另增存30万元。质量保证金的存款期限由旅行社自主确定,但不得少于1年,利息归旅行社所有。

(三)质量保证金的交纳方式

根据《旅行社条例》的规定,质量保证金的交纳形式有两种,一种是旅行社将规定数额的现金存入原国家旅游局指定的银行开设的质量保证金专门账户。旅行社取得旅行社业务经营许可后,应当到指定银行开设质量保证金专门账户,并与指定银行签订质量保证金专用账户使用协议,在存入、续存、增存质量保证金后7个工作日内,向作出许可的旅游主管部门提交证明文件,以及旅行社与银行达成的使用质量保证金的协议。目前,原国家旅游局指定的银行有11家,分别为中国银行、中信银行、交通银行、中国建设银行、中国光大银行、中国农业银行、中国民生银行、中国工商银行、中国邮政储蓄银行、上海浦东发展银行、招商银行。第二种交纳形式是由旅行社向作出许可的旅游主管部门提交数额不低于质量保证金交纳标准的银行担保。

(四)质量保证金的交纳期限

根据《旅行社条例》的规定,旅行社交纳质量保证金的期限,是取得旅行社业务经营许可证之日起3个工作日内。取得旅行社业务经营许可证的日期,以许可证上签注的日期为准。

(五)质量保证金的赔偿范围

《旅游法》规定,旅行社质量保证金应当用于旅游者权益损害赔偿和垫付旅游者人身安全遇有危险时紧急救助的费用。

1. 旅游者权益损害赔偿

根据使用主体的不同,分为旅游行政管理部门和人民法院。

(1)旅游行政管理部门使用旅游服务质量保证金的情形主要有:一是旅行社违反旅游合同约定,侵害旅游者合法权益,经旅游主管部门查证属实的。对于该情形的认定,需要满足两个要件:旅游者权益遭受侵害属于旅行社违反旅游合同约定导致的。因此,旅行社与饭店、景区、汽车公司等履行辅助人之间，组团社与地接社之间，委托社与代理社之间，旅行社与导游、领队等从业人员之间，旅行社投资人之间等与旅游者权益无关的经济纠纷，旅行社违反法律、行政法规、地方法规、政府规章等应当受到罚款等，不属于旅游行政管理部门使用旅游服务质量保证金的范围。二是旅行社因解散、破产或者其他原因造成旅游者预交旅游费用损失的。这里的其他原因主要是指旅行社恶意捐款跑路等诈骗行为。预交的旅游费用包括旅游团费、签证费、保证金、境外导游小费等。

（2）人民法院使用旅行社质量保证金的情形主要有：一是必须是生效判决书、裁定书以及其他生效法律文书，如仲裁决定书等认定的，未生效的法律文书不能作为使用旅游质量保证金的依据；二是使用范围必须是旅行社损害旅游者合法权益，旅行社拒绝赔偿或者无力赔偿的。对此，最高人民法院《关于执行旅行社质量保证金问题的通知》（法〔2001〕1号）明确规定了人民法院使用旅行社质量保证金的范围：旅行社因自身过错未达到合同约定的服务质量标准而造成旅游者的经济权益损失的；旅行社的服务未达到国家或行业标准而造成旅游者的经济权益损失的；旅行社破产后造成旅游者预交旅行费损失的；人民法院判决、裁定及其他生效法律文书认定旅行社损害旅游者合法权益的。

2. 用于垫付旅游者人身安全遇有危险时紧急救助的费用

紧急救助发生的条件包括旅行社拒绝履行合同致使旅游者被甩团、滞留，或因不可抗力等导致人身安全遇有危险，且旅行社拒绝或者无力及时承担救助责任时，通过旅游服务质量保证金及时垫付相关费用，包括安排旅游者食宿、治疗、救援、返程等使旅游者脱离危险的紧急性费用，从而有效保障旅游者人身、财产安全与合法权益。

（六）质量保证金的管理

质量保证金专项存储之后，其所有权关系并未发生改变，质量保证金仍是属于旅行社的财产，所以当旅行社发生合并、解散、转产、破产等情形时，质量保证金作为旅行社企业财产的一部分，按有关法律规定处置；当旅行社终止经营时，质量保证金应退还给旅行社。

1. 质量保证金满额管理

一般情况下，旅行社的经营行为是持续性的。旅行社质量保证金一旦被支付，其总量便会不符合法定的数额要求。如果不及时予以补足，对于旅行社之后接待的旅游者而言，质量保证金的保障效果就会降低。因此，《旅行社条例》对质量保证金的数额及其补足作了强制性规定，旅行社质量保证金应当保持满额，在支付赔偿后，不足部分旅行社须在收到旅游行政管理部门补交质量保证金的通知之日起5个工作日内补足。

《旅行社条例》第四十八条规定："违反本条例的规定，旅行社未在规定期限内向其质量保证金账户存入、增存、补足质量保证金或者提交相应的银行担保的，由旅游行政管理部门责令改正；拒不改正的，吊销旅行社业务经营许可证。"此项规定质量保证金满额管理的保障措施。

2. 对质量保证金的动态管理

为了激励旅行社自觉遵守法律，规范经营，《旅行社条例》借鉴旅游法治发达国家的经验,建立了质量保证金的动态管理制度。根据旅行社的经营是否合法、是否规范、是否侵害旅游者权益等情形,对其应当缴纳的质量保证金的数额进行动态调整,以此激励旅行社守法经营、规范经营。

对于依法经营、规范经营的旅行社,可以请求减少质量保证金的缴纳数额。《旅行社条例》第十七条规定:"旅行社自交纳或者补足质量保证金之日起三年内未因侵害旅游者合法权益受到行政机关罚款以上处罚的,旅游行政管理部门应当将旅行社质量保证金的交存数额降低 50% ,并向社会公告。旅行社可凭省、自治区、直辖市旅游行政管理部门出具的凭证减少其质量保证金。"

减少质量保证金交纳数额的旅行社如果侵害旅游者的合法权益,则应恢复其原定的质量保证金数额。根据《旅行社条例》的规定,旅行社因侵害旅游者合法权益受到行政机关罚款以上处罚的,应当在收到旅游行政管理部门补交质量保证金的通知之日起 5 个工作日内补足质量保证金。

对旅行社的质量保证金交纳数额实行动态管理,在客观上降低了旅行社的经营成本,增加了旅行社的流动资金,实际上是支持了旅行社的发展壮大。

二、旅行社责任保险制度

旅游活动具有较高的风险性。通过保险能够保障旅行社的正常经营,促进旅游市场的健康发展,也能够有效地维护旅游者权益。

当前,有些旅行社的风险意识不够强,购买保险的积极性和主动性不高,认为投保只是增加旅行社的经济负担,没有任何实际作用。《旅游法》对旅行社购买责任保险作出了方向性规定,《旅行社条例》将旅行社履行购买责任保险作为旅行社的一项强制性义务,有利于旅行社化解旅游安全风险,处理旅游安全事故,增强旅游行业抵御风险的能力,减轻旅行社的经济负担,为旅游业的健康发展创造安全、稳定的环境。旅行社责任保险将旅行社在风险发生后赔付消费者损失的义务转移给专业保险公司,保险公司凭借其雄厚的资金实力、丰富的理赔经验,为旅游者提供必要的救助,使旅游者得到及时的救治,使人身及财产损失得到应有的补偿。

(一)旅行社责任保险的概念及特点

旅行社责任保险是指旅行社根据保险合同的约定向保险公司支付保险费,保险公司对旅行社在从事旅游业务经营活动中,致使旅游者及其委派并为旅游者提供服务的导游或者领队人员遭受损害依法应当承担的赔偿责任为保险标的的保险。该险种具有下述特征。

1. 旅行社责任保险是法定强制险

保险按保险实施方式可分为自愿保险与强制保险。自愿保险是指根据投保人自己的意愿,确定是否投保、投保标准的保险品种。强制保险是指国家法律、行政法规规定必须投保的保险品种。根据《旅行社条例》第三十八条的规定,旅行社应当投保旅行社责任险。据此,旅行社责任保险属于强制险种。投保旅行社责任险属于旅行社的法定义务。

2. 旅行社责任保险的标的具有人身与财产双重属性

根据保险的标的,可以分为财产保险和人身保险。财产保险是以财产及其有关利益为保险标的的保险。人身保险是以人的身体健康、生命及有关利益为保险标的的保险。旅行社通过购买旅行社责任保险,将其在经营过程中因故意或过失给旅游者、导游及领队人员造成的人身损害、财产损失的赔偿风险转嫁给保险公司。保险公司所承保的是旅行社的赔偿责任。因此,旅行社责任保险具有人身、财产两种属性。

3. 旅行社是旅行社责任保险的投保人

投保人是指与保险人订立保险合同,并按照合同约定负有支付保险费义务的人。旅行社责任保险所承保的是旅行社的赔偿责任,所以,该合同是旅行社和保险公司签订的,并且旅行社应当依照合同的约定向保险公司缴纳保险费。

4. 旅行社是旅行社责任保险的被保险人

被保险人是指其财产或者人身受保险合同保障,享有保险金请求权的人。投保人可以为被保险人。被保险人在保险事故发生时,对保险标的应当具有保险利益。作为旅行社为自己投保的责任保险,在发生保险合同所约定的保险事故时,旅行社在自身应当承担责任的范围内,向保险公司提出保险金支付请求。

5. 旅行社是旅行社责任保险的受益人

受益人又称保险金受领人,是指由投保人或者被保险人在人身保险合同中指定的,在保险事故发生时享有赔偿请求权的人。由于旅行社责任保险具有综合性,其保障对象既有人身又有财产,发生合同约定的保险事故后,承保的保险公司都有赔偿义务。

(二)旅行社责任保险的保险责任

保险责任是指保险承担赔偿的范围。根据《旅行社责任保险管理办法》的规定,旅行社责任保险的保险责任,应当包括旅行社在组织旅游活动中依法对旅游者的人身伤亡、财产损失承担的赔偿责任和依法对受旅行社委派并为旅游者提供服务的导游或者领队人员的人身伤亡承担的赔偿责任。具体包括下列情形:因旅行社疏忽或过失应当承担赔偿责任的;因发生意外事故旅行社应当承担赔偿责任的;原国家旅游局会同原中国保险监督管理委员会(以下简称"中国保监会")规定的其他情形。

(三)投保

1. 投保方式

投保方式有旅行社自主投保与统一投保两种方式。通常的投保方式是保险人和投保人通过协商订立保险合同。统一投保则是统一借助保险经纪人完成签约,向全国统一账户交纳保险费,发生保险条款约定的保险事故后,由统保项目全国调解处理中心统一受理、调查、理赔。但是,统保并非强制推行的项目,作为个体的旅行社,可以从自身的需要出发,选择和保险公司单独协商订立保险合同,或者加入统保计划,按照统一的标准缴纳保费以及签订统一的保险条款。原国家旅游局推广统保产品,鼓励旅行社积极参加统保项目。以下对保险合同的介绍,如无特殊说明,将以旅行社自主投保为例进行介绍与分析。

2.保险合同的签订

在投保时,旅行社应当与承保保险公司签订书面合同,并按照约定交付保险费。保险公司应当及时向旅行社签发保险单或者其他保险凭证,并在保险单或者其他保险凭证中载明当事人双方约定的合同内容,同时按照约定的时间开始承担保险责任。

与此同时,为了防止旅行社通过解除合同来逃避投保义务,《旅行社责任保险管理办法》对旅行社责任保险合同的解除作出了限制性规定:在保险公司方面,除符合《保险法》规定的情形外,保险公司不得解除保险合同;对于已解除的保险合同,保险公司应当收回保险单,并书面通知旅行社所在地县级以上旅游行政管理部门。在旅行社方面,旅行社要解除保险合同的,应当同时订立新的保险合同,并书面通知所在地县级以上旅游行政管理部门。

3.保险期限

保险期限是指保险合同的有效期限,又称保险责任的起止期限。《旅行社责任保险管理办法》规定,旅行社责任保险的保险期限为一年。即旅行社投保旅行社责任保险后,在随后的一年保险期限内,如果发生投保范围内的赔偿责任,由承保的保险公司承担赔偿责任。

(四)旅行社责任保险的保险金额

保险金额,简称保额,是指保险人承担赔偿或者给付保险金责任的最高限额,也是投保人对保险标的的实际投保金额。该金额应当在保险合同中明确约定。

1.旅行社的投保义务

旅行社责任保险是强制保险,国家法律对旅行社应当投保的保险金额也作了强制性规定。《旅行社责任保险管理办法》第十八条第二款规定:"责任限额可以根据旅行社业务经营范围、经营规模、风险管控能力、当地经济社会发展水平和旅行社自身需要,由旅行社与保险公司协商确定,但每人人身伤亡责任限额不得低于20万元人民币。"此即构成了旅行社的最低投保义务,如果旅行社不足额投保,则需要承担相应的责任。

2.保险公司的赔偿责任

对保险公司而言,保险金额是其所负担的最高风险,保险公司只在保险金额的范围内按照旅行社的实际支付数额向旅行社支付保险赔偿金。如果旅行社对旅游者的实际支付数额超过了保险金额,保险公司只向旅行社支付全额的保险金额即可,不足的部分则构成旅行社的经营损失,旅行社不能将保险金额作为自己对旅游者的赔偿限额。

(五)索赔程序

在发生保险合同约定的保险事故后,当事人要依照保险合同的约定提出索赔要求。

1.索赔的主体

作为旅行社责任保险的投保人,通常情况下,是由旅行社向保险公司提出索赔要求。但是为了保障受害人能够得到及时的偿付,在特殊情况下,允许旅行社责任保险合同之外的第三人向保险公司提出索赔请求:旅行社对旅游者、导游或者领队人员应负的赔偿责任确定的,根据旅行社的请求,保险公司应当直接向受害的旅游者、导游或者领队人员赔偿保险金。旅行社怠于请求的,受害的旅游者、导游或者领队人员有权就其应获赔偿部分直接向保险公司请求赔偿保险金。

2.具体的索赔程序

(1)向保险公司通知保险事故。旅行社组织的旅游活动中发生保险事故,旅行社或者受害的旅游者、导游、领队人员应通知保险公司,保险公司应当及时告知具体的赔偿程序等有关事项。

(2)提供相应的证明。保险事故发生后,旅行社按照保险合同请求保险公司赔偿保险金时,应当向保险公司提供其所能提供的与确认保险事故的性质、原因、损失程度等有关的证明和资料。保险公司按照保险合同的约定,认为有关的证明和资料不完整的,应当及时一次性通知旅行社补充提供。

(3)核定赔偿。保险公司收到赔偿保险金的请求和相关证明、资料后,应当及时作出核定;情形复杂的,应当在 30 日内作出核定,但合同另有约定的除外。保险公司应当将核定结果通知旅行社以及受害的旅游者、导游、领队人员。

(4)支付赔偿。对属于保险责任的理赔案件,保险公司在与旅行社达成赔偿保险金的协议后 10 日内,履行赔偿保险金义务。

3.保险公司的先行支付义务

因抢救受伤人员需要保险公司先行赔偿保险金用于支付抢救费用的,保险公司在接到旅行社或者受害的旅游者、导游、领队人员通知后,经核对属于保险责任的,可以在责任限额内先向医疗机构支付必要的费用。

4.保险公司的代位请求权

代位请求权是指债权人对于债务人不行使自己的权利而影响债权人权利实现时,债权人得以自己的名义代替债务人行使权利的权利。就旅行社责任保险而言,因第三者损害而造成保险事故的,保险公司自直接赔偿保险金或者先行支付抢救费用之日起,在赔偿、支付金额范围内代为行使对第三者请求赔偿的权利。旅行社以及受害的旅游者、导游或者领队人员应当向保险公司提供必要的文件和所知道的有关情况。

(六)旅行社责任保险的监督管理

旅行社责任保险涉及旅行社、保险公司两类不同主体的经营行为,因而需要旅游行政管理部门和保险业监督管理部门的双重监管。

1.旅游行政管理部门对旅行社的监管

旅行社投保旅行社责任保险情况的监督检查,由县级以上旅游行政管理部门依法实施。旅游行政管理部门监管的内容是旅行社是否投保、是否按时投保以及是否足额投保等。对存在违法行为的旅行社,县级以上旅游行政管理部门依照《旅行社条例》第四十九条的规定,有权责令该旅行社改正,拒不改正的,吊销其旅行社业务经营许可证。

2. 保险业监督管理部门对保险公司的监管

保险公司开展旅行社责任保险业务的监督管理,由中国保监会及其派出机构实施。监管的主要内容是保险公司的保险费率以及保险条款。保险公司经营旅行社责任保险,违反有关保险条款和保险费率管理规定的,由中国银保监会或者其派出机构依照《保险法》和中国保监会的有关规定予以处罚。保险公司拒绝或者妨碍依法检查监督的,由中国银保监会或者其派出机构依照《保险法》的有关规定予以处罚。

三、旅行社监督检查制度

依据《旅游法》《旅行社条例》及《旅行社条例实施细则》的规定,国家建立健全了旅行社监督检查的主体、内容、程序及保障措施。

(一)监督检查的主体

《旅游法》第八十三条规定:"县级以上人民政府旅游主管部门和有关部门依照本法和有关法律、法规的规定,在各自职责范围内对旅游市场实施监督管理。"《旅行社条例》第三条规定:"国务院旅游行政主管部门负责全国旅行社的监督管理工作。县级以上地方人民政府管理旅游工作的部门按照职责负责本行政区域内旅行社的监督管理工作。县级以上各级人民政府工商、价格、商务、外汇等有关部门,应当按照职责分工,依法对旅行社进行监督管理。"

据此,有权对旅行社进行监督检查的主体是包括旅游行政管理部门在内的多个主体,但以旅游行政管理部门为主。工商、价格、商务、外汇、劳动等有关部门,在其职责范围内,有权对旅行社的相关行为进行监督检查。

(二)监督检查的方式

根据不同的标准,可以将监督检查的方式分为多种类型。依据检查的形式,监督检查可以分为普遍检查与随机抽查。普遍检查是指有权监管主体对所有的旅行社的相关行为是否符合法律、法规规定践行监督、检查;随机抽查是指有权监管主体采取随机抽样的原则,随机抽取检查人员,随机抽取被检查的旅行社,对其相关经营行为是否符合法律、法规的规定进行监督检查。

依据检查主体是否亲临现场,监督检查可以分为实地检查和书面检查。实地检查是指有权监督检查主体进入旅行社的经营场所,查阅其组织、招徕、接待旅游者的旅游合同、财务账簿等。书面检查是指旅行社依法向有权监督检查主体提交相关书面资料,供其进行检查。

(三)监督检查的内容

不同的监督检查主体由于职责不同,其检查的内容自然也不相同。根据《旅游法》《旅行社条例》的规定,旅游主管部门在进行监督检查时,有权对下列事项实施监督检查:经营旅行社业务以及从事导游、领队服务是否取得经营、执业许可;旅行社的经营行为;导游和领队等旅游从业人员的服务行为;法律、法规规定的其他事项。旅游主管部门在对上述事项实施监督检查时,可以对涉嫌违法的合同、票据、账簿以及其他资料进行查阅、复制。

(四)监督检查的要求

监督检查,一方面可以发现、督促旅行社遵守法律、法规,另一方面也会对旅行社的正常经营造成影响。为了防止监督检查主体对旅行社造成不必要的干扰《旅游法》对监督检查的要求作出了规定。《旅游法》第八十六条规定:"旅游主管部门和有关部门依法实施监督检查,其监督检查人员不得少于二人,并应当出示合法证件。监督检查人员少于二人或者未出示合法证件的,被检查的单位和个人有权拒绝。监督检查人员对在监督检查中知悉的被检查单位的商业秘密和个人信息应当依法保密。"

(五)监督检查的保障

监督检查不仅需要监督检查主体积极履行职责,也需要被监督检查的旅行社予以配合,否则,监督检查就难以顺利进行。因此,旅游法对被监督检查对象的配合义务作出了规定,以保障监督检查的顺利进行。《旅游法》第八十七条规定:"对依法实施的监督检查,有关单位和个人应当配合,如实说明情况并提供文件、资料,不得拒绝、阻碍和隐瞒。"拒绝、阻碍和隐瞒的,根据《治安管理处罚法》)第五十条的规定,阻碍国家机关工作人员依法执行职务的,处警告或者二百元以下罚款;情节严重的,处五日以上十日以下拘留,可以并处五百元以下罚款。根据第六十条的规定,伪造、隐匿、毁灭证据或者提供虚假证言、谎报案情,影响行政执法机关依法办案的,处五日以上十日以下拘留,并处二百元以上五百元以下罚款。《中华人民共和国刑法》(以下简称《刑法》)第二百七十七条规定:"以暴力、威胁方法阻碍国家机关工作人员依法执行职务的,处三年以下有期徒刑、拘役、管制或者罚金。"

(六)监督检查发现违法行为的处理

监督检查中,可能会发现旅行社存在违法行为,也可能发现旅行社不存在违法行为。对于存在违法行为的,如果不及时依法作出处理,监督检查就没有意义,也没有震慑力。为此,《旅游法》第八十八条规定:"县级以上人民政府旅游主管部门和有关部门,在履行监督检查职责中或者在处理举报、投诉时,发现违反本法规定行为的,应当依法及时作出处理;对不属于本部门职责范围内的事项,应当及时书面通知并移交有关部门查处。"

(七)监督检查结果向社会公布

将监督检查的情况,尤其是处罚的情况向社会公开,能够很好地发挥行政监督检查和行政处罚的社会教育功能,而且能够将监督检查及行政处罚置于群众、舆论的监督之下,不断提升依法行政的水平。为此,根据《旅游法》的规定,旅游主管部门和有关部门应当按照各自职责,及时向社会公布监督检查的情况。《旅行社条例》第四十二条规定:"旅游、工商、价格等行政管理部门应当及时向社会公告监督检查的情况。公告的内容包括旅行社业务经营许可证的颁发、变更、吊销、注销等情况,旅行社的违法经营行为以及旅行社的诚信记录、旅游者投诉信息等。"

第五节　旅行社的权利、义务及法律责任

旅行社在经营活动中,既享有权利也承担义务。权利可以放弃,义务不能放弃。旅行社违反法定义务,应承担法律责任。

一、旅行社的权利

根据《旅游法》《旅行社条例》的规定,旅行社在经营中享有下述权利。

(一)要求旅游者如实告知与旅游活动相关的个人健康信息的权利

旅游者向旅行社如实告知其与旅游活动相关的个人健康信息,有利于旅行社在接受旅游者报名参团时判断是否接纳旅游者参加相应的旅游活动,也有利于旅行社在接受旅游者报名参团后在合理范围内给予其特别关照,减少安全隐患。为此,《旅游法》第十五条第一款规定:"旅游者购买、接受旅游服务时,应当向旅游经营者如实告知与旅游活动相关的个人健康信息,遵守旅游活动中的安全警示规定。"

(二)在采取安全防范和应急处置措施时,要求旅游者配合旅行社的权利

根据《突发事件应对法》,发生突发事件时,政府会组织有关部门采取相应的应急处置措施,旅行社也会采取必要的处置措施,对旅游者作出妥善安排。为了保障旅游者的安全,旅行社在采取安全防范和应急处置措施时,有权要求旅游者予以配合,旅游者应当服从指挥和安排。

(三)因未达到约定人数不能出团的,可以解除合同的权利

包价旅游合同的价格是预先确定的。旅行社根据行程团队的旅游者数量,凭借旅游者的规模优势,与每一个履行辅助人协商确定价格。只有旅游者的人数达到一定数量,履行辅助人才会提供相应的价格折扣,旅行社以此确定报价。旅行社组织的团队人数一旦达不到约定的数量,履行辅助人将调高服务价格,致使旅行社不能再以原报价提供服务。因此,旅行社再招徕旅游者组团旅游时,因未达到约定人数不能出团的,组团旅行社有权解除合同。

(四)因具备法定情形,可以解除合同的权利

对于包价旅游合同,除不可抗力等导致旅游合同无法履行外,旅行社一般无权解除合同。但是,旅游团队行程要想顺利实施,每一名旅游者的行为同时应兼顾他人利益,旅行社也应该从团队利益出发,当团队中个别旅游者因其个人原因、违法行为或者不配合行程安排实施,导致可能损害其他旅游者权益的,为了保护多数旅游者的合法权益,旅行社有权解除其与该旅游者的合同。

二、旅行社的义务

（一）对在经营活动中知悉的旅游者个人信息，旅行社应当予以保密

旅游者的个人信息是指能够直接或间接识别旅游者本人身份的信息。对于旅游者个人信息，旅行社应当采取必要手段确保信息安全，不得泄露，更不得出售或者非法向他人提供；旅行社泄露个人信息给旅游者造成损害的，应承担相应的法律责任。在收集、使用旅游者个人信息时，应当遵循合法、正当、必要的原则，向旅游者明示收集、使用信息的目的、方式和范围，保护旅游者的合法权益。对此，《旅游法》第五十二条规定："旅游经营者对其在经营活动中知悉的旅游者个人信息，应当予以保密。"

（二）旅行社应当保证其提供的商品和服务符合保障人身、财产安全的要求

保障商品和服务符合保障人身、财产安全的要求，是旅游经营者首要的、最基本的法定义务，这是《旅游法》《产品质量法》《消费者权益保护法》等法律规定的强制性义务。《旅游法》第五十条第一款规定："旅游经营者应当保证其提供的商品和服务符合保障人身、财产安全的要求。"《产品质量法》第十三条规定："可能危及人体健康和人身、财产安全的工业产品，必须符合保障人体健康和人身、财产安全的国家标准、行业标准；未制定国家标准、行业标准的，必须符合保障人体健康和人身、财产安全的要求。"《消费者权益保护法》第十八条规定："经营者应当保证其提供的商品或者服务符合保障人身、财产安全的要求。"

（三）旅行社应当按照包价旅游合同的约定履行义务

旅游者之所以与旅行社订立包价旅游服务合同，其目的无非是通过接受旅行社提供的服务，进而满足其精神享受的需求。因此，无论是组团社直接、亲自履行合同，还是委托地接社履行合同，都应当全面、适当地履行合同中对旅游者承诺的义务，以实现旅游者参加旅游活动、签订旅游合同的目的。

（四）旅行社向旅游者告知的信息，应当保证其信息真实、准确

组织和安排旅游活动，旅行社应当与旅游者订立合同。合同是平等主体的自然人、法人、其他组织之间设立、变更、终止民事权利义务关系的协议，依法订立的合同，受法律保护。旅行社组织、安排旅游活动，其与旅游者之间的权利义务关系应当通过订立合同作出约定，并以此约束双方的行为。对此，《旅游法》第五十七条规定："旅行社组织和安排旅游活动，应当与旅游者订立合同。"

（五）在行程开始前，旅行社应当向旅游者提供旅游行程单

旅游行程单是指旅行社对具体旅游服务的时间、地点、内容、顺序等的描述，是对旅行社与旅游者签订的包价旅游服务合同内容的具体化，是包价旅游服务合同的组成部分。对此，《旅游法》要求，旅行社应当在旅游行程开始前向旅游者提供旅游行程单，并明确旅游行程单

是包价旅游合同的组成部分。

（六）提示参加团队旅游的旅游者按照规定投保人身意外伤害保险

旅游服务具有跨地域、易受外界条件影响等特性，容易发生意外事件，导致旅游者人身受到损害。对于由不可抗力等客观原因引起的意外事件，往往无法通过损害赔偿责任获得救济。通过保险的方式分散风险就成为一种理性的选择。鉴于我国旅游者投保人身意外保险的意识不高之现实，《旅游法》第六十条规定："旅行社应当提示参加团队旅游的旅游者按照规定投保人身意外伤害保险。"此项义务，属于包价旅游合同中的附随义务。如旅行社未履行此项提示义务，当旅游者遭受意外伤害时，仅承担与提示义务相适应的法律责任。

（七）旅行社应当履行法定事项的告知义务

为了保障旅游者的安全和旅游活动的顺利开展，对一些涉及旅游者人身、财产安全的注意事项进行告知非常必要。例如，旅游者不适合参加旅游活动的情形，旅游活动中的安全注意事项，旅行社依法可以减免责任的信息，旅游者应当注意的旅游目的地的法律、法规和风俗习惯、宗教禁忌，依照中国法律不宜参加的活动等。向旅游者告知上述事项，可以强化旅游者的自我保护意识，使旅游者保持必要的警惕，避免不必要的损失。未履行该项义务，造成旅游者人身损害、财产损失的，旅行社应当承担相应的法律责任。

（八）旅游行程中解除合同的，旅行社应当协助旅游者返回出发地或者旅游者指定的合理地点

在旅游途中，由于各种因素导致旅游合同解除，行程终止的，旅游者会因身处异地而面临信息缺乏、语言不通、孤立无助的境地。作为专门经营旅游业务的旅行社，为了保护旅游者的安全与合法权益，有必要协助旅游者返回旅游出发地或者旅游者指定的合理地点。

三、旅行社的法律责任

法律责任是指违反法律规定而应承担的负面的法律后果。法律责任可以分为刑事法律责任、民事法律责任与行政法律责任。本章主要对旅行社常见违法行为的行政法律责任进行介绍，民事法律责任在旅游合同及相关章节中进行介绍。

根据《旅游法》《旅行社条例》《旅行社条例实施细则》等规定，旅行社的行政法律责任主要包括以下几个方面。

（一）未经许可经营旅行社业务

未经许可经营旅行社业务是指未取得旅行社业务经营许可证资质，但经营境内旅游业务、入境旅游业务、出境旅游业务、边境旅游业务等旅行社专属业务的行为。不属于旅行社专属业务范围内的其他业务，其他企业、个人可以经营。依据《旅游法》对此违法行为，由旅游主管部门或者工商行政管理部门责令改正，没收违法所得，并处一万元以上十万元以下罚款；违法所得十万元以上的，并处违法所得一倍以上五倍以下罚款；对有关责任人员，处二千

元以上二万元以下罚款。

（二）旅行社未经许可经营出境旅游业务、边境旅游业务

旅行社虽已合法设立，取得了旅行社业务经营许可证，可以经营境内旅游业务和入境旅游业务，但未取得其他相应的业务许可，擅自经营出境旅游业务、赴台旅游业务、边境旅游业务中的一项或多项。依据《旅游法》对此违法行为，由旅游主管部门或者工商行政管理部门责令改正，没收违法所得，并处一万元以上十万元以下罚款；违法所得十万元以上的，并处违法所得一倍以上五倍以下罚款；对有关责任人员和直接负责的主管人员，处二千元以上二万元以下罚款，并责令停业整顿；情节严重的，吊销旅行社业务经营许可证。

（三）旅行社非法转让旅行社业务经营许可

非法转让旅行社业务经营许可包括：旅行社出租、出借旅行社业务经营许可证，核心是业务经营许可证存在流转行为；旅行社以其他方式非法转让旅行社业务经营许可，并不以旅行社业务经营许可证的流转为要件，只要允许他人以自己的名义从事旅行社业务经营即可认定。上述两种行为都使得未取得相应旅行社业务经营许可的组织、个人，通过借用旅行社业务经营许可资质非法经营旅行社专属业务。在实践中，一些网络经营者、加盟店、分社等，以某个旅行社的名义经营旅行社专属业务，但其在人事管理、财务管理、运营管理等方面与该旅行社没有任何关系，属于旅行社出租、出借旅行社业务经营许可证的行为。对此，依据《旅游法》由旅游主管部门或者工商行政管理部门责令改正，没收违法所得，并处一万元以上十万元以下罚款；违法所得十万元以上的，并处违法所得一倍以上五倍以下罚款；对有关责任人员和直接负责的主管人员，处二千元以上二万元以下罚款，并责令停业整顿；情节严重的，吊销旅行社业务经营许可证。

（四）违反安排导游或领队服务规定

旅行社违反《旅游法》的规定，有下列行为之一的，未按照规定为出境或者入境团队旅游安排领队或者导游全程陪同的；安排未取得导游证的人员提供导游或者领队服务的；未向临时聘用的导游支付导游服务费用的；要求导游垫付或者向导游收取费用的，由旅游主管部门责令改正，没收违法所得，并处五千元以上五万元以下罚款；情节严重的，责令停业整顿或者吊销旅行社业务经营许可证；对直接负责的主管人员和其他直接责任人员，处二千元以上二万元以下罚款。

（五）虚假宣传误导旅游者

旅行社进行虚假宣传一般是在签订旅游合同之前进行，其目的是促成旅游者与其进行交易。虚假宣传的行为包括编造事实，虚假宣传；隐瞒重要事实，适用模糊的语言，达到了令人误解的程度。对此，依据《旅游法》由旅游主管部门或者有关部门责令改正，没收违法所得，并处五千元以上五万元以下罚款；违法所得五万元以上的，并处违法所得一倍以上五倍以下罚款；情节严重的，责令停业整顿或者吊销旅行社业务经营许可证；对直接负责的主管

人员和其他直接责任人员,处二千元以上二万元以下罚款。

(六)向不合格供应商订购产品和服务

供应商主要是指由旅行社选择的、为旅游者提供服务的企业或者个人,主要包括地接社、履行辅助人,是指与旅行社存在合同关系,协助其履行包价旅游合同义务,实际提供相关服务的法人或者自然人,包括景区、饭店、宾馆、演艺场所等。合格主要是指具有法律、法规要求的许可、营业执照等资质。依据《旅游法》向不合格供应商订购产品和服务的,由旅游主管部门或者有关部门责令改正,没收违法所得,并处五千元以上五万元以下罚款;违法所得五万元以上的,并处违法所得一倍以上五倍以下罚款;情节严重的,责令停业整顿或者吊销旅行社业务经营许可证;对直接负责的主管人员和其他直接责任人员,处二千元以上二万元以下罚款。

(七)未按照规定投保旅行社责任保险

对旅行社投保责任险的规定主要有《旅游法》《旅行社条例》《旅行社责任保险管理办法》等。旅行社没有按照规定投保,包括没有投保、没有足额投保、投保范围不符合规定等情形。对于未按照规定投保旅行社责任保险的,依据《旅游法》由旅游主管部门或者有关部门责令改正,没收违法所得,并处五千元以上五万元以下罚款;违法所得五万元以上的,并处违法所得一倍以上五倍以下罚款;情节严重的,责令停业整顿或者吊销旅行社业务经营许可证;对直接负责的主管人员和其他直接责任人员,处二千元以上二万元以下罚款。

(八)旅行社诱导、欺骗旅游者消费获取不正当利益

旅行社以不合理的低价组织旅游活动,诱骗旅游者,并通过安排购物或者另行付费旅游项目获取回扣等不正当利益;或者旅行社组织、接待旅游者,未与旅游者协商一致或者违背旅游者要求,指定具体购物场所,安排另行付费旅游项目的;旅行社因安排部分旅游者购物或参加自费项目活动,而造成影响其他旅游者行程安排后果的,依据《旅游法》由旅游主管部门责令改正,没收违法所得,责令停业整顿,并处三万元以上三十万元以下罚款;违法所得三十万元以上的,并处违法所得一倍以上五倍以下罚款;情节严重的,吊销旅行社业务经营许可证;对直接负责的主管人员和其他直接责任人员,没收违法所得,处二千元以上二万元以下罚款,并暂扣或者吊销导游证。

(九)未履行报告义务的

旅行社发现旅游者从事违法活动,出境旅游者在境外非法滞留,入境旅游者在境内非法滞留,随团出境的旅游者擅自分团、脱团,或者随团入境的旅游者擅自分团、托管时,应及时向公安机关、旅游主管部门或者我国驻外机构报告。违反上述规定,依据《旅游法》由旅游主管部门处五千元以上五万元以下罚款;情节严重的,责令停业整顿或者吊销旅行社业务经营许可证;对直接负责的主管人员和其他直接责任人员,处二千元以上二万元以下罚款,并暂扣或者吊销导游证。

（十）擅自更改行程安排、拒绝履行合同、擅自转团

在旅游行程中，旅行社擅自变更旅游行程安排，严重损害旅游者权益；拒绝履行合同；未征得旅游者书面同意，委托其他旅行社履行包价旅游合同的，依据《旅游法》由旅游主管部门责令改正，处三万元以上三十万元以下罚款，并责令停业整顿；造成旅游者滞留等严重后果的，吊销旅行社业务经营许可证；对直接负责的主管人员和其他直接责任人员，处二千元以上二万元以下罚款，并暂扣或者吊销导游证。

（十一）安排非法旅游项目或活动

旅行社安排旅游者参观或者参与违反我国法律、法规的项目或者活动；安排旅游者参观或者参与违反我国社会公德的项目或活动的，依据《旅游法》由旅游主管部门责令改正，没收违法所得，责令停业整顿，并处二万元以上二十万元以下罚款；情节严重的，吊销旅行社业务经营许可证；对直接负责的主管人员和其他直接责任人员，处二千元以上二万元以下罚款，并暂扣或者吊销导游证。

（十二）给予或者收受贿赂

旅行社在经营中，无论是给予或者收受贿赂，均属于不正当竞争行为，破坏了旅游业的公平竞争秩序。对此，由工商行政管理部门依照有关法律、法规的规定处罚；情节严重的，并由旅游主管部门吊销旅行社业务经营许可证。

对于旅行社及其从业人员的上述违法行为，旅游主管部门、工商行政管理部门、价格主管部门等有关部门应当记入信用档案，向社会公布。

另外，《旅游法》颁行后，《旅行社条例》及《旅行社条例实施细则》依然有效。对于旅行社违反《旅行社条例》《旅行社条例实施细则》的其他违法行为，依法应当给予处罚的，从其规定。例如，违反《旅行社条例》的规定，旅行社未在规定期限内向其质量保证金账户存入、增存、补足质量保证金或者提交相应的银行担保的，由旅游行政管理部门责令改正；拒不改正的，吊销旅行社业务经营许可证。

【思考题】

1. 旅行社的设立条件有哪些？
2. 旅行社的质量保证金制度有哪些内容？
3. 旅行社在经营中有哪些权利？
4. 旅行社责任保险等制度的内容有哪些？

第五章
导游与领队人员法律制度

【学习目标】

1. 了解导游证的颁发条件。

2. 熟悉导游人员的管理制度。

3. 掌握导游人员的权利、义务及其内涵。

【内容提要】

导游、领队是旅行社的代表,是与旅游者接触最为频繁、关系最为密切的旅游从业人员。导游、领队的行为不仅关系到旅游服务的质量,还关系着旅游者的人身、财产安全。国家实行导游执业资格制度,并根据其业务特点建立了导游人员等级考核等制度。在执业中,导游、领队人员应遵守行为规范,行使法定权利,履行法定义务。违反法律规定及法定义务的,应承担相应的法律责任。

第一节　导游人员概述

一、导游人员的概念及类型

(一)导游人员的概念

导游人员是指依法取得导游证,接受旅行社委派或按照规定自由执业,为旅游者提供向导、讲解及相关旅游服务的人员。具体来说,导游人员具有下述特征。

第一,导游的工作内容是为旅游者提供向导、讲解及相关的旅游服务。向导是指在旅游目的地为旅游者指引道路、带领旅游者前行;讲解是就旅游目的地的风俗、人情、美食、地方特产、景区典故、历史人物、风景名胜等为旅游者进行介绍、解释;相关旅游服务是指为旅游者代办各种旅行证件、代购交通票证、安排旅游住宿、安排就餐、安排购物、安排娱乐等与旅行游览有关的各种服务。

第二,导游是依法取得导游证的人员。根据《旅游法》及《导游人员管理条例》的规定,参加导游资格考试成绩合格取得导游人员资格证书,与旅行社订立劳动合同或者在相关旅游行业组织注册的人员,可以申请取得导游证。没有取得导游证的人员,不得从事以营利为目的的导游业务。

第三,导游从业可以选择旅行社委派或自由执业。根据《旅游法》及《导游人员管理条例》的规定,导游从业,为旅游者提供服务必须接受旅行社委派,不得私自承揽导游和领队业务。自2018年1月1日起,根据《导游管理办法》及《导游自由执业试点管理办法(试行)》的规定,导游可以在原国家旅游局确定的试点区域内,自主选择从事自由执业。

(二)导游人员的类型

对导游人员的分类,根据不同的标准可以分为不同的类型。根据《导游管理办法》,导游人员可以划分为下述类型。

1. 依据工作语言种类划分

导游人员可以分为中文导游员和外语导游员。中文导游员一般是为国内旅游者,回内地探亲的香港、澳门同胞,回大陆探亲的台湾同胞,回国的外籍华人旅游者,按其不同的语言要求提供相应语种服务的导游人员。

2. 依据从业性质划分

导游人员可以分为专职导游员、特聘导游员和自由职业导游员。专职导游员是指长期受聘于特定旅行社,与该旅行社签订劳动合同的导游人员,是导游队伍的主力军;特聘导游员是指不以导游工作为主业,主要利用业余时间,依托自己的专业知识(主要是指文物、历史、地理、民俗等)从事导游工作的人员;自由职业导游员是指以导游职业为主业,在导游行业组织注册,不隶属于特定旅行社,根据聘请其的旅行社的委派从事导游业务的导游人员。

3. 依据工作区域划分

导游人员可以分为地方陪同导游员(简称地陪)、全程陪同导游员(简称全陪)、景区导游员(也称讲解导游员、讲解员)、国际导游员(一般称为领队)。地陪是指受接待旅行社委派,代表接待旅行社实施接待计划,为旅游者提供当地旅游活动安排、讲解、翻译等服务的导游人员;全陪是指受组团旅行社委派,作为组团旅行社的代表,为旅游者提供全程服务的人员,其在行程中负责与地陪进行协调,并对地陪的服务质量进行监督;讲解员是指在景区、景点内为旅游者提供专题讲解、向导服务的人员;领队是指受聘于具有出境旅游业务资质的旅行社,负责陪同出境旅游者的全程旅游活动并协调与接待旅行社关系的导游人员。

二、导游人员执业资格制度

(一)国家实施导游人员执业资格制度的原因

1. 导游人员直接为广大旅游者提供服务,需要具备特殊信誉和能力

导游人员为旅游者提供向导、讲解及相关旅游服务,体力和智力高度融合,是国家及地

方文化的传播者,是旅游目的地乃至国家的民间形象大使,需要掌握语言沟通、历史地理文化、心理学和美学、社会经济、政策法规、旅游常识、公共卫生等方面知识,具备语言表达、人际沟通、组织协调、安全保障、应急处置等方面的能力。

2. 导游人员需要具有较强的应变能力

在旅游行程中,旅游团队可能会遭遇自然灾害、交通事故、公共卫生突发事件、社会治安案件、罢工、骚乱等突发事件,如何及时地预测、防范、应对上述安全事件,不仅关系到旅游者的生命、财产安全,还关系到委派其从业的旅行社的持续发展。

3. 导游人员是旅游者权益得以实现的最直接的保障者

旅游的特点是异地性、空间移动性。因此,为旅游者提供服务的导游要以旅行社代表的身份,在异地独立地开展工作,旅行社的管理人员很难对导游的工作现场实施控制。旅游者的人身安危、财产安全,与导游人员的品质、素质、能力息息相关。如果没有执业资格制度,从源头上对导游人员从业实施控制,单靠事后的监管或旅行社的民事赔偿,难以从源头上、根本上减少或者杜绝此类危害事件的发生。

(二)导游资格考试

为保障导游服务质量,规范旅游市场,我国早在 1987 年通过的《导游人员管理暂行规定》(已废止)即确立了导游资格考试制度,相关从业人员需经考试合格,方可取得导游证。根据《导游管理办法》的规定,取得导游人员资格证,与旅行社订立劳动合同或者在相关旅游行业组织注册的人员,可以通过全国旅游监管服务信息系统向所在地旅游主管部门申请取得导游证。据此,取得导游执业资格需要具备两个条件:一是参加导游资格考试且成绩合格,取得导游人员资格证;二是与旅行社订立劳动合同或者在相关旅游行业组织注册。

1. 参加导游资格考试的条件

参加导游资格考试且成绩合格的前提是符合参加导游人员资格考试的条件。不符合参加导游人员资格考试条件的人不能参加考试。《导游人员管理条例》规定:参加导游人员资格考试的人必须具备下列条件:

(1)必须是中华人民共和国公民。公民是指具有某个国家国籍的自然人。根据《宪法》《国籍法》的规定,取得中华人民共和国国籍的人,都是中华人民共和国公民。取得中华人民共和国国籍的方式有出生取得和加入取得两种方式。对导游人员的国籍进行限制,一是因为只有在中国出生、熟悉中国国情与文化的人才能够胜任导游工作;二是中国是人口大国,有限的职业与工作岗位,应优先向中国人开放;三是符合国际通行惯例。

(2)必须具有高级中学、中等专业学校或者以上学历。根据导游人员的工作内容,导游人员应当具有较为广泛、深入的文化知识,对中国的历史文化、风土人情、名胜风景、民族习俗等有较为广泛的了解,对旅游者的心理有较好的把握能力,对旅游行程中的突发事件有较好的应对能力,对旅游行程中的相关主体有较好的协调能力。要了解上述知识,具备上述能力,没有接受过一定年限的教育,没有一定的学历,没有一定程度的文化素养,是难以满足的。根据中国的教育实际及旅游业发展的前景,《导游人员管理条例》规定,参加导游人员资格考试的人必须具有高级中学、中等专业学校或者以上学历。

（3）必须身体健康。导游人员的工作既要耗费大量脑力，又要奔波往返于旅游行程中的景区景点之间，景区与饭店之间，饭店与机场、车站之间，艰辛而劳累。此外，由于中国国土辽阔，旅游途中各地的气候、生活习俗、饮食习惯各不相同，需要导游人员具有健康的体魄，否则无法胜任导游工作。另外，要求导游人员身体健康，也是考虑到旅游者的合法权益。很难想象，一个身体不健康的人，能够全程为旅游者提供良好的服务，能够为旅游者所接受。为此，《导游人员管理条例》规定，必须是身体健康的人员才能参加导游人员资格考试。

（4）必须具有适应导游工作需要的基本知识和语言表达能力。从事导游工作，需要为旅游者提供向导、讲解及其他相关旅游服务。从事上述工作，必须对旅游业务的基本流程、基本要求有所了解，必须对交通类型及要求，对住宿设施的类型、标准等有所了解。同时，为了给旅游者提供清楚、准确、正确的讲解服务，导游人员需要具有相当的语言表达能力，做到能够以规范化、艺术化的语言进行解说，做到语言流畅、鲜明生动、活泼风趣、合乎礼仪；能够凭借优美的导游词的讲述吸引旅游者的注意力，构建轻松愉快、欢乐和谐的氛围，给旅游者以美的享受，消除旅游行程的疲劳，增添旅游的情趣。

2. 导游人员资格考试的管理

（1）导游人员资格考试的管理部门及其职责。根据《导游管理办法》的规定，国务院旅游行政管理部门负责制定全国导游人员资格考试的政策、标准和各地考试工作的监督管理。省级旅游行政管理部门负责组织、实施本行政区域内的导游人员资格考试工作。导游人员资格考试，应坚持考试与培训分开、培训自愿的原则，不得强迫考生参加培训。

（2）导游人员资格证书的取得与管理。符合导游人员资格考试条件，参加考试且成绩合格的，由国务院旅游行政部门或者国务院旅游行政部门委托省、自治区、直辖市人民政府旅游行政部门颁发导游人员资格证书。导游人员管理条例第3条。

（3）导游人员资格证书由国家旅游局统一印制。导游人员资格证书的颁发机关只能是国家旅游局或国家旅游局委托的省、自治区、直辖市旅游局（委）。除上述两级旅游行政管理部门外，其他地方人民政府旅游行政部门无权印制、颁发导游人员资格证书。

（三）导游证的申领

1. 导游证（电子导游证）

导游证，也称导游证书，是证明持证人已依法进行中华人民共和国导游注册、能够合法从事导游活动的法定证件。取得导游资格证只是成为导游人员的第一步。要从事导游职业，还应依法取得导游证。导游证在2018年1月1日之前采取IC卡形式。根据《导游管理办法》，自2018年1月1日起，导游证采用电子证件形式，以电子数据形式保存于导游个人移动电话等移动终端设备之中，也称为电子导游证。

电子导游证是为规范导游执业证件和执业行为管理，便于导游信息变更、异地执业换证手续，细化导游执业管理规范，加强导游事中事后监管和执业保障激励，逐步形成"社会化、扁平化、实时化、常态化"的导游管理体制，由国家旅游局推动设计开发，汇集导游基本信息、执业信息、社会评价为一体的电子形式的导游证,代替了原 IC 卡导游证。

2. 电子导游证与传统的 IC 卡导游证的区别

电子导游证与原 IC 卡导游证都是导游人员取得的从事导游执业活动的许可证件,但二者在核发、外观形态、载体、功能、使用和管理等方面存在显著区别。

(1)在核发方面,导游人员通过全国旅游监管服务平台申领,在旅游部门审批通过后即可自动生成"电子导游证",导游人员只需将相关证件保存在自己手机上的 APP 中即可;同时配套设计了卡片式"导游身份标识",作为工作标牌便于旅游者和执法人员识别,电子导游证和导游身份标识的申领均十分便捷。而 IC 卡导游证的制作周期长,程序相对复杂,核发、使用的时间成本也较高。

(2)在载体形态方面,电子导游证保存在导游人员个人移动电话等移动终端设备中,以电子数据形式存在,只要有手机等终端设备,即可随身携带。而原 IC 卡导游证虽然内含电子芯片,但非电子数据形态存在。

(3)在功能方面,电子导游证除了显示导游人员的基本信息之外,还能够存储导游的执业轨迹,记录导游的社会评价,体现导游的服务星级水平,拥有导游执业的完整数据库。而 IC 卡导游证只能体现导游姓名、性别、证号等一般性静态信息。

(4)在使用和管理方面,对于电子导游证,旅游者和旅游监管人员仅采用微信、APP 扫描二维码的方式,即可与系统信息进行比对,甄别导游身份,防止导游与证件不匹配而非法从事导游业务等问题。对于 IC 卡导游证,只有监管人员采用专用的扫描设备才可读取导游基本信息,识别导游真伪。

电子导游证制度大大方便了导游证的申领、变更和注销,降低了导游证的制作成本,也有利于旅游者加强对导游身份的识别和旅游部门对导游执业行为的监管。

3. 导游证的申领程序

导游证的申领程序是指导游证申请人申请领取导游证需要遵守的步骤、方式及要求。根据《导游管理办法》,申请导游证,申请人应通过全国旅游监管服务信息系统填写申请信息,并提交下列申请材料:①身份证的扫描件或者数码照片等电子版;②未患有传染性疾病的承诺;③无过失犯罪以外的犯罪记录的承诺;④与经常执业地区的旅行社订立劳动合同或者在经常执业地区的旅游行业组织注册的确认信息。与申请人签订劳动合同的旅行社或接受申请人注册的旅游行业组织,应当自申请人提交申请之日起 5 个工作日内确认。

根据《导游管理办法》的规定,从事导游必须取得导游证。申领导游证的方式有两种:一种是与旅行社订立劳动合同,一种是在相关旅游行业组织注册。

(1)与旅行社订立劳动合同。根据《劳动合同法》的规定,劳动合同分为固定期限劳动合同和无固定期限劳动合同。无论何种类型的劳动合同,持有导游人员资格证书的人员与旅行社订立劳动合同,属于旅行社的专职员工,是旅行社聘用的正式员工。签订劳动合同并获领导游证后,导游人员则有义务完成旅行社委派的工作,遵守旅行社依法订立的劳动准则。旅行社应当根据导游完成工作的数量和质量向其支付工资,依法提供符合法律及双方约定的劳动条件。由于与旅行社订立劳动合同是申领导游证的条件,因此,如果导游与旅行社解除劳动关系后,再与其他旅行社订立劳动合同的,应当通过全国旅游监管服务信息系统申请变更导游证信息;如果导游与旅行社订立的劳动合同解除、终止,超过3个月未与其他旅行社订立劳动合同的,导游证将被所在地旅游主管部门注销。这里的所在地旅游主管部门是指旅行社(含旅行社分社)所在地的省、自治区、直辖市旅游主管部门或者其委托的设区的市级旅游主管部门、县级旅游主管部门。

(2)在相关旅游行业组织注册。旅游行业组织属于依据《社会团体登记管理条例》成立的社会团体,是为导游人员与旅行社提供中介服务的组织,包括旅游协会、导游协会等组织。在旅行社需要导游人员提供服务时,旅游行业组织可以向其推荐导游人员。旅行社通过旅游行业组织聘用导游一般是在旅游旺季。旅游旺季结束后,被聘用导游与旅行社之间的劳务关系也就随之结束。通过旅游行业组织聘用导游,一是可以节约旅行社的经营成本,二是借助旅游行业组织的信誉,旅行社可以放心地聘用导游。

注册是指持导游人员资格证书的人员加入其拟执业所在地的相关旅游协会、导游协会等,成为其会员,享有该协会章程赋予的权利,履行该协会章程规定的义务。

根据《导游管理办法》的规定,在旅游行业组织注册并申请取得导游证的人员,应当向所在地旅游行业组织提交下列材料:身份证、导游人员资格证、本人近期照片、注册申请。

申请人为取得导游证而向上述旅游行业组织办理注册时,无须向其缴纳注册费。旅游行业组织向申请人收取会员费的,应当符合《社会团体登记管理条例》等法律法规的规定,不得以导游注册费的名义收取会费。导游在旅游行业组织取消注册后,超过3个月未在其他旅游行业组织注册的,其导游证将被所在地旅游主管部门注销。这里的所在地旅游主管部门是指旅游行业组织所在地的省、自治区、直辖市旅游主管部门或者其委托的设区的市级旅游主管部门、县级旅游主管部门。

4. 导游证的核发程序

导游证的核发程序是指旅游主管部门核发导游证需要遵守的步骤、方式及要求。所在地旅游主管部门对申请人提出的取得导游证的申请,应当依法出具受理或者不予受理的书面凭证。需补正相关材料的,应当自收到申请材料之日起5个工作日内一次性告知申请人需要补正的全部内容;逾期不告知的,收到材料之日起即为受理。根据《导游人员管理条例》的规定,省、自治区、直辖市人民政府旅游行政部门应当自收到申请领取导游证之日起15日内颁发导游证;发现不符合申领条件的,应当书面通知申请人。这里的所在地旅游主管部门是指旅行社、旅游行业组织所在地的省、自治区、直辖市旅游主管部门或者其委托的设区的市级旅游主管部门、县级旅游主管部门。

5. 不得颁发导游证的情形

获得导游人员资格证书,并与旅行社签订劳动合同或者在相关旅游行业组织注册,只是具备了申领导游证的必备条件。具备上述条件,并非必然能够获得导游证。根据《导游人员管理条例》,存在以下禁止性情形的,不予颁发导游证。禁止性情形主要有下述几种。

(1)无民事行为能力或者限制民事行为能力的。民事行为能力是一个法学专用术语,是指公民能够通过自己的行为行使民事权利和承担民事义务的资格。民事权利是指民事主体参与民事法律关系,依照民法规范所享有的具体权益。民事义务是指民事主体在法律规定或约定的范围内,实施一定行为或不实施一定行为的责任。民事行为能力并非公民从出生就自然而然享有的,也不是一切公民都有的,而是必须达到一定年龄,能够对自己的行为及其法律后果具有认识能力和判断能力后,才能够具有的。

《民法总则》根据公民的年龄、智力和精神健康状况,将公民划分为以下三种类型:

①完全民事行为能力人。完全民事行为能力是指公民能够独立进行民事活动,以自己的行为取得民事权利和承担民事义务的能力。《民法总则》第十八条第二款规定:"十六周岁以上的未成年人,以自己的劳动收入为主要生活来源的,视为完全民事行为能力人。"

②限制民事行为能力人。限制民事行为能力人,又称为不完全民事行为能力人、部分民事行为能力人,是指可以独立进行某些民事活动,但不能独立进行全部民事活动的人。在我国,八周岁以上的未成年人为限制民事行为能力人。限制民事行为能力人还包括不能完全辨认自己行为的精神病人(包括痴呆症患者)。按照《民法总则》第十九条的规定,限制民事行为能力人可以进行与其年龄、智力或精神状态相适应的民事活动,例如购买生活上的必需品,如食糖、食盐等以及价格较低的普通商品,如文具、纸张等;其他民事活动应由其法定代理人代理或者征得其法定代理人同意。无民事行为能力人、限制民事行为能力人的监护人是他的法定代理人。

③无民事行为能力人。无民事行为能力是指不具有独立从事民事活动的能力。《民法总则》第二十条规定:"不满八周岁的未成年人为无民事行为能力人,由其法定代理人代理实施民事法律行为。"

根据《导游人员管理条例》第五条的规定,对无民事行为能力或者限制民事行为能力的人,不得颁发导游证。只有完全民事行为能力的人才能申请领取导游证,从事导游工作。无民事行为能力人或者限制民事行为能力人无法胜任导游工作,无法为旅游者提供旅游相关服务,自然也不应申请、获得导游证。

(2)患有传染性疾病的。根据《导游管理办法》第十二条,传染性疾病主要指的是甲类、乙类以及其他可能危害旅游者人身健康安全的传染性疾病。一个人是否患有传染性疾病,不能凭感觉,也不能凭普通人员的认知,而应当由医疗机构作出诊断证明予以确认。对患有传染性疾病的人,鉴于导游的工作性质,旅游行政管理部门不能发给其导游证。导游是为广大旅游者提供向导、讲解及相关旅游服务的人员,与旅游者有着最为密切的接触与交流,而且许多交流的空间是在车厢内、机舱内,空间狭小,空气流通不畅,疾病容易借助空气向游客传播。如果旅行社委派患有传染性疾病的人从事导游工作,本身就是对追求精神放松的旅游者的一大威胁,是对旅游者极不负责的行为。同时,患有传染病的导游通过与来自五湖四海的游客的接触,容易通过游客将传染病向全国各地传播,危害极大。为此,《导游管理办法》第十二条明确规定,患有传染性疾病的人员申请领取导游证,旅游行政部门不得颁发。

(3)受过刑事处罚的,过失犯罪的除外。受过刑事处罚的人员是指因其行为触犯了国家刑法,属于犯罪而受到刑事制裁的人。犯罪行为分为故意犯罪与过失犯罪。故意犯罪是指明知自己的行为会产生危害社会的结果,却希望或者放任这种结果发生的犯罪行为,如故意杀人。过失犯罪是指应当预见自己的行为可能产生危害社会的结果，因为疏忽大意而没有预见，或者已经预见却轻信能够避免，以致发生这种结果的犯罪行为，如疏忽大意造成交通事故致人死亡。从犯罪的主观恶性来看，故意犯罪是一种有意识的犯罪，犯罪分子的主观恶性较大。过失犯罪不是有意识的犯罪，犯罪分子主观恶性较小。过失犯罪之所以属于犯罪，是因为犯罪分子缺乏必要的谨慎、注意，与故意犯罪相比，无论是主观恶意，还是社会危害，都有着原则性的区别。为此，对过失犯罪人员给予出路，并不损害社会秩序，侵犯公共利益。因此，《导游人员管理条例》规定，违反刑事法律规定，依法承担刑事责任，受过刑事处罚的，不予颁发导游证，但过失犯罪除外。

（4）被吊销导游证之日起未逾3年的。被吊销导游证的人是指曾经拥有过导游证，但因其从业行为严重违法而被旅游行政管理部门处以吊销导游证的处罚。根据《中华人民共和国行政处罚法》（以下简称为《行政处罚法》），除行政拘留外，吊销从业人员的执照、资格证属于最为严重的处罚，只适用于极为严重的违法行为。极为严重的违法行为本身就足以说明该导游已经不再适合继续从事导游职业。为此，《导游管理办法》明确规定，自被吊销导游证之日起未逾3年的人员，不得颁发导游证。

（四）导游人员资格证与导游证的关系

导游人员资格证与导游证是两种既有联系又有区别的证书。两者的联系是，取得导游人员资格证是申领导游证的前提。但是，取得导游人员资格证并不意味着必定能获得导游证。

导游人员资格证与导游证的区别体现在以下两方面：

一是性质不同。导游人员资格证是某公民具备从事导游职业资格的证书。导游证是国家准许某公民从事导游职业的证书。前者是表明某公民具备从事导游职业的资格，后者表明某公民获准从事导游职业。

二是作用不同。导游人员资格证书仅仅表明持证人具备了从事导游职业的资格，但并不能实际从事导游职业；导游证则表明持证人可以实际从事导游职业。

三、导游证管理制度

（一）导游证的有效期

《导游管理办法》规定导游证的有效期为3年。在导游证有效期届满后，导游需要继续执业的，应当在有效期届满前3个月内，通过全国旅游监管服务信息系统向所在地旅游主管部门提出申请，并提交下列材料：①未患有传染性疾病的承诺；②无过失犯罪以外的犯罪记录的承诺；③与经常执业地区的旅行社订立劳动合同或者在经常执业地区的旅游行业组织注册的确认信息。旅行社或者旅游行业组织应当自导游提交申请之日起3个工作日内确认信息。所在地旅游主管部门应当自旅行社或者旅游行业组织核实信息之日起5个工作日内予以审核，并对符合条件的导游变更导游证信息。

（二）导游证的信息变更

导游人员执业期间，个人相关信息可能会发生变更，如姓名、执业语种、等级等。为加强对导游人员的监管、便利导游人员变更相关信息，导游可以在下列情形发生之日起 10 个工作日内，通过全国旅游监管服务信息系统提交相应材料，申请对导游证信息进行变更：①姓名、身份证号、导游等级和语种等信息发生变化的；②与旅行社订立的劳动合同解除、终止或者在旅游行业组织取消注册后，在 3 个月内与其他旅行社订立劳动合同或者在其他旅游行业组织注册的；③经常执业地区发生变化的；④其他导游身份信息发生变化的。旅行社或者旅游行业组织应当自收到申请之日起 3 个工作日内对信息变更情况进行核实。所在地旅游主管部门应当自旅行社或者旅游行业组织核实信息之日起 5 个工作日内予以审核确认。

（三）导游证的撤销

导游证的撤销是指旅游主管部门依据《导游管理办法》，对不符合法定条件或具备其他法定情形的人员，将已经核发的导游证予以撤销的一种行政行为。导游证一经撤销，导游人员应停止执业，否则属于违法行为，应依法承担相应法律责任。根据《导游管理办法》第十六条，具备下列情形之一的，所在地旅游主管部门应当撤销其导游证：①对不具备申请资格或者不符合法定条件的申请人核发导游证的；②申请人以欺骗、贿赂等不正当手段取得导游证的；③依法可以撤销导游证的其他情形。

（四）导游证的注销

导游证的注销是指旅游主管部门依据《导游管理办法》对出现法定情形的导游人员，将其导游证予以注销的行政行为。根据《导游管理办法》第十七条规定，有下列情形之一的，所在地旅游主管部门应当注销导游证：①导游死亡的；②导游证有效期届满未申请换发导游证的；③导游证依法被撤销、吊销的；④导游与旅行社订立的劳动合同解除、终止或者在旅游行业组织取消注册后，超过 3 个月未与其他旅行社订立劳动合同或者未在其他旅游行业组织注册的；⑤取得导游证后出现下列情形的：导游成为无民事行为能力人或者限制民事行为能力人，患有甲类、乙类以及其他可能危害旅游者人身健康安全的传染性疾病，受过刑事处罚（过失犯罪的除外）；⑥依法应当注销导游证的其他情形。导游证被注销后，导游符合法定执业条件需要继续执业的，应当依法重新申请取得导游证。

第二节　导游人员监管制度

导游人员的监管，是规范导游人员行为，提升导游服务质量，维护旅游者合法权益，促进旅游业可持续发展的重要保障。对于导游人员的监管，主要有导游人员执业委派制度、导游人员自由执业制度、导游人员的身份标示管理制度、导游证管理制度、导游人员的从业规范制度、导游人员诚信管理制度、导游人员星级评价制度等。

一、导游人员等级考核制度

为加强导游人员队伍建设,提高导游人员的素质和服务水平,客观、公正地选拔导游人才,调动导游人员钻研业务和努力工作的积极性,引入竞争机制,对导游人员进行等级评定极为必要。

(一)导游人员等级考核制度的依据

《导游人员管理条例》第七条第二款规定:"国家对导游人员实行等级考核制度。导游人员等级考核标准和考核办法,由国务院旅游行政部门制定。"原国家旅游局于 2005 年颁行了《导游人员等级考核评定管理办法(试行)》,对导游人员等级考核作出了详细的规定。

(二)导游人员等级考核的划分

导游人员的等级分为两个系列,四个等级。两个系列是指导游人员的等级考核分为外语导游员系列和中文导游员系列。四个等级是指通过考核,将导游员依次划分为初级导游员、中级导游员、高级导游员、特级导游员。

导游员申报等级时,由低到高,逐级递升,经考核评定合格者,颁发相应的导游员等级证书。

(三)导游人员等级考核的程序

导游人员的等级考核评定工作遵循申请、受理、考核评定、告知、发证的程序。

中级导游员的考核采取笔试方式。其中,中文导游人员考试科目为"导游知识专题"和"汉语言文学知识";外语导游人员考试科目为"导游知识专题"和"外语"。高级导游员的考核采取笔试方式,考试科目为"导游案例分析"和"导游词创作"。特级导游员的考核采取论文答辩方式。参加省部级以上单位组织的导游技能大赛获得最佳名次的导游人员,报全国导游人员等级考核评定委员会批准后,可晋升一级导游人员等级。一人多次获奖只能晋升一次,晋升的最高等级为高级。

(四)导游人员等级考核评定的管理

导游人员等级考核评定工作遵循自愿申报、逐级晋升、动态管理的原则。导游人员等级考核评定工作由原国家旅游局组织设立全国导游人员等级考核评定委员组会组织实施。省、自治区、直辖市和新疆生产建设兵团旅游行政管理部门组织设立导游人员等级考核证实办公室,在全国导游人员等级考核评定委员会的授权和指导下开展相应的工作。

导游员等级证书由全国导游人员等级考核评定委员会统一印制。导游人员获得导游员资格证书和中级、高级、特级导游员证书后,可通过省、自治区、直辖市和新疆生产建设兵团旅游行政管理部门申请办理相应等级的导游证。

旅行社和导游管理服务机构应当采取有效措施,在待遇、晋升、培训、福利等方面对不同级别的导游员加以区别,适当拉开不同级别导游员的工资档次,以此来激励导游人员积极参加导游人员等级考核评定,不断提升自身的业务素质。

二、导游人员星级评价制度

导游人员星级评价制度,是对导游服务水平的综合评价,是为了便于旅游者和社会各方面对导游水平能力的识别,并激励导游自我提升导游执业素养而确立的制度。

(一)建立导游人员星级评价制度的原因

建立导游人员星级评价制度,主要考虑到以下原因:多年来,导游为旅游业发展作出了积极贡献,但与快速增长的旅游发展和人民日益增长的美好生活需要相比,导游服务水平还存在发展不平衡、不充分的问题。导游队伍素质参差不齐,导游服务的市场价值尚未得到充分认可,迫切需要研究设计一种与导游服务质量直接相关、通过市场化方式对导游服务水平进行标识的评价模式,便于旅行社、旅游消费者对导游的识别选择。正是基于此,国家旅游局在认真调研并借鉴相关行业有关制度的基础上,推动建立了导游星级评价制度。

(二)导游人员星级评价制度的内容

1. 导游人员星级评价指标

根据《导游管理办法》的规定,导游人员星级评价的指标由技能水平、学习培训经历、从业年限、奖惩情况、执业经历和社会评价等构成。

2. 导游人员的星级评价结果的生成

导游服务星级根据星级评价指标通过全国旅游监管服务信息系统自动生成,并根据导游执业情况每年度更新一次。旅游主管部门、旅游行业组织和旅行社等单位应当通过全国旅游监管服务信息系统,及时、真实地备注导游人员获取的奖惩情况等信息。

(三)导游人员星级评价制度与导游人员等级评定制度的关系

导游等级评定制度与星级评价制度都是为便于旅游者和社会各方面对导游水平能力的识别,并激励导游自我提升导游执业素养而确立的制度,二者互为补充,但也存在着明显的区别。

1. 评价功能不同

导游等级评定制度是对导游职业技能水平的评价,侧重的是技能水平,是相对静态的,等级一般只升不降;导游星级评价制度侧重对导游执业服务能力、质量和信用水平的评价,侧重的是服务水平,是相对动态的,星级有升有降。

2. 评价方式不同

导游等级评定主要通过考试方式,对在省部级以上单位组织的导游技能大赛获得最佳名次的导游也可以晋升等级;导游服务星级评价主要基于旅游者对导游服务的客观评价,不组织考试、不设评定机构,通过"全国旅游监管服务平台"自动计分生成导游服务星级。

3.评价内容不同

在导游等级评定中,中级导游员考核内容主要为"导游知识专题"和"汉语言文学知识",高级导游员考核内容主要为"导游案例分析"和"导游词创作",特级导游员的考核采取论文答辩方式;导游服务星级主要以游客对导游服务的满意度为导向,对导游服务水平进行综合评价,指标包括社会评价、技能水平、执业经历、学习培训和奖惩情况等,促进导游以诚实劳动、至诚服务赢得更好社会评价,取得更高服务星级,获取更多就业机会。

第三节　导游人员的权利和义务

导游人员的权利义务是指导游人员在与不同主体交往时可以主张的权利,需要履行的义务。从旅游实践来看,与导游人员比较密切的主体有三类,即旅行社、旅游者与政府相关职能部门。

一、导游人员的权利

(一)导游在旅行社聘用其从事导游工作时享有的权利

1.人格尊严受到尊重、人身安全不受侵犯

导游在执业过程中,其人格尊严受到尊重,人身安全不受侵犯,合法权益受到保障。导游有权拒绝旅行社和旅游者的下列要求:①侮辱其人格尊严的要求;②违反其职业道德的要求;③不符合我国民族风俗习惯的要求;④可能危害其人身安全的要求;⑤其他违反法律、法规和规章规定的要求。

2.要求聘用其从事导游工作的旅行社依法订立劳动合同的权利

根据《劳动合同法》第十条的规定,建立劳动关系,应当订立书面劳动合同。《旅游法》要求设立旅行社必须拥有一定数量的导游。旅行社不聘用一定数量的导游,就不具备设立的条件,就不可能获得旅行社业务经营许可证。另外,《旅游法》规定,申领导游证的条件之一是与旅行社订立劳动合同。综上,只要旅行社聘用了导游,就应当依法与其签订劳动合同,这是旅行社的义务,也是导游人员的权利。

3.获得劳动报酬及社会保险的权利

导游人员接受旅行社委派,为旅游者提供了向导、讲解及相关旅游服务,应当从旅行社获得报酬。根据《劳动法》第三条规定,劳动者享有取得劳动报酬的权利。用人单位支付劳动者的工资不得低于当地最低工资标准。《旅游法》第三十八条第一款规定:"旅行社应当与其聘用的导游依法订立劳动合同,支付劳动报酬,缴纳社会保险费用。"旅行社安排导游为旅游者提供服务的,应当在包价旅游合同中载明导游服务费用。据此,导游人员有权从聘用其从事导游工作的旅行社获取劳动报酬,而且导游人员应获得的报酬拥有坚实的法律基础。违法拖欠劳动者报酬的,应当依法承担法律责任。《旅游法》规定,旅行社违反本法规定,有下列行为之一的,由旅游主管部门责令改正,没收违法所得,并处五千元以上五万元以下罚款;情节严重的,责令停业整顿或者吊销旅行社业务经营许可证;对直接负责的主管人员和其他直接责任人员,处二千元以上二万元以下罚款;……(三)未向临时聘用的导游支付导游服务费用的。《劳动法》第九十一条规定:"用人单位有下列侵害劳动者合法权益情形之一的,由劳动行政部门责令支付劳动者工资报酬、经济补偿,并可以责令支付赔偿金:(一)克扣或者无故拖欠劳动者工资的;(二)拒不支付劳动者延长工作时间工资报酬的;(三)低于当地最低工资标准支付劳动者工资的;(四)解除劳动合同后,未依照本法规定给予劳动者经济补偿的。"

4. 投诉权

针对旅行社的某些行为,导游人员有权向劳动行政部门投诉举报、申请仲裁或者向人民法院提起诉讼。

旅行社的不当行为包括:①不依法与聘用的导游订立劳动合同的;②不依法向聘用的导游支付劳动报酬、导游服务费用或者缴纳社会保险费用的;③要求导游缴纳自身社会保险费用的;④支付导游的报酬低于当地最低工资标准的。旅行社要求导游接待以不合理低价组织的旅游团队或者承担接待旅游团队的相关费用的,导游有权向旅游主管部门投诉举报。

5. 休息、休假等权利

休息、休假,是劳动者为了调整身心,恢复体力,提高生活质量的必需。其中,休息权是宪法确认的劳动者的基本权利。休假权,是劳动法确认的劳动者重要权利。对于上述权利,旅行社作为用人单位,应当依法予以保障。《劳动法》第九十条规定:"用人单位违反本法规定,延长劳动者工作时间的,由劳动行政部门给予警告,责令改正,并可以处以罚款。"《职工带薪年休假条例》第七条规定:"单位不安排职工休年休假又不依照本条例规定给予年休假工资报酬的,由县级以上地方人民政府人事部门或者劳动保障部门依据职权责令限期改正;对逾期不改正的,除责令该单位支付年休假工资报酬外,单位还应当按照年休假工资报酬的数额向职工加付赔偿金;对拒不支付年休假工资报酬、赔偿金的,属于公务员和参照公务员法管理的人员所在单位的,对直接负责的主管人员以及其他直接责任人员依法给予处分;属于其他单位的,由劳动保障部门、人事部门或者职工申请人民法院强制执行。"

6. 女导游的特定权利

在导游中,有相当数量的女性导游。对于女性导游,《劳动法》针对女性的生理特点及社会总体分工,确认女性职工享有一些特殊的权利,用人单位旅行社应当予以保障。《劳动法》及《女职工劳动保护特别规定》确认的女性职工的特殊权利主要有:不得安排女职工在怀孕期间从事国家规定的第三级体力劳动强度的劳动和孕期禁忌从事的劳动。对怀孕七个月以上的女职工,不得安排其延长工作时间和夜班劳动;女职工生育享受不少于98天的产假;不得安排女职工在哺乳未满一周岁的婴儿期间从事国家规定的第三级体力劳动强度的劳动和哺乳期禁忌从事的其他劳动，不得安排其延长工作时间和夜班劳动。用人单位违反本法对女职工的保护规定，侵害其合法权益的，由劳动行政部门责令改正，处以罚款；对女职工造成损害的，应当承担赔偿责任。《导游管理办法》第二十六条第二款中也明确规定："旅行社等用人单位应当维护导游执业安全、提供必要的职业安全卫生条件，并为女性导游提供执业便利、实行特殊劳动保护。"

（二）导游在政府有关部门行使行政管理职权时享有的权利

1. 自由执业权

自由执业权是指导游人员自获得导游证之日起，可以被全国范围内任何一家旅行社聘用，在全国范围内自由执业，没有地域的限制。各地旅游行政管理部门及相关部门，没有法定理由，未遵循法定程序，不得擅自扣押、吊销导游证件，不得对导游人员在本区域执业设置障碍。《中华人民共和国行政许可法》（以下简称《行政许可法》）规定："法律、行政法规设定的行政许可，其适用范围没有地域限制的，申请人取得的行政许可在全国范围内有效。"《导游人员管理条例》对导游执业的范围没有设置地域限制。由此，导游在全国范围内有自由执业权。

2. 行政救济权

行政救济权是指公民、法人或者其他组织，认为行政机关的行政行为侵害了自己的合法权益，依法向上级行政机关、人民法院等国家机关寻求救济的权利。根据《中华人民共和国行政复议法》（以下简称《行政复议法》）、《中华人民共和国行政诉讼法》（以下简称《行政诉讼法》）等法律、法规，导游人员认为旅游行政管理部门及其他行政机关的行政行为，侵害了自己的合法权益的，有权向上级旅游主管部门、人民法院提起行政复议、行政诉讼。旅游主管部门及其他行政机关的行政行为违法，给导游人员的人身、财产造成损害的，导游人员有权获得国家赔偿。

3. 陈述、申辩权

陈述、申辩权是指导游人员在行政处罚中，就行政机关的指控，陈述事实，提出证据说明自己无辜的权利。陈述、申辩权是行政处罚中导游最重要、最基本的权利，是保护导游不受行政机关非法侵害的权利，也是制约行政机关滥用行政处罚权的主要机制之一。《行政处罚法》第三十二条规定："当事人有权进行陈述和申辩。行政机关必须充分听取当事人的意见，对当事人提出的事实、理由和证据，应当进行复核；当事人提出的事实、理由和证据成立的，行政机关应当采纳。行政机关不得因当事人申辩而加重处罚。"据此，行政机关有提出事实和证据说明导游违法的权利，导游也有陈述事实、提出证据说明自己无辜的权利。如果导游提出有力的证据证明自己是无辜的，行政机关就不能也无权对其实施行政处罚。行政机关及其执法人员在对导游作出行政处罚决定之前，拒绝听取导游的陈述、申辩的，行政处罚决定不能成立，导游放弃陈述、申辩的除外。

4.申请听证的权利

听证是指行政机关为了合理、有效地制作与实施行政决定,公开举行由利害关系人参加的听证会。听证的目的在于广泛地听取各方面的意见,通过公开、合理的程序形式,将行政决定建立在合法合理的基础上,避免违法或者不当的行政决定给行政相对人带来不利或者不公正的影响。根据《行政处罚法》的规定,行政机关在作出吊销许可证、较大数额罚款等行政处罚决定之前,应当事人要求,须公开举行有利害关系人参加的听证会,在质证和辩论的基础上作出处罚决定。据此,当旅游主管部门等行政机关对导游作出吊销导游证、较大数额罚款时,导游人员享有申请听证的权利。对于拟被处罚的导游人员提出的听证申请,行政机关应当组织听证。

5.申诉、控告权

申诉权是指导游的合法权益受到侵犯或损害时,有向有关国家机关提出,请求重新处理的权利。控告权是指导游对于任何国家机关或国家工作人员的违法失职行为,有向有关国家机关提出控告,并请求给予惩罚或制裁的权利。根据《宪法》第四十一条第一款的规定,对于任何国家机关和国家工作人员的违法失职行为,我国公民有向有关国家机关提出申诉、控告或者检举的权利。导游作为取得导游证的我国公民,自然也享有申诉、控告权。

二、导游人员的义务

导游人员在执业中,必须遵守《旅游法》《导游人员管理条例》等法律、法规有关导游人员的从业规范。法律、法规中有关导游人员的从业规范是导游执业中必须遵循的行为准则,实际上也是导游人员的法定义务。导游人员在执业中违反上述法定行为规范,应承担行政法律责任;情节严重造成严重后果的,依据刑法属于犯罪的,还应承担刑事法律责任。

(一)导游执业,需履行法定职责

遵守职业道德,尊重旅游者的风俗习惯和宗教信仰。职业道德是指与职业活动密切相关、符合职业特点和要求的道德准则、道德情操和道德品质的总和,包括职业观念、职业品德、职业纪律和职业责任等。导游、领队人员的职业道德包括以人为本、游客至上、爱岗敬业等。风俗习惯是指个人或集体在长期的生产生活中自发形成的传统风尚、礼节、习性,是特定社会文化区域内人们共同遵守的传统行为模式或者规范,包括民族风俗、节日习俗、传统习俗等。宗教信仰是指人们对所信仰的对象、教理教义的崇拜认同、坚定不移的信念和全身心的皈依。没有职业道德的导游,其行为不可能规范,其服务不可能符合标准,旅游者的权益难以保障。不尊重旅游者的风俗习惯和宗教信仰,不仅是对旅游者人格尊严的侵犯,而且有可能制造民族分歧、民族对立,甚至是民族冲突,不符合我国宪法、民族区域自治法的精神与规定。对于违反上述规定的行为,《导游人员管理条例》第二十条规定:"导游人员进行导游活动时,有损害国家利益和民族尊严的言行的,由旅游行政部门责令改正;情节严重的,由省、自治区、直辖市人民政府旅游行政部门吊销导游证并予以公告;对该导游人员所在的旅行社给予警告直至责令停业整顿。"

应当向旅游者告知和解释旅游文明行为规范,引导旅游者健康、文明旅游,劝阻旅游者违反社会公德的行为。近年来,极少数旅游者在旅游活动中的不文明行为,影响了中国"礼仪之邦"的形象,破坏了中国"文明古国"的荣誉,引起了海内外舆论的广泛关注和批评,社会各界反应十分强烈,纷纷要求国家采取措施提升中国公民旅游文明素质。《旅游法》也对旅游者设定了文明旅游的义务,要求旅游者应文明旅游。但是,旅游者文明旅游习惯的养成,很大程度上要靠监督、提醒和规劝。为此,《旅游法》为导游、领队设定了上述义务。导游、领队在执业活动中,应当告知旅游者《中国公民国内旅游文明行为公约》《中国公民出境旅游文明行为指南》等明确的旅游文明行为规范,告知其不可参加黄、毒、赌等不健康、不文明的旅游活动,提醒、劝阻旅游者违反社会公德的行为。

(二)导游执业,不得从事法律、法规、规章明令禁止的行为

导游不得安排旅游者参观或者参与涉及色情、赌博、毒品等违反我国法律法规和社会公德的项目或者活动。有些活动,如赌博、吸毒,在我国属于法律法规禁止的活动,从事、参与上述活动,属于违法行为,应当承担法律责任。有些活动,如色情表演,在我国不仅属于违法行为,同时也是违背社会公德的行为。对于上述行为,导游不得为了迎合部分旅游者的要求,安排旅游者参观或者参与。违反该项要求,根据《旅游法》的规定应承担法律责任。《旅游法》第一百零一条规定:"旅行社违反本法规定,安排旅游者参观或者参与违反我国法律、法规和社会公德的项目或者活动的,由旅游主管部门责令改正,没收违法所得,责令停业整顿,并处二万元以上二十万元以下罚款;情节严重的,吊销旅行社业务经营许可证;对直接负责的主管人员和其他直接责任人员,处二千元以上二万元以下罚款,并暂扣或者吊销导游证。"

(三)导游不得擅自变更旅游行程或者拒绝履行旅游合同

旅游服务合同及其中的行程安排,是旅游者与旅行社之间的约定,是具有法律效力的协议。除非遇有突发事件,为了保护旅游者的人身、财产安全,未经旅游者同意,导游不得擅自变更旅游行程或者拒绝履行旅游合同。违反该项要求,根据《旅游法》的规定,导游应承担法律责任。《旅游法》第一百条规定:"旅行社违反本法规定,有下列行为之一的,由旅游主管部门责令改正,处三万元以上三十万元以下罚款,并责令停业整顿;造成旅游者滞留等严重后果的,吊销旅行社业务经营许可证;对直接负责的主管人员和其他直接责任人员,处二千元以上二万元以下罚款,并暂扣或者吊销导游证:(一)在旅游行程中擅自变更旅游行程安排,严重损害旅游者权益的;(二)拒绝履行合同的;(三)未征得旅游者书面同意,委托其他旅行社履行包价旅游合同的。"

(四)导游不得擅自安排购物活动或者另行付费旅游项目,也不得欺骗胁迫旅游者参加上述活动或项目

如果旅行社与旅游者签订的旅游服务合同中对购物活动、另行付费旅游项目没有约定,或者有明确的安排,作为旅行社的代表,导游应严格按照旅游服务合同履行职责,不得擅自

安排购物活动或者另行付费旅游项目。导游也不得以隐瞒事实、提供虚假情况等方式,诱骗旅游者违背自己的真实意愿,参加购物活动或者另行付费旅游项目。此种行为,会使旅游者作出不理性的消费,侵害了旅游者的公平交易权、知情权,影响旅游业的声誉与可持续发展,《旅游法》《导游人员管理条例》《导游管理办法》对此都是明令禁止的。违反前述要求,根据《旅游法》的规定,导游应承担法律责任。《旅游法》第九十八条规定:"旅行社违反本法第三十五条规定的,由旅游主管部门责令改正,没收违法所得,责令停业整顿,并处三万元以上三十万元以下罚款;违法所得三十万元以上的,并处违法所得一倍以上五倍以下罚款;情节严重的,吊销旅行社业务经营许可证;对直接负责的主管人员和其他直接责任人员,没收违法所得,处二千元以上二万元以下罚款,并暂扣或者吊销导游证。"

导游不得以殴打、弃置、限制活动自由、恐吓、侮辱、咒骂等方式,强迫或者变相强迫旅游者参加购物活动、另行付费等消费项目;也不得获取购物场所、另行付费旅游项目等相关经营者以回扣、佣金、人头费或者奖励费等名义给予的不正当利益。殴打、恐吓、侮辱旅游者,强迫或者变相强迫旅游者参加购物、另行付费等消费项目,不仅侵害了旅游者的自主选择权,而且危害到了旅游者的人身自由、人格尊严等受国家法律保护的权益,涉嫌刑法中的强迫交易罪。社会舆论对此强烈谴责,国家对此类行为的态度也是严厉打击,坚决禁止。购物场所、旅游项目经营者之所以会向导游提供回扣、佣金、人头费、奖励费等名义的利益,是因为其需要导游带旅游者前往消费。此类场所、项目往往位置偏僻,服务产品质量难以保证,价格畸高,是旅游者投诉较为集中的地方。前述行为,依据《旅游法》的规定应承担法律责任。《旅游法》第九十八条规定:"旅行社违反本法第三十五条规定的,由旅游主管部门责令改正,没收违法所得,责令停业整顿,并处三万元以上三十万元以下罚款;违法所得三十万元以上的,并处违法所得一倍以上五倍以下罚款;情节严重的,吊销旅行社业务经营许可证;对直接负责的主管人员和其他直接责任人员,没收违法所得,处二千元以上二万元以下罚款,并暂扣或者吊销导游证。"

(五)不得推荐或者安排不合格的经营场所

所谓不合格的经营场所是指不具备营业、开业条件因而无法获得国家法定执照、资质的场所,如不具备消防资质的农家乐、住宿设施;不具备食品安全资质的餐饮机构;不具备文化娱乐资质的夜总会、歌厅等。导游向旅游者推荐或者安排不合格的经营场所,旅游者的权益容易遭受侵害、引发纠纷,耽误正常的旅游行程。根据《旅游法》第九十七条的规定,向不合格的供应商订购产品和服务的,由旅游主管部门或者有关部门责令改正,没收违法所得,并处五千元以上五万元以下罚款;违法所得五万元以上的,并处违法所得一倍以上五倍以下罚款;情节严重的,责令停业整顿或者吊销旅行社业务经营许可证;对直接负责的主管人员和其他直接责任人员,处二千元以上二万元以下罚款。

(六)不得向旅游者兜售物品

兜售物品是指导游利用为游客提供讲解、向导服务的过程中,以明示、暗示等形式,向游客推介、销售各种物品,如茶叶、香料、药材、玉器等物品。不过,在讲解过程中,向旅游者介绍旅游目的地的土特产品、特色商品,不属于此处的兜售物品。之所以禁止导游向旅游者兜售物品,是因为兜售物品会影响导游履行讲解、向导等职责,影响旅游服务的质量。例如,兜售的物品如存在质量问题,或者旅游者在购买之后要退货、换货时,导游人员常常无力应对、无暇顾及。《导游人员管理条例》第二十三条规定:"导游人员进行导游活动,向旅游者兜售物品或者购买旅游者的物品的,或者以明示或者暗示的方式向旅游者索要小费的,由旅游行政部门责令改正,处1 000元以上3万元以下的罚款;有违法所得的,并处没收违法所得;情节严重的,由省、自治区、直辖市人民政府旅游行政部门吊销导游证并予以公告;对委派该导游人员的旅行社给予警告直至责令停业整顿。"

(七)不得向旅游者索取小费

小费是服务行业中顾客给服务人员的一种报酬,其实质是消费者为了获得某种服务满足而自愿支付的报酬。小费在有的国家的宾馆行李服务、客房服务、餐饮服务、导游服务中存在,数额一般是消费额的5%～15%。导游服务中的小费通常是指在旅游行程结束后,旅游者根据自己对导游服务的满意程度而给予的报酬。在我国,对于导游小费的基本态度是如果旅游者因导游的优质服务而自愿给予,法律不予禁止,但导游不得索取小费。索取是指导游主动要求旅游者给予自己小费。根据境外支付小费的商业习惯,旅游者在境外旅游过程中应当向境外旅游服务人员支付小费的,旅行社在签订旅游服务合同时应当向旅游者明确说明。合同中未明确说明而在事后要求旅游者交纳小费的,属于索取小费。旅行社在签订旅游服务合同时约定旅游者向自己委派的导游、领队支付小费的,属于索取小费,因为依据《旅游法》及《旅行社条例》,旅行社应当向正式聘用的导游支付劳动报酬,向临时聘用的导游支付导游服务费用。导游索取小费的,根据《旅游法》第一百零二条第三款的规定:"导游、领队违反本法规定,向旅游者索取小费的,由旅游主管部门责令退还,处一千元以上一万元以下罚款;情节严重的,并暂扣或者吊销导游证。"

(八)导游执业,在遇有突发事件时,应依法采取必要的处置措施

根据《旅游安全管理办法》的规定,旅游突发事件是指突然发生,造成或者可能造成旅游者人身伤亡、财产损失,需要采取应急处置措施予以应对的自然灾害、事故灾难、公共卫生事件和社会安全事件。根据旅游突发事件的性质、危害程度、可控性以及造成或者可能造成的影响,旅游突发事件一般分为特别重大、重大、较大和一般四级。

旅游突发事件发生后,导游应当立即采取下列必要的处置措施:①向本单位负责人报告,情况紧急或者发生重大、特别重大旅游突发事件时,可以直接向发生地、旅行社所在地县级以上旅游主管部门、安全生产监督管理部门和负有安全生产监督管理职责的其他相关部门报告;②救助或者协助救助受困旅游者;③根据旅行社、旅游主管部门及有关机构的要求,采取调整或者中止行程、停止带团前往风险区域、撤离风险区域等避险措施。

第四节　领队人员的管理制度

一、领队人员的概念

领队人员是指接受具有出境旅游经营权的国际旅行社的委派,从事出境旅游领队业务的人员。从事领队业务,应当取得导游证,具有相应的学历、语言能力和旅游从业经历,并与委派其从事领队业务的取得出境旅游业务经营许可的旅行社订立劳动合同。

领队人员的概念,可以从以下几个方面理解:

第一,依法进行备案。国家对领队人员实行执业备案制度。未经出境社在全国旅游监管服务平台备案的导游人员,不能称为领队人员,不得从事领队业务。

第二,接受具有出境旅游经营权的旅行社的委派。领队人员只能接受具有出境旅游经营权的旅行社的委派,才能从事领队业务。不具有出境旅游经营权的旅行社,不能委派领队。

第三,必须是从事出境游领队业务的人员。领队业务包括:为出境旅游团提供旅途全程陪同和有关服务;作为组团社的代表,协同境外接待旅行社完成旅游行程安排;协调处理旅游过程中相关事务等活动。

二、领队备案制度

领队备案是国家对领队人员进行管理的重要手段。《旅行社条例实施细则》对领队人员的备案作出了具体规定。

(一)领队备案条件

1. 取得导游证

取得导游证是领队人员备案的前提条件。领队的执业特点与全程陪同导游相类似。如果没有导游证,没有从事过导游业务,对导游工作不了解、不熟悉,则可能会导致领队人员无法对境外地接社的导游工作实施监督,在维护委派旅行社的合法权益、陪同旅游者的权益方面会存在能力、经验的不足等问题。本条件是《旅游法》对出境旅游实践暴露出来的问题的回应,也是根据出境旅游未来发展的前景作出的前瞻性制度设计。

2. 具有相应的学历、语言能力和从业经历等条件

根据《旅行社条例实施细则》第三十一条的规定,旅行社为组织旅游者出境旅游委派的领队,应当具备下列条件:(一)取得导游证;(二)具有大专以上学历;(三)取得相关语言水平测试等级证书或通过外语语种导游资格考试,但为赴港澳台地区旅游委派的领队除外;(四)具有两年以上旅行社业务经营、管理或者导游等相关从业经历。赴台旅游领队还应当

符合《大陆居民赴台湾地区旅游管理办法》规定的要求。

3. 与旅行社订立劳动合同

根据《旅行社条例实施细则》第三十一条的规定,领队应当与委派其从事领队业务取得出境旅游业务经营许可的旅行社订立劳动合同。

(二)领队备案程序

根据《旅行社条例实施细则》第三十二条的规定,领队实行备案制度。旅行社应当将本单位领队信息及变更情况报所在地设区的市级旅游行政管理部门备案。领队备案信息包括身份信息、导游证号、学历、语种、语言等级(外语导游)、从业经历、所在旅行社、旅行社社会保险登记证号等。原国家旅游局将领队数据库与公安边检、外交等部门进行数据对接,在领队数据库中的导游人员方可从事领队业务。

(三)领队管理制度

根据《旅行社条例实施细则》第三十三、第三十四、第三十五条、第三十六条的规定,领队从事领队业务,应当接受与其订立劳动合同的取得出境旅游业务许可的旅行社委派,并携带导游证、佩戴导游身份标识。领队应当协助旅游者办理出入境手续,协调、监督境外地接社及从业人员履行合同,维护旅游者的合法权益。不具备领队条件的,不得从事领队业务。领队不得委托他人代为提供领队服务。旅行社委派的领队,应当掌握相关旅游目的地国家(地区)语言或者英语。

三、领队人员的行为规范

由于领队人员必须拥有导游证,领队人员在陪同出境旅游团队的过程中,也应遵循导游人员的执业规范。除此之外,根据《中国公民出国旅游管理办法》《旅行社条例实施细则》,领队人员在执业中还应遵守如下规范:

第一,旅游团队出境后因不可抗力或者其他特殊原因确需分团入境的,领队应当及时通知组团社。旅游团队在境外遇到特殊困难和安全问题时,领队应当及时向组团社和中国驻所在国家使领馆报告。

第二,领队人员应当要求境外接待社按照约定的团队活动计划安排旅游活动,并要求其不得组织旅游者参与涉及色情、赌博、毒品内容的活动或者危险性活动,不得擅自改变行程、减少旅游项目,不得强迫或者变相强迫旅游者参加额外付费项目。境外接待社违反组团社及领队人员根据上述规定提出的要求时,领队人员应当予以制止。

第三,领队人员应当向旅游者介绍旅游目的地国家的相关法律、风俗习惯以及其他有关注意事项,应当就可能危及旅游者人身安全的情况,向旅游者作出真实说明和明确警示,并按照组团社的要求采取有效措施,防止危害的发生。

第四,领队人员不得与境外接待社、导游及为旅游者提供商品或者服务的其他经营者串通欺骗、胁迫旅游者消费。

【思考题】

1.取得导游证需要具备哪些条件?

2.导游人员在执业中享有哪些权利?

3.领队人员的执业规范有哪些?

第六章
旅游饭店法律制度

【学习目标】

1. 了解旅游饭店的设立程序。
2. 掌握旅游饭店的治安管理制度。
3. 掌握旅游饭店对住宿客人的义务。

【内容提要】

旅游饭店的设立需要具备法定的条件、履行法定的程序,方可营业,接待客人。旅游饭店在经营中,应当遵守国家对饭店管理的相关法律制度,如治安管理制度、食品安全制度、旅游饭店星级评定制度等。在经营中,旅游饭店享有法定的权利,应履行法定的义务。违反国家关于旅游饭店管理的法律、法规、规章,旅游饭店应承担相应的法律责任。

旅游饭店管理是旅游业的重要组成部分,关系着旅游者的人身、财产安全。目前,我国虽然没有专门的旅游饭店法,但是已经就旅游饭店的设立、运营等制定了相应的法律、行政法规、地方性法规与规章。与旅游饭店有关的法律主要有《旅游法》《侵权责任法》《消费者权益保护法》《合同法》《消防法》等;与旅游饭店有关的行政法规主要有《旅馆业治安管理办法》《公共场所卫生管理条例》等;与旅游饭店有关的地方性法规、规章主要有各地的旅游条例及旅馆业管理办法,如《北京市星级饭店安全生产规定》《上海市旅馆业管理办法》等。可以说,旅馆业的法律体系已经基本建立。

第一节　旅游饭店的设立制度

旅游饭店是指以营利为目的,主要以"间(套)/夜"为计费单位向客人提供住宿服务的经营主体。实践中,有的旅游饭店附带提供住宿、餐饮、娱乐等服务,但住宿服务是旅游饭店业的核心业务,其他服务属于配套服务。

在实践中,高档的旅游饭店因申请被评定为星级饭店的被称为旅游星级饭店,如北京国际饭店等;经济型的旅游饭店称为酒店、旅馆,如锦江之星酒店旅馆;利用家庭空闲住房开办住宿服务的,称为民宿。尽管国家有关旅游饭店的法规、规章一般统称为旅馆,但旅游业实践中多数人更习惯于称旅馆为旅游饭店。为此,下文如无特殊说明,将主要使用旅游饭店之名称。

旅游饭店能够为旅游者提供住宿、餐饮、娱乐等服务项目,需要具有一定数量的房间,且需要具备一定的服务设施。但是,并非任何一个建筑物都适合旅游者住宿。为了保障住宿客人的生命、财产安全,保障住宿客人享有安全、舒适的住宿服务,国家对设立旅游饭店有着较为全面、严格的规定。只有符合国家关于设立旅游饭店的相关条件,履行必要的法律程序后,旅游饭店才可以正式营业,接待客人住宿。

一、旅游饭店的设立条件

旅游饭店的设立条件是指国家法律、法规规定,开办旅游饭店必须满足的条件。具备旅游饭店设立条件的,经过法定程序后,方可开业,接待旅游者。不具备法定条件的,不能开业,不能接待旅游者。根据现行法律、法规,设立旅游饭店,需要满足以下条件。

(一)获得建设管理部门的竣工验收

通过此项验收的建筑物,说明具备了旅游饭店最基本的条件,为合格的建筑物。否则,该建筑物就是不合格的、不安全的,就不具备正常使用条件,更遑论接待旅游者了。

(二)通过公安消防管理机关的消防许可

通过此项许可,说明该住宿设施在消防方面是合格的,能够在消防方面保障住宿客人的安全。旅游饭店是接待旅游者及其他客人的公共场所,设施复杂,管线密集,使用强度大,任何消防隐患都有可能给住宿客人的生命、财产造成重大损害,同时也会给旅游饭店自身造成重大损失。因此,未经消防验收的住宿设施,是不具备开业接待旅游者及其他客人条件的。

(三)获得公安管理机关的特种行业许可

旅游饭店业之所以被作为特种行业,是因为其在客观上具有容易被违法犯罪分子利用的条件。例如,有些旅游饭店为了片面追求经济效益,只收费不登记,从而为违法犯罪分子落脚藏身提供了便利条件;有的经营者为了获取暴利,在经营中不择手段,以色情服务招揽顾客,甚至容留、组织卖淫嫖娼活动。鉴于此,国家禁止不符合条件的人从事旅游饭店业务。只有具备一定的条件和资格,经公安机关审查批准,方可经营旅游饭店业务。获得特种行业许可,说明该住宿设施的管理人员、接待设施、安全管理制度等符合《旅馆业治安管理办法》规定的条件,能够在治安方面保障住宿客人的生命、财产安全。

(四)获得政府卫生管理机关的卫生许可

通过此项许可,说明该住宿设施的人员、设施、空间等方面符合《公共场所卫生管理条例》规定的条件,能够在卫生方面保障住宿客人的安全。旅游饭店作为公共场所,入住客人的身体健康状况、行为习惯都不尽相同,旅游饭店自身无力也无权对所有的入住客人进行健康、卫生检查。在此情形下,有的住宿客人自身情况就有可能对其他住宿客人的健康构成隐患。同时,旅游饭店工作人员自身的情况、房间的装饰材料、空气流通等都是可能影响住宿客人健康的风险因素。为了保障住宿客人的身体健康,国家《公共场所卫生管理条例》明确要求宾馆、饭店等公共场所的开业必须经过卫生验收。否则,住宿设施就不具备开业条件。

(五)获得其他方面的行政许可

其他方面的行政许可一般包括文化许可、卫星广播电视许可等。旅游饭店除提供住宿服务外,往往还提供娱乐、歌舞等配套服务,如夜总会等。根据国家《娱乐场所管理条例》的规定,提供上述服务的经营单位必须经过文化行政管理部门的许可,否则属于非法经营。据此,旅游饭店拟提供上述服务的,需要经过文化行政管理部门的许可。当然,此项许可不是旅游饭店开业的必备条件。

二、旅游饭店的设立程序

设立程序是指旅游饭店的经营者获得上述许可需要履行的手续。一般来说,在当前形势下,国家要求各级各类政府管理部门开展政府信息公开,要求政府管理部门将办理各类许可、审批的条件、时限、费用、步骤等通过政府网站、政务公报、政务宣传栏等方式向社会公布。旅游饭店经营者通过上述渠道可以了解办理各类许可的要求与条件。通常情况下,设立旅游饭店要经过申请、受理、审查、决定、告知等程序。

本章以北京市公安局对旅馆业特种行业许可证核发为例,对旅游饭店申请特种行业许可证的程序予以说明。

(一)提交申请

申办人可采用网上申请或到属地公安分县局申请的方式。申请材料包括:由申办人填写《特种行业经营申请登记表》(包括《从业人员登记表》《治安保卫组织登记表》),并提交下列基本材料:法定代表人任命书和法定代表人身份证复印件;经营用房的产权证明或租赁使用协议;经营用房的房屋质量安全鉴定书;消防部门出具的消防安全合格鉴定书;企业制订的各岗位安全管理制度,接待境外人员的应具备境外人员户籍信息报送能力;企业方位图、建筑内部平面图;利用人防地下室开办旅馆业,有人防管理部门出具的准许使用证明书。

(二)受理

申请材料齐全,符合法定形式,且属于管辖范围的应当受理。申办人在各分县局治安支(大)队或政府综合对外办公大厅提交上述基本材料后,由承办民警填写《受理回执单》交付申办人,《受理回执单》应当加盖本单位行政许可专用印章并注明日期。申办人通过网络提交申请的,申办人应在网上按要求填写上述要求各事项的相应内容,受理单位负责民警收到申请后,24小时内在网上填写《受理告知书》作出回应。

（三）审查

审查标准包括形式审查与实质审查。

1. 形式审查

形式审查的要求是：申办材料齐全，内容符合要求。承办民警收到申报材料后，应当在2个工作日内审核完毕；对于申报材料不合格的，承办民警填写《申报材料补正通知书》，一次性详尽列明申报材料存在的不符合要求的问题后，交付申办人。

2. 实质审查

实质审查是通过实地查看，查验申请人是否符合法定的安全条件。申报材料合格的，要在审核完毕后的3个工作日内组织对申请单位进行实地审验，主要审查下列内容：

（1）选址审查，包括旅馆应有产权关系明确的独立处所，应和建筑中与旅馆经营无关的部分相互独立；不得在军事禁区等要害部门周围200米内开办。

（2）房屋建筑和设备设施安全审查，包括：利用楼房或地下室开办旅馆，须设两个以上的通道，距出口最远的客房不得超过60米，通风良好；有专用的能满足运行"北京市流动人口管理系统"要求硬件配置的计算机和用于传输数据专用网线或电话线；经消防部门检查合格的消防设施的安全证明或合格证书，消防设施完好、有效；客房内人均使用面积不少于4平方米；具备必要的防盗安全设施，三星级以上宾馆应安装电子门锁及监控设施。

（3）从业人员、安全保卫组织以及安全制度审查，包括：有固定的从业人员；建立企业治保组织并落实岗位责任；安装"北京市流动人口管理系统"；建立旅客住宿信息登记、财物寄存、门禁、来访登记、情况报告、值班值守、应急方预案制订、企业平面图和方位图等各项安全制度。实地审验情况要填写《旅馆业实地审验情况表》，由两名以上民警签字并经开办申请人签名。

审核批准。材料和实地审查均合格的，由治安支（大）队主管支（大）队长签署初步意见后，报请分县局主管副局长批准。

审查时限。材料审核应在2个工作日内审核完毕；实地审验要在材料审核完毕后的3个工作日内组织对申请单位进行；审核批准要在实地审验后的5个工作日内完成审批工作。

对符合开办条件的，发放《特种行业许可证》；对不符合开办条件的，送达《不予许可决定通知书》予以告知。

（四）许可时限

许可事项的办理时限累计不超过10日。由于特殊原因10日内不能作出决定的，经本单位负责人批准，可以延长10日，并应当将延长期限的理由告知申请人。延长次数最多不得超过2次。

（五）决定和送达

对符合开办条件的，书面通知申办人领取《特种行业许可证》；不符合开办条件的，填写

《不予许可决定通知书》，说明不予批准理由、不服决定的权利救济的途径及时效，按照《民事诉讼法》规定的有关送达方式送达申办人。

需要指出的是，随着旅游业的发展，一些地方出现了家庭旅馆、农家乐等新兴旅游住宿业态。无论是家庭旅馆，还是农家乐，其从事的主体服务与旅游饭店并无差异，因此在设立条件、设立程序上也应遵守上述法律、法规。但是，家庭旅馆、农家乐等新兴旅游接待设施，无论是在接待规模上，还是在接待设施的档次上，有着自身的特点，与常规的旅游饭店不尽相同。因此，对于家庭旅馆、农家乐的设立制度，还应有更加符合其实际的要求。鉴于中国国土辽阔，地域特色明显，针对家庭旅馆、农家乐，国家难以出台统一的规范与要求，而应由各地根据地方特色，依据法律、法规，出台相应的管理办法。对此，《旅游法》第四十六条也作出了规定："城镇和乡村居民利用自有住宅或者其他条件依法从事旅游经营，其管理办法由省、自治区、直辖市制定。"据此，各地对家庭旅馆、农家乐的设立管理，应根据当地情况制订的管理办法进行。

第二节　旅游饭店的运营管理制度

一、旅游饭店的治安管理

旅游饭店是公共场所，住宿人员构成复杂。为了保障国家的社会秩序，保障住宿客人的生命、财产安全，国家对旅游饭店的治安有着严格的管理措施。对此，旅游饭店业的经营者应当有足够的了解。

（一）治安管理的依据和主管部门

旅游饭店治安管理的依据是《旅馆业治安管理办法》和各地的旅馆业治安管理实施办法。旅游饭店治安管理的主管行政部门是各地的公安机关。《旅馆业治安管理办法》第十四条规定："公安机关对旅馆治安管理的职责是，指导、监督旅馆建立各项安全管理制度和落实安全防范措施，协助旅馆对工作人员进行安全业务知识的培训，依法惩办侵犯旅馆和旅客合法权益的违法犯罪分子。"各省、自治区、直辖市还结合当地实际情况，出台了地方性的旅馆业治安管理办法，对旅游饭店业的治安管理提出了明确的要求。据此，公安机关成为旅游饭店治安管理方面的主管部门。

（二）饭店业的治安特点

1. 旅游饭店易被违法犯罪分子作为藏身落脚之地

旅游饭店是具有社会开放性和相对封闭性的公共场所，各种身份的人都有可能以各种目的入住。入住旅游饭店的人员流动频繁，身份复杂，极容易混杂各种违法犯罪人员，特别是被通缉在逃人员、流窜作案人员,他们利用有些旅游饭店管理不严的条件,利用伪造或者偷窃的身份证件蒙骗旅馆工作人员入住其中,使得旅游饭店可能成为违法犯罪分子落脚、藏身,开展不法活动的窝点。

2. 旅游饭店容易发生各种违法犯罪活动

旅游者为了方便,外出旅游时常会随身携带现金和贵重物品,同时在旅游期间警惕性容易降低,一些不法分子利用旅游饭店的便利条件进行盗窃、抢劫、敲诈等活动。有些旅游饭店的从业人员为了追逐暂时的经济利益,姑息、包庇身边的不法行为,甚至为其提供方便,或者直接参与、从事违法犯罪活动。

3. 旅游饭店容易发生治安灾害事故

由于旅游饭店中人、财、物品相对集中,各种设施、管线密布,不少旅游饭店经营者违反规定盲目装修或者使用质量低劣的易燃物品装修,容易诱发火灾。同时,入住旅游饭店的人员文化、道德、法治观念水平参差不齐,有的旅客违规将易燃、易爆、剧毒、腐蚀性危险品带进饭店,还有的旅客习惯于躺在卧具上吸烟等。在上述情况下,旅客稍有不慎,极易引发火灾、爆炸等治安灾害事故。

(三)饭店业常见的治安问题

1. 违反旅游饭店开业审批制度,擅自开设、改建旅游饭店

有的旅游饭店经营者未经公安机关审查批准,擅自开业,接待旅游者;有的不申请消防验收,或者敷衍、搪塞公安机关的监督检查;有的违章改建、装修旅游饭店,随意改变旅游饭店的结构和布局,扩大营业面积;有的未经公安机关备案,随意改变旅游饭店的经营范围、经营项目或者擅自转让、合并或者自行迁移企业地址、改换企业名称、更换法定代表人等。上述情形,都是旅游者的人身、财产安全的隐患,应该予以制止,并依法承担法律责任。

2. 不能严格执行旅游饭店安全管理制度,治安管理漏洞较多

有的旅游饭店不认真执行验证登记制度、财物保管制度和客房查验制度,在安全管理上存在较多漏洞;有的旅游饭店不仅成为藏污纳垢的场所,而且容易发生敲诈、抢劫、盗窃等严重危害旅客生命、财产安全的恶性刑事案件;有的旅游饭店存在挤占、堵塞消防通道,允许旅客将携带的危险物品在饭店客房里随意存放等问题,加重了旅游饭店火灾等治安灾害事故的隐患。

3. 忽视对旅游饭店从业人员的教育培训

旅游饭店的从业人员流动性较大,使得对从业人员的培训教育工作变得较为困难。旅游饭店的经营者和从业人员的法律观念、法律知识水平和安全保卫技能还不能满足旅游饭店安全管理工作的需要,以至于有的旅游饭店的经营者和从业人员时常发生违法犯罪情形。

(四)旅游饭店治安管理的主要内容

1. 验证登记制度

《旅馆业治安管理办法》第六条第一款规定:"旅馆接待旅客住宿必须登记。登记时,应当查验旅客的身份证件,按规定的项目如实登记。"旅客住宿登记时,旅游饭店应指定专人负责;登记时,根据旅客的不同身份,其证件种类有居民身份证、驾驶证、军官证、士兵证、护照等。旅客持无效身份证件或者没有身份证件住宿的,必须及时向公安机关和有关部门报告。目前,旅馆业已普遍安装治安管理信息系统。在验证登记环节,旅游饭店应将旅客的身份情况及相片录入系统上传公安机关。

2. 财物保管制度

《旅馆业治安管理办法》第七条规定:"旅馆应当设置旅客财物保管箱、柜或者保管室、保险柜,指定专人负责保管工作。对旅客寄存的财物,要建立登记、领取和交接制度。"对旅客遗留的物品,应加以妥善保管,并根据旅客登记所留下的地址,设法将遗留物品归还原主;如果遗留物主人不明,则应当揭示招领,经招领 3 个月后仍然无人认领的,则应当登记造册,并送当地公安机关按拾遗物品处理。

3. 来访登记制度

旅游饭店的客房,是经旅客合法租赁而依法相对专有的生活空间,只有旅客本人、客房服务人员、依法执行公务的人员以及经旅客同意造访的人可以进入,其他人员不得擅自进入。在实践中,有一些不法分子以造访旅客为名,进入旅馆进行违法犯罪活动,因此旅馆应建立来访登记制度。

4. 情况报告制度

《旅馆业治安管理办法》第九条规定:"旅馆工作人员发现违法犯罪分子,行迹可疑的人员和被公安机关通缉的罪犯,应当立即向当地公安机关报告,不得知情不报或隐瞒包庇。"情况报告制度是确保旅馆安全,维护广大旅客及旅馆从业人员人身、财产权益,打击违法犯罪,维护社会治安的重要措施。

二、旅游饭店食品安全制度

旅游饭店的功能之一,是为住店客人及其他来店顾客提供餐饮服务。由此,旅游饭店的餐饮服务属于《中华人民共和国食品安全法》(以下简称《食品安全法》)的调整范围。旅游饭店的食品采购、贮存、加工、销售等必须遵守《食品安全法》的要求。旅游饭店在餐饮服务中,应自觉接受国家食品药品监督管理部门的监督,严格遵守《食品安全法》的相关规定。违反《食品安全法》的,应依法承担法律责任。根据《食品安全法》,旅游饭店在餐饮服务中应遵守下列制度。

(一)食品安全标准制度

《食品安全法》规定,食品生产经营应当符合食品安全标准,并符合下列要求:①具有与生产经营的食品品种、数量相适应的食品原料处理和食品加工、包装、贮存等场所,保持该场所环境整洁,并与有毒、有害场所以及其他污染源保持规定的距离;②具有与生产经营的食品品种、数量相适应的生产经营设备或者设施,有相应的消毒、更衣、盥洗、采光、照明、通风、防腐、防尘、防蝇、防鼠、防虫、洗涤以及处理废水、存放垃圾和废弃物的设备或者设施;③有专职或者兼职的食品安全专业技术人员、食品安全管理人员和保证食品安全的规章制度;④具有合理的设备布局和工艺流程,防止待加工食品与直接入口食品、原料与成品交叉污染,避免食品接触有毒物、不洁物;⑤餐具、饮具和盛放直接入口食品的容器,使用前应当洗净、消毒,炊具、用具用后应当洗净,保持清洁;⑥贮存、运输和装卸食品的容器、工具和设备应当安全、无害,保持清洁,防止食品污染,并符合保证食品安全所需的温度、湿度等特殊要求,不得将食品与有毒、有害物品一同贮存、运输;⑦直接入口的食品应当使用无毒、清洁的包装材料、餐具、饮具和容器;⑧食品生产经营人员应当保持个人卫生,生产经营食品时,应当将手洗净,穿戴清洁的工作衣、帽等;销售无包装的直接入口食品时,应当使用无毒、清洁的容器、售货工具和设备;⑨用水应当符合国家规定的生活饮用水卫生标准;⑩使用的洗涤剂、消毒剂应当对人体安全、无害;⑪法律、法规规定的其他要求。

(二)食品生产经营许可制度

国家对食品生产经营实行许可制度。从事食品生产、食品销售、餐饮服务,应当依法取得许可。县级以上地方人民政府食品药品监督管理部门应当依照《中华人民共和国行政许可法》的规定,审核申请人提交的《食品安全法》第三十三条第一款第一项至第四项规定要求的相关资料,必要时对申请人的生产经营场所进行现场核查;对符合规定条件的,准予许可;对不符合规定条件的,不予许可并书面说明理由。

(三)添加药品管理制度

旅游饭店生产经营的食品中不得添加药品,但是可以添加按照传统既是食品又是中药材的物质。按照传统既是食品又是中药材的物质目录由国务院卫生行政部门会同国务院食品药品监督管理部门制定、公布。据此,有些旅游饭店的招牌菜"药膳"所添加的中药材品种必须符合上述要求。

(四)生产经营过程控制制度

旅游饭店应当建立健全食品安全管理制度,对职工进行食品安全知识培训,加强食品检验工作,依法从事生产经营活动。旅游饭店的主要负责人应当落实企业食品安全管理制度,对饭店的食品安全工作全面负责。旅游饭店应当配备食品安全管理人员,加强对其培训和考核。经考核不具备食品安全管理能力的,不得上岗。食品药品监督管理部门应当对旅游饭店食品安全管理人员随机进行监督抽查考核并公布考核情况。监督抽查考核不得收取费用。

（五）从业人员健康管理制度

旅游饭店应当建立并执行从业人员健康管理制度。患有国务院卫生行政部门规定的有碍食品安全疾病的人员，不得从事接触直接入口食品的工作。从事接触直接入口食品工作的食品生产经营人员应当每年进行健康检查，取得健康证明后方可上岗工作。

（六）食品进货查验记录制度

旅游饭店采购食品原料、食品添加剂、食品相关产品，应当查验供货者的许可证和产品合格证明；对无法提供合格证明的食品原料，应当按照食品安全标准进行检验；不得采购或者使用不符合食品安全标准的食品原料、食品添加剂、食品相关产品。旅游饭店应当建立食品原料、食品添加剂、食品相关产品进货查验记录制度，如实记录食品原料、食品添加剂、食品相关产品的名称、规格、数量、生产日期或者生产批号、保质期、进货日期以及供货者名称、地址、联系方式等内容，并保存相关凭证。记录和凭证保存期限不得少于产品保质期满后六个月；没有明确保质期的，保存期限不得少于二年。旅游饭店应当制订并实施原料控制要求，不得采购不符合食品安全标准的食品原料。倡导餐饮服务提供者公开加工过程，公示食品原料及其来源等信息。

旅游饭店在加工过程中应当检查待加工的食品及原料，发现有不符合法律规定情形的，不得加工或者使用。旅游饭店应当定期维护食品加工、贮存、陈列等设施、设备；定期清洗、校验保温设施及冷藏、冷冻设施。旅游饭店应当按照要求对餐具、饮具进行清洗消毒，不得使用未经清洗消毒的餐具、饮具；餐饮服务提供者委托清洗消毒餐具、饮具的，应当委托符合本法规定条件的餐具、饮具集中消毒服务单位。

（七）食品安全事故处置制度

发生食品安全事故的旅游饭店应当立即采取措施，防止事故扩大。事故单位和接收病人进行治疗的单位应当及时向事故发生地县级人民政府食品药品监督管理部门、卫生行政部门报告。

三、旅游饭店星级评定制度

（一）旅游饭店星级评定制度概述

在住宿业的各种形态中，社会各界最认可的是旅游星级饭店。对旅游饭店进行星级评定，是国际上的通行惯例。虽然不同的国家、地区用以标示饭店服务级别的标志不尽相同，但其目的都是通过一定的标志来区分不同服务等级的饭店。

为了提升我国的旅游饭店的经营管理水平，适应国际旅游业发展的需要，我国采用了世界上大多数国家通用的星级评定制度。目前，我国对旅游饭店开展星级评定的标准是国家质检总局、国家标准化委员会发布的《旅游饭店星级的划分与评定》（GB/T 14308—2010），该标准于 2011 年 1 月 1 日起实施。

（二）星级划分及评定依据

旅游饭店的星级制度以"星"来标志饭店等级,以"星"来标示旅游饭店的软、硬件水平。旅游饭店星级分为五个级别,即一星级、二星级、三星级、四星级、五星级(含白金五星级)。最低为一星级,最高为五星级。星级越高,表示旅游饭店的档次越高。

星级标志由长城与五角星图案构成,用一颗五角星表示一星级,两颗五角星表示二星级,以此类推,五颗五角星表示五星级,五颗白金五角星表示白金五星级。

预备星级,是星级的补充,其等级与星级相同。开业不足一年的饭店,可以申请预备星级,其有效期为一年。

依据《旅游饭店星级的划分与评定》,饭店星级评定的具体标准体现在其附录 A "必备项目检查表"、附录 B "设施设备评分表"、附录 C "饭店运营质量评价表"中。

（三）旅游星级饭店的申报

根据《旅游饭店星级的划分与评定》的规定,饭店星级评定遵循企业自愿申报的原则。凡是在我国境内的,从事接待外国人、华侨、港澳台同胞以及国内公民,正式开业一年以上的国有、集体、中外合资、中外合作以及外商独资的饭店(或宾馆、度假村等)都可以申请评定星级。经评定达到相应星级标准的饭店,由全国旅游饭店星级评定机构颁发相应的星级评定证书和标志牌,星级标识使用有效期为三年,三年期满后应进行重新评定。一星级、二星级、三星级饭店是有限服务饭店,评定星级时应对饭店住宿产品进行重点评价;四星级和五星级(含白金五星级)饭店是完全服务饭店,评定星级时应对饭店产品进行全面评价。

（四）旅游星级饭店的评定机构及权限

1. 国家星评委

国家旅游局设全国旅游星级饭店评定委员会(以下简称为"全国星评委"),是负责全国星评工作的最高机构。

国家星评委的职能:统筹负责全国旅游饭店星评工作;聘任与管理国家级星评员;组织五星级饭店的评定和复核工作;授权并监管地方旅游饭店星级评定机构开展工作。具体工作包括:

(1)执行饭店星级评定工作的实施办法。

(2)授权和督导地方旅游饭店星级评定机构的星级评定和复核工作。

(3)对地方旅游饭店星级评定机构违反规定所评定和复核的结果拥有否决权。

(4)实施或组织实施对五星级饭店的星级评定和复核工作。

(5)统一制作和核发星级饭店的证书、标志牌。

(6)按照《饭店星评员章程》要求聘任国家级星评员,监管其工作。

(7)负责国家级星评员的培训工作。

2. 省级星评委

各省、自治区、直辖市旅游行政管理部门设立省级旅游饭店星级评定机构(以下简称省级星评委），省级星评委根据全国星评委的授权开展以下工作：

（1）贯彻执行并保证质量完成全国星评委部署的各项工作任务。

（2）负责并督导本省内各级旅游饭店星级评定机构的工作。

（3）对本省副省级城市、地级市（地区、州、盟）及下一级星级评定机构违反规定所评定的结果拥有否决权。

（4）实施或组织实施本省四星级饭店的星级评定和复核工作。

（5）向全国星评委推荐五星级饭店并严格把关。

（6）按照《饭店星评员章程》要求聘任省级星评员。

（7）负责副省级城市、地级市（地区、州、盟）星评员的培训工作。

3. 地区星评委

副省级城市、地级市（地区、州、盟）旅游局设地区星评委。地区星评委在省级星评委的指导下，参照省级星评委的模式组建。地区星评委可由地方旅游行业管理部门负责人和旅游饭店协会负责人等组成。地区星评委的办事机构可设在当地旅游局行业管理处（科）或旅游饭店协会。地区星评委依照省级星评委的授权开展以下工作：

（1）贯彻执行并保证质量完成全国星评委和省级星评委布置的各项工作任务。

（2）负责本地区星级评定机构的工作。

（3）按照《饭店星评员章程》要求聘任地市级星评员，实施或组织实施本地区三星级及以下饭店的星级评定和复核工作。

（4）向省级星评委推荐四、五星级饭店。

（五）旅游星级饭店的星级管理

饭店星级标志应置于饭店前厅最明显的位置，接受公众监督。饭店星级标志已在国家工商行政管理总局商标局登记注册为证明商标，其使用要求必须严格按照《星级饭店图形证明商标使用管理规则》执行。任何单位或个人未经授权或认可，不得擅自制作和使用。同时，任何饭店以"准×星""超×星"或者"相当于×星"等作为宣传手段的行为均属违法行为。

饭店星级证书和标志牌由全国星评委统一制作、核发。标志牌工本费按照国家相关部门批准的标准收取。

每块星级标志牌上的编号，与相应的星级饭店证书号一致。每家星级饭店原则上只可申领一块星级标识牌。如星级标志牌破损或丢失，应及时报告，经所在省级星评委查明属实后，可向全国星评委申请补发。

星级饭店如因更名需更换星级证书，可凭工商部门有关文件证明进行更换，同时必须交还原星级证书。

（六）旅游饭店星级评定的程序

1. 申请

申请评定五星级的饭店应在对照《旅游饭店星级的划分与评定》（GB/T 14308—2010）

充分准备的基础上,按属地原则向地区星评委和省级星评委逐级递交星级申请材料。申请材料包括:饭店星级申请报告、自查打分表、消防验收合格证(复印件)、卫生许可证(复印件)、工商营业执照(复印件)、饭店装修设计说明等。

2. 推荐

省级星评委收到饭店申请材料后,应严格按照《旅游饭店星级的划分与评定》(GB/T 14308—2010)的要求,于一个月内对申报饭店进行星评工作指导。对符合申报要求的饭店,以省级星评委名义向全国星评委递交推荐报告。

3. 审查与公示

全国星评委在接到省级星评委推荐报告和饭店星级申请材料后,应在一个月内完成审定申请资格、核实申请报告等工作,并对通过资格审查的饭店,在中国旅游网和中国旅游饭店业协会网站上同时公示。对未通过资格审查的饭店,全国星评委应下发正式文件通知省级星评委。

4. 宾客满意度调查

对通过五星级资格审查的饭店,全国星评委可根据工作需要安排宾客满意度调查,并形成专业调查报告,作为星评工作的参考意见。

5. 国家级星评员检查

全国星评委发出《星级评定检查通知书》,委派 2~3 名国家级星评员,以明查或暗访的形式对申请五星级的饭店进行评定检查。评定检查工作应在 36~48 小时内完成。检查未予通过的饭店,应根据全国星评委反馈的有关意见进行整改。全国星评委待接到饭店整改完成并申请重新检查的报告后,于一个月内再次安排评定检查。

6. 审核

检查结束后一个月内,全国星评委应根据检查结果对申请五星级的饭店进行审核。审核的主要内容及材料有:国家级星评员检查报告(须有国家级星评员签名)、星级评定检查反馈会原始记录材料(须有国家级星评员及饭店负责人签名)、依据《旅游饭店星级的划分与评定》(GB/T 14308—2010)的打分情况(打分总表须有国家级星评员签名)等。

7. 批复

对于经审核认定达到标准的饭店,全国星评委应作出批准其为五星级旅游饭店的批复,并授予五星级证书和标志牌。对于经审核认定达不到标准的饭店,全国星评委应作出不批准其为五星级饭店的批复。批复结果在中国旅游网和中国旅游饭店业协会网站上同时公示,公示内容包括饭店名称、全国星评委受理时间、国家级星评员评定检查时间、国家级星评员姓名、批复时间。

8. 申诉

申请星级评定的饭店对星评过程及其结果如有异议,可直接向国家旅游局申诉。国家旅游局根据调查结果予以答复,并保留最终裁定权。

9. 抽查

国家旅游局根据《国家级星评监督员管理规则》派出国家级星评监督员随机抽查星级评定情况,对星评工作进行监督。一旦发现星评过程中存在不符合程序的现象或检查结果不符合标准要求的情况,国家旅游局可对星级评定结果予以否决,并对执行该任务的国家级星评员进行处理。

(七)旅游饭店星级评定复核及处理制度

星级复核是星级评定工作的重要组成部分,其目的是督促已取得星级的饭店持续达标,其组织和责任划分完全依照星级评定的责任分工。

星级复核分为年度复核和三年期满的评定性复核。年度复核工作由饭店对照星级标准自查自纠,并将自查结果报告相应星评委,相应级别星评委根据饭店的自查结果进行抽查。评定性复核工作由各级星评委委派星评员以明察或暗访的方式进行。各级星评委应于本地区复核工作结束后进行认真总结,并逐级上报复核结果。

全国星评委委派2~3名国家级星评员同行,以明察或暗访的方式对饭店进行评定性复核检查。全国星评委可根据工作需要,对满三年的五星级饭店进行宾客满意度调查,并形成专业调查报告,作为评定性复核的参考意见。对复核结果达不到相应标准的星级饭店,相应级别星评委根据情节轻重给予限期整改、取消星级的处理,并向社会公布处理结果。对于取消星级的饭店,应将其星级证书和星级标志牌收回。

被限期整改的,整改期限原则上不能超过一年。被取消星级的饭店,自取消星级之日起一年以后,方可重新申请星级评定。

各级星评委对星级饭店作出处理的权限划分,依照星级评定的职责执行。全国星评委保留对各星级饭店复核结果的最终处理权。

第三节　旅游饭店的权利、义务与责任

在接待客人时,旅游饭店与客人之间就会产生一定的关系,即提供服务与接受服务的关系。依据法律、法规的规定,在旅游饭店与客人之间的服务与被服务关系之中,旅游饭店享有一定的权利,也应承担相应的义务。

一、旅游饭店的权利

旅游饭店在接待客人时,按照市场经济的基本规则,有权依法收取费用;有权要求客人赔偿损害的物品、设施。同时,在特定情形下,旅游饭店也有权拒绝接待客人,有权对客人的财物留置。

（一）在特定情形下有拒绝接待旅客的权利

旅游饭店是企业,企业是追求盈利的,而只有顾客才能给企业、旅游饭店带来利润。旅游饭店又是提供住宿服务的经营主体为了盈利,一般不会拒绝接待旅游者。但是,在特定的条件下,为了维护其他住宿客人的人身、财产安全,为了保障饭店自身的合法权益,旅游饭店有权拒绝接待特定"客人"。因为,这些特定的"客人"可能会给旅游饭店带来麻烦、纠纷、损失。这些麻烦、损失,与旅游饭店通过接待这些"客人"获得的利润相比要大得多,严重得多。同时,旅游饭店作为一个经营主体,其依法享有经营自主权,有权挑选自己的消费者。在市场经济条件下更是如此。但是,旅游饭店毕竟是一个公共场所,是为旅游者提供最基本的住宿、饮食服务的场所。在一些特定的旅游目的地,如果任由旅游饭店随意行使拒绝权,将有可能使一些旅游者无处归宿,漂泊街头。这显然不利于旅游业的健康发展。为此,旅游饭店的拒绝权利相应地也应受到限制。对此,一些地方已经以政府规章的形式,确认了旅游饭店的拒绝权。例如根据《上海市旅馆业管理办法》第三十一条的规定,除下列情形外,旅馆不得拒绝接待旅客住宿:酗酒后可能危及他人安全的;患有或者疑似患有危害他人安全的精神病的;携带可能危及他人安全或者影响旅馆正常经营的动物、危险物品的;从事违法犯罪活动的;旅馆的客房没有空余的;法律、法规、规章规定的其他情形。据此,对于符合上述情形的客人,旅游饭店依法有权拒绝接待、提供住宿服务。除此之外,旅游饭店应该接待客人,不得拒绝客人。

（二）留置住宿客人物品的权利

留置权是指在住宿客人无力支付其住宿、餐饮等费用时,旅游饭店为维护自身利益,有权依法将客人的部分物品留置,以此督促客人尽快支付费用。《物权法》对此有明确的规定。但是,被扣财物的价值只能相当于旅客实际所欠的费用。在法定期间内,如果旅客付清欠账,饭店要主动将留置财物交还给客人。在留置客人财物期间,旅游饭店应对留置财物进行妥善保管。如保管不善,造成留置财物毁损,旅游饭店应对损失承担责任。

（三）财产权

财产权是指旅游饭店对自己所有、管理的财产享有所有、管理、处分、受益等权利。包括行政管理机关在内的任何人不得非法侵犯旅游饭店的财产权。在实践中,行政机关违法侵害旅游饭店财产权的形式主要有:没有事实根据,任意对旅游饭店进行罚款;超越法律、法规授权范围,随意对旅游饭店进行处罚,如对旅游饭店作出责令停业整顿处分;没有法律根据,政府有关行政管理部门强行向旅游饭店进行摊派、要求参加培训、要求订阅报刊、要求对某项活动进行赞助等。上述行为,都是对旅游饭店财产权的侵犯,依法应予制止,违法者依法应对旅游饭店停止侵害,并依据《国家赔偿法》承担法律责任。

（四）经营自主权

作为自负盈亏的经营主体,旅游饭店有权自主经营、自主决策、自主投资、自主用人,不受政府行政管理机关的非法干涉。实践中,政府有关行政管理部门侵犯旅游饭店自主权的形式主要有:强令某旅游饭店与其他饭店进行合并;强令旅游饭店调整经营方向,如从商务酒店向度假酒店转型;干涉旅游饭店的用人自主权,强令旅游饭店聘任某人担任部门经理等。

二、旅游饭店的义务

旅游饭店对旅客的义务,是指根据法律、法规的规定以及服务合同约定,饭店在经营活动和服务过程中必须作为或不作为。违反上述义务,旅游饭店依法应向旅客承担相应法律责任。

对旅游饭店的义务进行规定的法律、法规主要有《旅游法》、《消费者权益保护法》、《侵权责任法》、地方性旅游条例、地方性消费者权益保护法规等。根据上述法律、法规的规定,旅游饭店对旅客应承担下列义务:

(一)保障旅客安全

安全是人最基本的需要,自然也是旅客最基本的需要。在旅游饭店,有多种因素可能影响到客人的人身安全,如电梯故障、吊灯脱落、食物变质、地板湿滑、第三人侵权等。这些因素的存在,使得旅游饭店必须重视安全工作,把保障旅客的安全作为自己最基本的义务。对此,《旅游法》第五十条规定旅游经营者应当为旅游者提供符合保障人身、财产安全的旅游商品和服务;根据《消费者权益保护法》第十八条的规定,经营者应当保证其提供的商品或者服务符合保障人身、财产安全的要求。对可能危及人身、财产安全的商品和服务,应当向消费者作出真实的说明和明确的警示,并说明和标明正确使用商品或者接受服务的方法以及防止危害发生的方法。宾馆等经营场所的经营者,应当对消费者尽到安全保障义务。对于此项义务,旅游饭店应当依法从人员、设施、设备、管理等方面采取措施,确保住宿客人及其他客人的人身、财产安全。

(二)提供符合约定标准的服务

不同的旅客,根据其自身经济条件及个人的生活品质,会选择不同标准的旅游饭店。当旅游饭店与旅游者就服务标准达成协议后,应依照合同约定的标准提供相应的服务,否则就属于违约。依照《合同法》的规定,违约的旅游饭店应当承担违约责任。在旅游实践中,常见的违约现象是:旅客入住的客房在硬件、软件方面与旅游饭店宣传的标准、档次不符合;或者是当客人依照约定时间入住时,发现入住客房的朝向、房型与约定不符合。旅客起初预订的客房被旅游饭店让与其他客人。对此,旅游饭店应严守合约,履行义务。

(三)尊重旅客的隐私权

隐私是指人们不希望他人了解的个人信息,包括身体、健康、财产、社会关系等。在旅游饭店,尊重旅客的隐私更多地表现在旅游饭店的工作人员不随意进入客房,避免尴尬场面的出现。对于旅客来说,在其入住期间,客房就是他或她的"住宅",享有独立使用的权利。除非有特别紧急的情况,如发生火灾,未经顾客同意,旅游饭店工作人员不得进入旅客房间。为此,旅游饭店的经营者应当对员工进行此方面的教育、提醒,并在客房配置请勿打扰标牌,供客人使用。当有关部门执法人员依照法律、法规,持相关证件执行公务时,旅游饭店也应提示执法人员应遵循法定程序,最大限度地尊重住宿客人的隐私权。

(四)提供真实信息

饭店对自己的产品和服务,应当向旅客提供真实、准确、全面的信息,以便旅游者理性消费,同时也可以减少不必要的纠纷。对此,《消费者权益保护法》第二十条规定:"经营者向消费者提供有关商品或者服务的质量、性能、用途、有效期限等信息,应当真实、全面,不得作虚假或者引人误解的宣传。经营者对消费者就其提供的商品或者服务的质量和使用方法等问题提出的询问,应当作出真实、明确的答复。经营者提供商品或者服务应当明码标价。"《上海市旅馆业管理办法》第十六条规定:"旅馆应当在入住登记处等醒目位置设置标牌,明示客房类型、房费和住宿时间结算方法。旅馆提供其他收费服务的,应当明示服务项目及收费标准。"根据上述法律、规章的要求,旅游饭店经营者应当在饭店显著位置公示本饭店的服务项目、收费标准、住宿退房要求等相关信息,如实回答旅游者的询问,在饭店的其他宣传媒体上也应依法进行客观、全面、准确的宣传。

(五)主动接受检查

主动接受检查是指对国家行政管理机关依法开展的常规检查、临时检查时,旅游饭店应予配合,不得拒绝或阻挠。

(六)提供相关信息

提供相关信息是指当国家相关行政管理机关,如统计部门、旅游部门、安全生产管理部门等行政机关依法要求旅游饭店提供与其职责相关的信息时,旅游饭店有不得拒绝、不得迟延、不得做假等义务。

(七)依法纳税

依法纳税是旅游饭店的法定义务,如增值税、企业所得税等。

三、旅游饭店的法律责任

(一)民事法律责任

1.违约责任

违约责任是指因当事人不履行合同义务或者履行合同义务不符合约定条件,由此依法应承担的责任。在经营过程中,旅游饭店与旅游者签署预订住宿合同后,拒绝履行或者不按约定条件履行的,应承担违约责任。旅游饭店承担违约责任的形式有继续履行、采取补救措施、支付违约金、赔偿损失等。对于旅游饭店接受客人的定金而拒绝履行合同的,适用定金罚则,应双倍返还定金。

2.侵权责任

侵权责任是指因故意、过失而侵害他人人身、财产权利,依法应承担的责任。故意是指行为人明知自己的行为会损害他人财产或人身健康,但通过自己的行为希望或放任损害结果的发生;过失是指行为人应该预见到自己的行为会产生损害他人财产或人身健康的后果,而没有预见到或者虽然预见到,但轻信能避免损害结果的发生。无论是故意,还是过失,依据《侵权责任法》,上述行为均应承担侵权责任。在旅游饭店经营过程中,旅游饭店的工作人员通常不会故意侵害客人的人身健康、财产安全,但也不排除有些员工在与客人交流过程中,会因言语不和等原因,对客人实施殴打、伤害。更为常见的是旅游饭店的工作人员因过失而对客人的人身、财产造成伤害。对此,旅游饭店依法应承担的责任有停止侵害、排除妨碍、消除危险、恢复原状、赔偿损失、消除影响、恢复名誉、赔礼道歉等。

(二)行政法律责任

行政法律责任也称行政处罚,是指因违反国家行政管理法律、法规,且不够刑事犯罪的,应承担的法律责任。对于旅游饭店而言,因其业务类型多样、涉及多个领域的行政管理法律、法规,因而可能引发行政法律责任的原因也较多。从实践来看,旅游饭店常会在下列领域出现违法行为,引致行政法律责任。

1.超范围经营

超范围经营,是指旅游饭店违反法律规定,未取得法定许可,擅自经营国家要求必须取得许可方可经营的业务。例如,2007年3月,某旅游饭店未取得烟草专卖许可,擅自在内设的商店内向客人销售香烟,违反了《中华人民共和国烟草专卖法》《无证无照经营查处办法》,构成超范围经营,被工商行政管理机关处以没收违法所得3 110元,并处罚款10 000元。

2.销售假冒产品

旅游饭店为顾客提供的酒水、饮料等应符合国家规定,以保证消费者的安全。例如某旅游饭店违法经营,擅自销售假冒五粮液酒品,经国家工商行政管理部门调查,并由中国宜宾五粮液股份有限公司鉴定为假冒产品。该旅游饭店销售假冒产品的行为构成"以假充真",违反了《中华人民共和国产品质量法》,被工商行政管理机关处以没收假冒五粮液酒品4瓶,并处罚款2 240元的处罚。

3.违法设置户外广告

有的旅游饭店为了吸引客人,未经国家工商行政管理机关批准,擅自在户外设置、悬挂"××饭店"户外广告牌,违反了《户外广告登记管理规定》,影响市容环境,被工商行政管理部门处以罚款2 000元,限期自行拆除违法户外广告牌。

4.食品不符合卫生

旅游饭店的基本功能之一就是为客人提供餐饮服务。餐饮的第一要义就是食品安全。

食品不符合国家规定的卫生标准,有可能会损害消费者的身体健康甚至生命。2006年5—8月,某旅游饭店在食品生产加工中,未对食品原材料进行检验,导致其经营的凉拌螺肉中含有广州管圆线虫的幼虫,造成食用者患广州管圆线虫病。当地医院共报告160例确诊病例,接受卫生监督机构调查的有138人,其中住院患者99人,门诊患者55人。对此,北京市卫生局依据《食品卫生法》《行政处罚法》,对该旅游饭店处以罚款315 540元的处罚。随后,北京市卫生局向全市发布紧急通知,要求所有餐饮企业立即停止出售生吃、半生吃淡水螺类食品。

5. 噪声污染

噪声已经成为现代社会的污染源之一。繁杂的噪声使得人们无法正常休息、工作、生活,严重影响人们的身心健康。2012年5月,某旅游饭店在试营业期间,未经环保部门验收,致使防治污染设施与主体工程未能同时运行,严重影响附近居民的正常生活。经居民投诉,当地环保部门调查后认为,该旅游饭店违反环保法律规定,对其处以罚款4 500元的处罚。

【思考题】

1. 设立旅游饭店需要履行哪些程序?
2. 旅游饭店治安管理制度有哪些内容?
3. 旅游饭店享有哪些权利?

第七章
旅游景区法律制度

【学习目标】

  1.了解旅游景区开放的条件。

  2.熟悉旅游景区的门票价格管理制度。

  3.掌握旅游景区的流量控制制度。

【内容提要】

  旅游景区是依托旅游资源建立的、相对独立的、具有游览观赏等价值的区域。旅游景区要向游客开放,必须具备一定的条件,履行法定的程序;旅游景区开放后,应当从门票价格、流量控制、服务质量、资源保护等方面加强管理,保证旅游景区的正常秩序;旅游景区在运营中,对游客承担着安全保障等法律义务,同时也享有一定的权利。违反法定义务的,旅游景区应承担相应的法律责任。

第一节　旅游景区的开放制度

一、旅游景区的含义

  旅游景区是指可接待旅游者,具有观赏游憩、文化娱乐等功能,具备相应旅游服务设施并提供相应旅游服务,且具有相对完整管理系统的游览区。

  旅游景区具有以下特征:

(一)空间的相对独立性

  空间的相对独立性是指旅游景区作为一个区域或空间有一定边界,不是无边无际的,是存在于一定的空间区域范围内的场所、设施,能够构成一个相对完整的且具有统一管理系统的独立区域。例如,贵州省黄果树瀑布景区的边界是政府规划中确定的四至范围,通过人工围墙、自然屏障等将景区与周边的村民、单位、道路等区分开来;长白山景区的边界是规划确定的四至范围,通过四至范围的确定,将长白山景区与长白山地区的居民、单位及其他区域区分开。

(二)游览休闲性

游览休闲性是旅游景区的核心功能,也是旅游景区存在的价值所在。旅游景区因其依托的资源并经过规划、建设及管理,具有一定的审美价值、文化价值、娱乐价值,可供旅游者游览欣赏、体察品味、互动参与,从而获得某种美感享受、文化熏陶、身心愉悦、休闲娱乐等。如果某个区域缺乏上述功能,即便拥有自然资源,如山、水、林、草等,也不可能是旅游景区。

(三)公众开放性

公众开放性是指旅游景区应面向社会公众,而不是只对少数人开放。如果某个区域只对少数人开放,供其从事科学研究,那是试验场;供少数人生产、操作,那是生产经营单位。

二、旅游景区的类型

根据不同的标准可以对旅游景区进行不同的分类。

(一)根据旅游景区依托资源的类型进行分类

1. 自然旅游景区

此类旅游景区依托名山、大川、名湖、森林,如泰山旅游景区、壶口瀑布旅游景区、趵突泉旅游景区、九寨沟旅游景区、荔波大小七孔旅游景区等。

2. 人文旅游景区

此类旅游景区依托人类在长期的历史发展进程中留下的遗迹、遗址建立,如北京的故宫、圆明园、天坛公园等。

3. 复合类旅游景区

此类旅游景区是由自然景点、人文景点相互映衬、相互依赖而形成的相对独立的景区,该区域中自然景观和人文景观的旅游价值均较高,如海口火山群世界地质公园、浙江千岛湖旅游景区等。

4. 主题公园旅游景区

此类旅游景区是人类现代科学技术和劳动的结晶,如深圳华侨城主题公园、上海迪斯尼主题公园、美国好莱坞环球影城主题公园等。

5. 社会旅游景区

此类旅游景区是传统旅游景区的发展和延伸,是旅游与相关产业融合发展的产物,如北京的燕京啤酒工业旅游区属于工业旅游景区,北京的草莓博览园是观光农业旅游景区等。

(二)根据景区的营利性进行分类

1.商业性旅游景区

此类旅游景区是追求盈利,追逐商业利润的。商业性旅游景区营利的方式主要有收取门票、附属设施如索道、景区交通车票证等。多数旅游景区属于商业性旅游景区,如石景山游乐园、恐龙公园、古北水镇等。

2.公益性旅游景区

此类旅游景区是以向旅游者展示、传播国家历史、中国共产党的光辉奋斗历程、人民军队艰苦卓绝的战斗历史等,以教育、影响广大旅游者,激发旅游者对国家、中国共产党、人民的热爱,如国家博物馆、首都博物馆等。公益性旅游景区一般不收取门票或收取象征性门票,其日常运营成本由国家财政予以支持。

三、旅游景区的开放

旅游景区的开放是指旅游景区在具备一定的接待条件,履行相应的程序后,向旅游者开放,供其进行参观、游览、健身等。

一般来说,旅游景区向旅游者开放,涉及旅游活动的安全性、便利性和舒适性等方面,涉及旅游者的权益保护。因此,旅游景区在具备基本的接待服务内容、旅游安全保障、基本游览设施、基本游览条件、保护旅游者合法权益等方面,要求应当是相同的。无论旅游景区属于何种类型,权属归属于哪个主体,接受哪个政府部门的管理,以及旅游景区依托资源的保护、利用方式如何,都应当在具备《旅游法》规定的开放条件、听取旅游主管部门的意见、履行相应的审核程序后,才能够向旅游者正式开放。

(一)旅游景区开放应当具备的条件

1.有必要的旅游配套服务和辅助设施

旅游配套服务和辅助设施是实现景区旅游功能的必备条件。缺乏配套服务和辅助设施,旅游功能就无法正常实现,旅游者的满意度就会大幅降低甚至缺失。旅游景区所在的地区不同,依托的旅游资源类型不同,对配套服务和辅助设施的要求也不尽相同。一般来说,景区的旅游配套服务和辅助设施包括停车场、免费公共厕所、通信设备、安全保障和紧急救援、无障碍设施、医疗条件、公共通用标识牌等。例如针对景区综合管理的地方性法规《宁波市旅游景区条例》规定,旅游景区建设应当根据旅游景区规划或者建设方案确定的旅游容量,配备必要的供水、排水、供电、游客服务中心、停车场、环境卫生、通信、医疗、无障碍设施等配套服务设施,设置游览标识、引导系统。

2.有必要的安全设施及制度,经过安全风险评估,满足安全条件

景区的安全设施及制度包括:一是游览场所的安全保障,如景区内道路交通、卫生环境、山体、植被、物种或水域、雷电等自然环境危害的防范设备等;二是设施设备的安全保障,如工程管线、游乐设施设备、消防设施、防灾设施设备等;三是针对旅游者的安全保障制度等,

如治安保卫、安全救护、安全警示标示、安全使用说明、紧急救援配置、景区流量控制等安全制度和预案机制、安全操作从业人员和管理人员状况及安全培训等。根据上述规定,一些地方对此作出了详细的、更具操作性的规定,例如《海南省旅游景区管理规定》第九条第二款规定:"环境保护设施及游客安全保护设施应当与主体工程同时设计、同时施工、同时投入使用"。该规定第十九条要求:"旅游景区经营高空、高速、水上、潜水、探险等高风险旅游项目,应当按照国家和本省有关规定取得经营许可。旅游景区经营涉及人身安全的高风险旅游项目和客运索道、大型游乐项目,其特种设备应当符合国家有关安全标准,经具有专业资质的检验机构检验合格后,方可投入使用,并应当按照安全技术规范的要求定期检验。未经定期检验或者检验不合格的特种设备,不得继续使用。旅游景区经营者应当制订安全操作规程,依法设置特种设备安全管理机构或者配备特种设备安全管理、作业人员。特种设备在每日投入使用前,应当进行试运行和例行安全检查,并对安全附件和安全保护装置进行检查确认,保证安全运行。旅游景区经营者应当对其使用的安全设施设备进行经常性维护、保养和定期检查,并作出记录。旅游景区经营者应当指导旅游者正确使用设施设备,及时纠正旅游者不符合安全要求的行为,排除安全事故隐患。"

3. 有必要的环境保护设施和生态保护措施

良好的生态环境,是满足旅游者审美、体验等旅游需求的重要基础,也是实现旅游业可持续发展的前提条件。因此,旅游景区应根据其依托资源的特质和要求,采取相应措施,包括必要的污水处理设施、生态公厕、游客容量控制、植被及绿地的保护、噪声的限制、空气质量的监控等,为旅游者创造良好的旅游环境,实现生态文明的要求。一些地方的旅游条例据此作了细化的规定,例如《贵州省旅游条例》第八条第一款规定:"县级以上人民政府及其有关部门应当加强重要旅游城镇和旅游资源富集地区的供水、排水、供电、电信、邮政、环保、环卫、林业绿化、消防、水利等与旅游相关的基础设施和公共服务设施建设以及文化遗产保护、文化设施等公共文化服务体系建设。"第二十八条规定:"开发旅游资源和建设旅游项目,应当符合旅游规划和其他相关规划,并依法进行环境影响评价。有关部门审批旅游建设项目,应当征求旅游行政管理部门的意见。"

4. 法律、行政法规规定的其他条件

由于不同类型的景区依托的资源特性不同,向游客开放的具体要求也不尽相同。其他法律、行政法规对旅游景区开放的条件有其他明确规定的,相应的旅游景区也应当按照法律、行政法规的规定执行。根据《风景名胜区条例》的规定,设立风景名胜区需具备的条件包括:第一,设立风景名胜区,应当有利于保护和合理利用风景名胜资源。新设立的风景名胜区与自然保护区不得重合或者交叉;已设立的风景名胜区与自然保护区重合或者交叉的,风景名胜区规划与自然保护区规划应当相协调。拟设立风景名胜区所依托的自然景观和人文景观能够反映重要自然变化过程和重大历史文化发展过程,基本处于自然状态或者保持历史原貌。第二,拟设立风景名胜区的范围确定。第三,拟设立风景名胜区依托的旅游资源有明确的保护目标。第四,拟设立风景名胜区的游览条件。第五,与拟设立风景名胜区内的土地、森林等自然资源和房屋等财产的所有权人、使用权人协商。《博物馆条例》第十条规定:

"设立博物馆,应当具备下列条件:(一)固定的馆址以及符合国家规定的展室、藏品保管场所;(二)相应数量的藏品以及必要的研究资料,并能够形成陈列展览体系;(三)与其规模和功能相适应的专业技术人员;(四)必要的办馆资金和稳定的运行经费来源;(五)确保观众人身安全的设施、制度及应急预案。"

(二)旅游景区的开放程序

开放程序是指法律、法规规定旅游景区在向旅游者开放前应当履行的步骤与手续。不同类型的旅游景区,其开放应当履行的程序也不尽相同,但一般的程序都是要经过政府相关部门的验收与许可。

1. 风景名胜区

《风景名胜区条例》第十条规定:"设立国家级风景名胜区,由省、自治区、直辖市人民政府提出申请,国务院建设主管部门会同国务院环境保护主管部门、林业主管部门、文物主管部门等有关部门组织论证,提出审查意见,报国务院批准公布。设立省级风景名胜区,由县级人民政府提出申请,省、自治区人民政府建设主管部门或者直辖市人民政府风景名胜区主管部门,会同其他有关部门组织论证,提出审查意见,报省、自治区、直辖市人民政府批准公布。"

2. 历史文化名城名镇名村

根据《历史文化名城名镇名村保护条例》第九条规定:"申报历史文化名城,由省、自治区、直辖市人民政府提出申请,经国务院建设主管部门会同国务院文物主管部门组织有关部门、专家进行论证,提出审查意见,报国务院批准公布。申报历史文化名镇名村,由所在地县级人民政府提出申请,经省、自治区、直辖市人民政府确定的保护主管部门会同同级文物主管部门组织有关部门、专家进行论证,提出审查意见,报省、自治区、直辖市人民政府批准公布。"

3. 以高风险旅游项目经营为主体的旅游景区

高风险旅游项目是指以高风险旅游活动为经营载体的商业项目。高风险旅游活动是指相对危险性明显高于正常情况,可能给旅游者带来人身伤害的旅游活动,既包括需要旅游者具备一定体能、技能和心理素质才能驾驭的刺激性体育活动,也包括旅游者通过乘坐特种游乐设施和交通娱乐设施获取体验感受的游乐活动。高风险旅游项目涉及的业务范围广泛,牵扯多个主管部门,业务范围不同,经营许可审批的主管部门和依据也不同。目前,主管部门和依据比较明确的是体育类高风险旅游项目。这些高风险旅游项目主要借助高危险性体育活动展开,根据《全民健身条例》的规定,从事体育类高风险旅游项目的旅游景区,应符合一定的条件向县级以上人民政府体育主管部门申请许可。未经批准,不得擅自经营。县级以上人民政府体育主管部门对高风险性体育项目经营活动,依法履行监督检查职责。其他类型的高风险旅游项目,国家尚未出台相应法律、法规。

上述条例对风景名胜区、历史文化名城的开放程序作出了规定,但其中都缺少旅游部门的参与。

《旅游法》在上述规定基础上明确规定,景区开放接待旅游者应当听取旅游主管部门的意见。旅游主管部门作为旅游行业的管理部门,具有旅游安全、旅游市场秩序和服务质量等方面的监管职责,特别是从旅游者需求的角度考虑旅游活动的特殊性,如旅游景区良好的可进入性、旅游的舒适性、旅游活动的安全性等因素,从而更加有效地保护旅游者的权利。例如北京市旅发委于2013年"十一"期间就开始采取限流措施。当时,市旅游委在官网公布了本市重点景区游客及停车场的最大承载量,并规定黄金周期间,如果游客量超过最大承载量,景区将通过暂停售票、延长闭园时间、增加售票窗口等措施对游客进行分流。

(三)旅游景区擅自开放的法律责任

对于不具备开放条件,擅自接待旅游者的旅游景区,《旅游法》规定了两种不同的处罚责任。一是由旅游景区主管部门责令其停业整顿直至符合开放条件;二是由旅游景区主管部门对该旅游景区并处二万元以上二十万元以下罚款。具体的罚款数额,由旅游景区主管部门根据违法者的情节、后果、社会反响等具体因素进行裁量。

第二节　旅游景区的运营管理

一、旅游景区运营管理的法律依据

(一)宪法

《宪法》是国家的根本法,对旅游景区管理与保护的基本原则作出了规定。《宪法》第二十二条第二款规定:"国家保护名胜古迹、珍贵文物和其他重要历史文化遗产。"该规定确立了国家对名胜古迹、珍贵文物和其他重要历史文化遗产的保护义务。国家履行上述义务的具体措施是制定相关法律,如《文物保护法》;设立管理机构,如建立国家文物局、国家林业和草原局等机构;采取相关措施,如拨款对文物进行修复、对遗迹进行保护等。

(二)法律

法律是全国人大及其常委会依据《宪法》制定的具有强制力的规范。旅游景区管理与保护的基本法律依据是《旅游法》。旅游法对旅游景区的开发、利用、保护的基本原则作出了规定,对旅游景区设立的条件、程序、景区门票价格、景区流量控制等作出了明确规定。其他法律从不同的领域、角度对旅游景区也有相应的规定,如《文物保护法》是旅游景区中文物保护的主要法律依据;《海岛保护法》是旅游景区中海岛类自然资源保护的主要法律依据;《城乡规划法》是旅游景区进行规划的主要法律依据。与旅游景区管理相关的法律依据还有《森林法》《草原法》及《海洋环境保护法》等法律。

（三）行政法规

行政法规是国务院依据宪法、法律制定的强制性规范。旅游景区管理与保护的行政法规依据主要有《风景名胜区条例》《历史文化名城名镇名村保护条例》及《自然保护区条例》。

（四）地方法规

地方法规是设区的市以上级别的人大及其常委会制定的地方性规范。旅游景区管理与保护不仅需要遵循国家的宪法、法律、行政法规，还需要遵循旅游景区所在地的涉及旅游景区的地方性法规，如《山东省旅游条例》《海南省旅游景区管理规定》及《乌鲁木齐市旅游景区管理条例》等。

（五）政府规章

政府规章是设区的市以上级别的政府及国务院部门制定的规范。旅游景区管理与保护需要遵循的规章有行业性规章，如《森林公园管理办法》《地质遗迹保护管理规定》及《旅游景区质量等级管理办法》等。

二、旅游景区价格管理

近年来，我国旅游景区数量不断增加，门票收入也在不断增加。根据国家旅游局的统计公报整理的数据，2006—2015年我国国内旅游业的总收入从8 935亿元增长到了超过4万亿元的规模，十年间实现了4.48倍的增长，出游人次则由13.9亿增长到了41亿，增长了近3倍。在国内旅游业高速增长的推动下，全国景点门票的收入规模也持续、快速增长。研究机构数据显示，2015年度全国旅游景点的门票收入规模达到了1 037.9亿元。在此形势下，由于一些旅游景区，特别是利用公共资源建设的旅游景区的门票及其他项目的收费没有体现公益性质的问题比较突出，旅游景区价格不断提高的问题还没有得到有效遏制。因此，《旅游法》对旅游景区的门票和其他项目的收费作出了针对性规定。

（一）根据景区的性质确定旅游景区不同的定价机制

定价机制是指确定旅游景区门票及其他服务项目价格的主体及程序。根据依托资源是否属于公共资源，旅游景区实行不同的定价机制。《旅游法》规定，利用公共资源建设的旅游景区收费应实行政府定价或政府指导价。政府定价是指由政府价格主管部门或者其他有关部门，按照定价权限和范围制订的价格；政府指导价是指由政府价格主管部门或者其他有关部门，按照定价权限和范围规定基准价及其浮动幅度，指导经营者制订的价格。公共资源是指属于国家或集体的资源。依据《宪法》及相关法律规定，我国绝大多数旅游景区，如世界自然、文化遗产、风景名胜区、自然保护区、历史文化街区、重点文物保护单位的依托资源等都属于公共资源，并实行政府定价或政府指导价，从而保障旅游景区价格的公开、公平、公正，保障旅游者等相关方面的知情权和参与权。

（二）旅游景区门票及另行收费项目价格的公示

门票是旅游者进入旅游景区参观游览的凭证。门票价格公开是对旅游景区的基本要求。因为旅游者无论是自助出游，还是参团旅游，一般都要事先根据自己的财力及旅游景区的门票价格等设计自己的旅游线路。旅游景区事先将门票价格向社会公开，有利于旅游者理性决策。对此，《旅游法》第四十四条第一款规定："景区应当在醒目位置公示门票价格、另行收费项目的价格及团体收费价格。景区提高门票价格应当提前六个月公布。"在旅游实践中，旅游景区的门票价格有散客价、团队价和对旅行社的协议价。鉴于协议价是旅游景区与旅行社之间根据各自的情况具体协商而定，各旅行社之间因年组团量不同在协议价上会有所不同，因此无须公示。旅游景区经过法定程序提高门票价格的，应当将调整后的价格提前六个月向社会公布。要求旅游景区提前六个月公示，考虑到旅游者出游一般都需要提前安排。从旅游实践来看，国际旅游者、国际旅行社一般都会在出行前六个月设计行程，国内旅游者、国内旅行社一般会在出行前三个月安排出行计划。旅游景区将提高后的价格提前六个月公示，可以使国际国内的旅游者、旅行社更好地选择旅游目的地，给旅游者、旅行社更充分的准备和调整时间。也可以说，让市场来检验旅游景区提高门票的行为是否妥当。如果广大的旅游者在提前知晓旅游景区调高后的价格，依然决定前往参观游览，说明旅游景区的新价格能够被社会认同；否则，就说明旅游景区调整后的价格不被市场所接受。

（三）旅游景区合并售票的规范

在旅游实践中，有些旅游景区为了提高短期经济收益，将不同景区捆绑起来形成联票向旅游者销售；有的旅游景区将其多个"园中园"捆绑成套票向旅游者销售。上述联票、套票等形式，有的存在变相涨价问题，有的存在剥夺旅游者选择权的问题，社会反应十分强烈。对此，《旅游法》在以往相关规范的基础上以第四十四条第二款作出了规定："将不同景区的门票或者同一景区内不同游览场所的门票合并出售的，合并后的价格不得高于各单项门票的价格之和，且旅游者有权购买其中的单项票。"据此，当旅游者只想参观某个单独景区或者园中园游览场所的，可以购买单项票。如北京海洋馆的门票，旅游者想参观多个景点的，可以购买联票（或通票），如同时包含北京动物园门票与北京海洋馆门票的联票。《旅游法》的上述规定，有利于规范旅游景区合并售票的行为，有利于保障旅游者的自主选择权。

（四）核心游览项目暂停开放应减少收费

旅游景区一般都由多个游览项目、设施构成。在其中，有些游览项目属于核心项目，有些项目属于非核心项目。核心项目是旅游景区吸引、招徕旅游者的王牌、压轴戏，是旅游者前来参观必看的项目，如八达岭长城上的好汉碑、天坛公园的祈年殿、九寨沟的五彩池、喀纳斯的游船等。如果旅游景区的核心项目由于不可抗力、自然灾害、突发事件、维护修缮、设施设备故障、政府行为或者其他原因，导致暂停向旅游者开放或者停止提供服务的，旅游景区的整体价值必然降低，必然会影响旅游者的感受与判断。对此，《旅游法》第四十四条第三款规定："景区内核心游览项目因故暂停向旅游者开放或者停止提供服务的，应当公示并相应减少收费。"

（五）旅游景区价格上涨严格控制制度

旅游景区依托的资源大多是国有资源,其收费应当体现公益性质,实行免门票或者低价门票。鉴于当前多数旅游景区还在收取门票,全部实行免门票还有一定的困难,《旅游法》对旅游景区价格上涨实行严格控制制度,具体有以下几点:利用公共资源建设的景区的门票以及景区内的游览场所、交通工具等另行收费项目,实行政府定价或者政府指导价,严格控制价格上涨,这体现了政府对旅游景区收费的总体态度;拟收费或者提高价格的,应当举行听证会,征求旅游者、经营者和有关方面的意见,论证其必要性、可行性,这体现了国家通过具体的程序对景区提高价格的控制;利用公共资源建设的景区,不得通过增加另行收费项目等方式变相涨价;另行收费项目已收回投资成本的,应当相应降低价格或者取消收费。这体现了国家对旅游景区向广大旅游者免费开放或者低价开放的基本态度;公益性的城市公园、博物馆、纪念馆等,除重点文物保护单位和珍贵文物收藏单位外,应当逐步免费开放。

三、旅游景区流量控制管理

（一）旅游景区的流量控制

旅游景区的流量控制,也称旅游景区的最大承载量控制。最大承载量是指在一段时间内,一般是指一天,在维持旅游景区正常运行的前提下,旅游景区所能容纳的旅游者规模的最大数额。任何一个旅游景区,无论是自然类旅游景区,还是人文类旅游景区,在特定的时间段内,受道路、交通设施、餐饮、住宿、空间、环境保护、生态保护、服务人员数量、安全保障等因素的限制,其接待旅游者的数量规模必然会有一定的极限。

1. 旅游景区最大承载量的核定

核定旅游景区最大承载量有两种方式:一是在旅游景区制订规划时核定游客容量;二是在旅游景区开放时核定游客容量。旅游景区主管部门可以通过专家评估等方式进行核定。旅游景区在进行改建、扩建、项目调整时,旅游景区主管部门应当依据旅游景区的申请或者主动根据旅游景区项目、空间布局等的调整,重新核定其最大承载量。

2. 旅游景区流量控制的方法

旅游景区流量控制的难点在于旅游景区难于预测、掌握即将前来该景区的旅游者数量。对此,根据我国部分博物馆,如国家博物馆、西藏布达拉宫等实行门票预约的实践及其效果,《旅游法》规定旅游景区可以采取如下方式进行流量控制:一是门票预约。门票预约是发达国家普遍采用、效果良好的一种流量控制方式,尤其是对旅游团队实行门票预约。门票预约的推行,有利于引导旅游者和旅行社形成预约的交易习惯,改善当前热门旅游景区人山人海的局面。二是通过舆论引导旅游者提前安排出游计划,实施淡旺季价格疏导旅游者。三是合理设计旅游景区内的游览线路和排队方式,设置明确清晰的指示牌,提前公布景区流量,提高旅游者的流动率,避免误导旅游者,从而实现流量控制。

3. 旅游景区流量信息预报制度

旅游景区流量信息预报制度是指旅游景区所在地人民政府的旅游行政管理部门,应当对当地旅游景区历年的流量信息进行统计、分析,并根据当年的情势进行预判,及时向社会发布,以引导旅游者合理安排旅游出行计划,从源头上对旅游景区的流量进行合理引导的制度。旅游景区流量信息预报制度,是旅游景区流量控制制度的基础性工作。近年来,此项制度在国家层面及某些地方,如北京市、上海市、浙江省等地已经初步开展,效果良好。

4. 旅游景区内流量引导制度

旅游景区内流量引导制度是指在游客数量达到或者接近旅游景区最大承载量时,旅游景区经营者应当及时进行疏导,采取分时进入或者限制进入等措施的制度。《旅游法》第四十五条第二款对此有原则性规定,一些地方的旅游条例在此基础上作出了更为细致的规定。根据《广西壮族自治区旅游条例》第四十九条第一款的规定,景区游客数量达到核定最大承载量的百分之八十时,景区经营者应当向当地人民政府报告、向社会发布警示,并配合当地人民政府采取疏导、分流等有效措施控制游客数量。旅游主管部门应当对景区游客最大承载量公示情况进行监督指导。

5. 旅游景区最大承载量核定公布制度

旅游景区最大承载量核定公布制度是指旅游景区根据旅游安全、环境保护、文物保护以及服务质量的要求,确定旅游接待承载能力,经旅游景区主管部门核定,向社会公布的制度。按照上述要求进行最大承载量核定,是为了确定景区的最大接待能力;经由旅游景区主管部门核定,是为了克服旅游景区因为经济利益而夸大接待能力;向社会公布,主要是为了便于社会各界监督。目前,上海市、北京市等地人民政府旅游行政管理部门已经对本辖区内的 A 级景区最大承载量进行了核定,并通过政府官方网站等途径向社会公布。

6. 旅游景区流量控制方案的制定与实施制度

旅游景区流量方案的制定与实施制度是指旅游景区应当根据本景区的实际,事先对可能发生的各种紧急情形作出预判与应对,当游客容量接近核定最大流量时,应及时启动控制方案,及时疏导旅游者,防止安全事故的发生。当前,借助于电子检票系统、人脸识别系统,旅游景区可以及时掌握本景区的旅游者数量。

7. 旅游景区接近最大流量报告制度

旅游景区接近最大流量报告制度是指当旅游景区的游客容量接近核定的最大流量时,旅游景区经营者应及时向当地人民政府报告,并与当地人民政府一起启动应急预案,及时发布景区流量信息,引导旅游者合理安排游览时间的制度。实行报告制度,因为只有政府才能协调、调动、指挥各方面力量,如交通、公安、安全、卫生等部门,共同疏导游客,防止超大客流瞬间扑向旅游景区,酿成安全事故。

(二)旅游者配合制度

旅游者配合制度是指在旅游景区达到或者接近核定公布的最大承载量时,旅游景区及当地人民政府采取疏导、分流等措施时,旅游者应予以配合的制度。如果没有旅游者的配合,旅游景区及当地人民政府的疏导、分流等措施的效果难以保证,旅游者的游览品质及自身安全也难以保障。为此,《旅游法》第十五条第二、第三款规定:"旅游者对国家应对重大突发事件暂时限制旅游活动的措施以及有关部门、机构或者旅游经营者采取的安全防范和应急处置措施,应当予以配合。旅游者违反安全警示规定,或者对国家应对重大突发事件暂时限制旅游活动的措施、安全防范和应急处置措施不予配合的,依法承担相应责任。"

(三)旅游业发展制度

旅游业发展制度是指国家通过大力发展旅游业,在有效保护旅游资源的前提下,合理开发旅游资源,加强旅游公共设施建设,落实带薪休假制度,让更多的游客有更多的选择,进行错峰旅游,从根本上落实旅游景区的流量控制。

(四)确定旅游景区流量控制责任主体

1. 旅游景区管理者

旅游景区管理者是旅游景区流量控制的第一责任主体。根据《旅游法》的规定,旅游景区在流量控制方面主要承担以下几项责任:一是旅游景区接待旅游者不得超过景区主管部门核定的最大承载量。二是旅游景区应当在其收费处、入口处、景区官方网站,必要时还要通过当地政府的旅游公共服务信息平台、公共媒体等途径公布最大承载量,以保障旅游者的知情权和选择权。三是旅游景区应当制订并实施旅游者流量控制方案,做好各种预案,在旅游旺季期间提前增加人手,配备力量及设施,及时分析流量变化,采取各种方式严格控制景区流量。四是在旅游者数量可能达到最大承载量时,应当提前公告以提醒旅游者,并同时向当地县级以上人民政府报告,根据旅游景区流量控制方案、预案,采取措施疏导、分流旅游者,保障旅游安全。

2. 旅游景区主管部门

旅游景区主管部门在景区流量控制方面的职责是核定和监督景区的承载量。该项职责的依据是《旅游法》。根据《旅游法》第四十五条的规定,景区应当公布景区主管部门核定的最大承载量。第一百零五条第二款规定:"景区在旅游者数量可能达到最大承载量时,未依照本法规定公告或者未向当地人民政府报告,未及时采取疏导、分流等措施,或者超过最大承载量接待旅游者的,由景区主管部门责令改正,情节严重的,责令停业整顿一个月至六个月。"据此,旅游景区的主管部门在旅游景区流量控制方面负有核定和监督两项职责。

3. 旅游景区所在地人民政府

当旅游景区内旅游者数量已经达到最大承载量,但大批旅游者仍然前往该旅游景区时,仅靠旅游景区是无法应对的。这在一些敏感区域的热门旅游景区尤其如此,如天安门旁边的故宫。此时,必须要由旅游景区所在地人民政府协调各方资源,与旅游景区一起做好流量控制工作。对此,《旅游法》第四十五条第二款规定:"旅游者数量可能达到最大承载量时,景区应当提前公告并同时向当地人民政府报告,景区和当地人民政府应当及时采取疏导、分流等措施。"据此,政府在旅游景区的流量控制方面成为责任主体。政府应当与当地重点旅游景区事先研究应对大客流的方案,做好各种应对预案,并通过假日旅游预报方式,通过大众媒体、网络等逐日向社会发布主要景区、住宿接待设施、交通出行等方面的信息,引导广大旅游者理性出游、安全旅行。

四、旅游景区的质量等级制度

旅游景区质量等级制度是指国家旅游主管部门根据规定的条件和程序,对旅游景区评定其服务质量等级并授予相应证书标牌,以及进行服务质量等级监督管理的行为规则。

(一)旅游景区质量等级划分

根据《旅游景区质量等级管理办法》的规定,旅游景区的质量等级分为五个等级,从低到高依次为1A级旅游景区、2A级旅游景区、3A级旅游景区、4A级旅游景区、5A级旅游景区。旅游景区获得的等级越高,标志着该旅游景区的资源品质、服务质量、基础设施等总体服务质量的水平就越高。

(二)旅游景区质量等级适用范围

根据《旅游景区质量等级管理办法》的规定,凡在中华人民共和国境内正式开业一年以上的旅游景区,均可申请质量等级。

(三)旅游景区质量等级评定监督部门及其权限

根据《旅游景区质量等级管理办法》的规定,国务院旅游行政主管部门负责旅游景区质量等级评定标准、评定细则等的编制和修订工作,负责对全国旅游景区质量等级评定标准的实施进行管理和监督;各省、自治区、直辖市人民政府旅游行政主管部门负责对本行政区域内旅游景区质量等级评定标准的实施进行管理和监督。

国务院旅游行政主管部门组织设立全国旅游景区质量等级评定委员会,负责全国旅游景区质量等级评定工作的组织和实施,授权并督导省级及以下旅游景区质量等级评定机构开展评定工作。

各省、自治区、直辖市人民政府旅游行政主管部门组织设立本地区旅游景区质量等级评定委员会,按照全国旅游景区质量等级评定委员会授权,负责本行政区域内旅游景区质量等级评定工作的组织和实施。

3A级及以下等级旅游景区由全国旅游景区质量等级评定委员会授权各省级旅游景区质量等级评定委员会负责评定,省级旅游景区评定委员会可向条件成熟的地市级旅游景区评定委员会再行授权。

4A级旅游景区由省级旅游景区质量等级评定委员会推荐,全国旅游景区质量等级评定委员会组织评定。

5A级旅游景区从4A级旅游景区中产生。被公告为4A级三年以上的旅游景区可申报5A级旅游景区。5A级旅游景区由省级旅游景区质量等级评定委员会推荐,全国旅游景区质量等级评定委员会组织评定。

（四）旅游景区质量等级的评定程序

旅游景区质量等级评定工作,遵循自愿申报、分级评定、动态管理、以人为本、持续发展的原则。具体以旅游行政管理部门的公告为准,以5A级旅游景区的评定为例,其评定程序如下:

1. 资料审核

全国旅游景区质量等级评定委员会依据景区评定标准和细则规定,对景区申报资料进行全面审核,审核内容包括景区名称、范围、管理机构、规章制度及发展状况等。通过审核的景区,进入景观评估程序,未通过审核的景区,一年后方可再次申请重审。

2. 景观价值评价

全国旅游景区质量等级评定委员会组建由相关方面专家组成的评议组,听取申报景区的陈述,采取差额投票方式,对景区资源吸引力和市场影响力进行评价,评价内容包括景区观赏游憩价值、历史文化科学价值、知名度、美誉度与市场辐射力等。通过景观评价的景区,进入现场检查环节,未通过景观评价的景区,两年后方可再次申请重审。

3. 现场检查

全国旅游景区质量等级评定委员会组织国家级检查员成立评定小组,采取暗访方式对景区服务质量与环境质量进行现场检查,检查内容包括景区交通等基础服务设施,安全、卫生等公共服务设施,导游导览、购物等游览服务设施,电子商务等网络服务体系,对历史文化、自然环境保护状况,引导游客文明旅游等方面。现场检查达标的景区,进入社会公示程序,未达标的景区,一年后方可再次申请现场检查。

4. 社会公示

全国旅游景区质量等级评定委员会对达到标准的申报景区,在中国旅游网上进行七个工作日的社会公示。公示阶段无重大异议或重大投诉的旅游景区通过公示,若出现重大异议或重大投诉的情况,将由全国旅游景区质量等级评定委员会进行核实和调查,作出相应决定。

5. 发布公告

经公示无重大异议或重大投诉的景区,由全国旅游景区质量等级评定委员会发布质量等级认定公告,颁发证书和标牌。

其他等级的旅游景区的评定程序,参照5A级旅游景区评定程序执行。

（五）旅游景区质量等级的监督与管理

根据《旅游景区质量等级管理办法》的规定,各级旅游景区质量等级评定机构对所评旅游景区要进行监督检查和复核。监督检查采取重点抽查、定期明查和不定期暗访以及社会调查、听取游客意见反馈等方式进行。

全国旅游景区质量等级评定委员会负责建立全国旅游景区动态监测与游客评价系统和景区信息管理系统,系统收集信息和游客评价意见,作为对旅游景区监督检查和复核依据之一。对游客好评率较低、社会反响较差、发生重大安全事故、被游客进行重大投诉经调查情况属实及未按时报送数据信息或填报虚假信息的景区,视情节给予相应处理。

4A级及以下等级景区复核工作主要由省级质量等级评定委员会组织和实施,复核分为年度复核与五年期满的评定性复核,年度复核采取抽查的方式,复核比例不低于10%。5A级旅游景区复核工作由全国旅游景区质量等级评定委员会负责,每年复核比例不低于10%。经复核达不到要求的,视情节给予相应处理。

对景区处理方式包括签发警告通知书、通报批评、降低或取消等级。旅游景区接到警告通知书、通报批评、降低或取消等级的通知后,须认真整改,并在规定期限内将整改情况上报相应的等级评定机构。旅游景区被处以签发警告通知书和通报批评处理后,整改期满仍未达标的,将给予降低或取消等级处理。凡被降低、取消质量等级的旅游景区,自降低或取消等级之日起一年内不得重新申请等级。

(六)旅游景区质量等级评定委员会的处理权限划分

旅游景区质量等级评定委员会签发警告通知书、通报批评、降低或取消等级的处理权限如下:

1. 省、自治区、直辖市旅游景区质量等级评定委员会

有权对达不到标准规定的3A级及以下等级旅游景区签发警告通知书、通报批评、降低或取消等级,并报全国旅游景区质量等级评定委员会备案。

有权对达不到标准规定的4A级旅游景区签发警告通知书、通报批评,并报全国旅游景区质量等级评定委员会备案。如需对4A级旅游景区作出降低或取消等级的处理,须报全国旅游景区质量等级评定委员会审批,由全国旅游景区质量等级评定委员会对外公告。

2. 全国旅游景区质量等级评定委员会

有权对达不到标准规定的5A级旅游景区作出相应处理。

有权对达不到标准规定的各级旅游景区,作出签发警告通知书、通报批评、降低或取消等级通知的处理。

五、旅游资源保护

(一)旅游资源保护法律制度概述

1. 划定保护区域

划定保护区域是指确定旅游景区及其依托旅游资源的四至边界,以明确旅游资源保护的区域界线。一般来说,旅游景区都是依托旅游资源建设而成。虽然旅游资源的边界范围广泛难以划定,但作为旅游景区,其所依托的旅游资源必须有确定的边界。否则,不仅难以保护旅游资源本身,而且对进入旅游景区的游客来说,也难以确定旅游景区承担安全保障职责的区域边界。

2.设立保护机构

对于旅游资源的保护而言,不仅要确定其边界、范围,还要明确其保护机构,以便明确资源保护的责任主体。因为在任何一个地方,除非责任到人,泛泛而言的保护是难以取得应有效果的,结果只能是人人负责,人人都不尽责。为此,相关法律、法规根据旅游资源保护的实际,要求建立旅游资源的保护管理机构。

3.明确保护措施

保护旅游资源,必须有相应的保护措施,并且将有效的保护措施从立法的角度予以确认,使保护措施法定化、规范化。一般而言,保护旅游景区的措施包括编制规划、禁止建设无关建筑、设施,禁止从事相应行为等。

4.确定法律责任

保护旅游资源,还需要有明确的法律责任,使行为人知晓自己行为的成本与代价。只有明确了行为的成本与代价,才能使行为人通过对比行为的收益与成本,进行精确的计算,以判断是否要从事某种行为。在此方面,相关法律、法规对旅游资源保护方面设定了较为严密的法律责任。

(二)风景名胜资源的保护

风景名胜区是指具有观赏、文化或者科学价值,自然景观、人文景观比较集中,环境优美,可供人们游览或者进行科学、文化活动的区域。

1.确立严格保护原则

《风景名胜区条例》第三条规定:"国家对风景名胜区实行科学规划、统一管理、严格保护、永续利用的原则。"

2.设立保护机构

《风景名胜区条例》第四条规定:"风景名胜区所在地县级以上地方人民政府设置的风景名胜区管理机构,负责风景名胜区的保护、利用和统一管理工作。"同时,该条例规定,风景名胜区管理机构应当建立健全风景名胜资源保护的各项管理制度;风景名胜区管理机构应当对风景名胜区内的重要景观进行调查、鉴定,并制定相应的保护措施;国家级风景名胜区所在地的风景名胜区管理机构应当每年向国务院建设主管部门报送风景名胜区规划实施和土地、森林等自然资源保护的情况;国务院建设主管部门应当将土地、森林等自然资源保护的情况,及时抄送国务院有关部门;风景名胜区管理机构应当建立健全安全保障制度,加强安全管理,保障游览安全,并督促风景名胜区内的经营单位接受有关部门依据法律、法规进行的监督检查;风景名胜区内的交通、服务等项目,应当由风景名胜区管理机构依照有关法律、法规和风景名胜区规划,采用招标等公平竞争的方式确定经营者。风景名胜区管理机构应当与经营者签订合同,依法确定各自的权利义务。经营者应当缴纳风景名胜资源有偿使用费;风景名胜区管理机构不得从事以营利为目的的经营活动,不得将规划、管理和监督等行政管理职能委托给企业或者个人行使。风景名胜区管理机构的工作人员,不得在风景名胜区内的企业兼职。

3. 明确保护措施

《风景名胜区条例》规定了多方面的保护措施，主要有：

（1）编制规划。风景名胜区规划的编制，应当体现人与自然和谐相处、区域协调发展和经济社会全面进步的要求，坚持保护优先、开发服从保护的原则，突出风景名胜资源的自然特性、文化内涵和地方特色。风景名胜区总体规划应当包括下列内容：①风景资源评价；②生态资源保护措施、重大建设项目布局、开发利用强度；③风景名胜区的功能结构和空间布局；④禁止开发和限制开发的范围；⑤风景名胜区的游客容量；⑥有关专项规划。

（2）明确禁止开展的活动。在风景名胜区内禁止进行下列活动：①开山、采石、开矿、开荒、修坟立碑等破坏景观、植被和地形地貌的活动。②修建储存爆炸性、易燃性、放射性、毒害性、腐蚀性物品的设施。③在景物或者设施上刻划、涂污。④乱扔垃圾；禁止违反风景名胜区规划，在风景名胜区内设立各类开发区和在核心景区内建设宾馆、招待所、培训中心、疗养院以及与风景名胜资源保护无关的其他建筑物；已经建设的，应当按照风景名胜区规划逐步迁出；在国家级风景名胜区内修建缆车、索道等重大建设工程，项目的选址方案应当报国务院建设主管部门核准。

（3）明确违法行为的法律责任。《风景名胜区条例》对相关违法行为及其法律责任作出了明确规定。违反本条例的规定，有下列行为之一的，由风景名胜区管理机构责令停止违法行为、恢复原状或者限期拆除，没收违法所得，并处 50 万元以上 100 万元以下的罚款：①在风景名胜区内进行开山、采石、开矿等破坏景观、植被、地形地貌的活动的；②在风景名胜区内修建储存爆炸性、易燃性、放射性、毒害性、腐蚀性物品的设施的；③在核心景区内建设宾馆、招待所、培训中心、疗养院以及与风景名胜资源保护无关的其他建筑物的。县级以上地方人民政府及其有关主管部门批准实施本条第一款规定的行为的，对直接负责的主管人员和其他直接责任人员依法给予降级或者撤职的处分；构成犯罪的，依法追究刑事责任。

（4）行政处分。多数情况下，造成风景名胜资源破坏的原因是政府及有关部门自身违法。对此，条例对存在违法行为的政府及有关部门的主管人员、直接责任人员设定了行政处分，以此来督促政府相关工作人员积极履行保护风景名胜资源的职责。《风景名胜区条例》第四十七条规定，违反本条例的规定，国务院建设主管部门、县级以上地方人民政府及其有关主管部门有下列行为之一的，对直接负责的主管人员和其他直接责任人员依法给予处分；构成犯罪的，依法追究刑事责任：①违反风景名胜区规划在风景名胜区内设立各类开发区的；②风景名胜区自设立之日起未在两年内编制完成风景名胜区总体规划的；③选择不具有相应资质等级的单位编制风景名胜区规划的；④风景名胜区规划批准前批准在风景名胜区内进行建设活动的；⑤擅自修改风景名胜区规划的；⑥不依法履行监督管理职责的其他行为。"

（三）自然保护区的法律保护

国家对自然保护区的保护措施主要有以下几个方面：

1. 明确划分保护区域

《自然保护区条例》第十八条规定："自然保护区可以分为核心区、缓冲区和实验区。自然保护区内保存完好的天然状态的生态系统以及珍稀、濒危动植物的集中分布地,应当划为核心区,禁止任何单位和个人进入;除依照本条例第二十七条的规定经批准外,也不允许进入从事科学研究活动。核心区外围可以划定一定面积的缓冲区,只准进入从事科学研究观测活动。缓冲区外围划为实验区,可以进入从事科学试验、教学实习、参观考察、旅游以及驯化、繁殖珍稀、濒危野生动植物等活动。"

原批准建立自然保护区的人民政府认为必要时,可以在自然保护区的外围划定一定面积的外围保护地带。在自然保护区的核心区和缓冲区内,不得建设任何生产设施。在自然保护区的实验区内,不得建设污染环境、破坏资源或者景观的生产设施;建设其他项目,其污染物排放不得超过国家和地方规定的污染物排放标准。在自然保护区的实验区内已经建成的设施,其污染物排放超过国家和地方规定的排放标准的,应当限期治理;造成损害的,必须采取补救措施。在自然保护区的外围保护地带建设的项目,不得损害自然保护区内的环境质量;已造成损害的,应当限期治理。限期治理决定由法律、法规规定的机关作出,被限期治理的企业事业单位必须按期完成治理任务。

2.设立管理机构

《自然保护区条例》明确规定,有关自然保护区行政主管部门应当在自然保护区内设立专门的管理机构,配备专业技术人员,负责自然保护区的具体管理工作。自然保护区管理机构的主要职责是:①贯彻执行国家有关自然保护的法律、法规和方针、政策;②制定自然保护区的各项管理制度,统一管理自然保护区;③调查自然资源并建立档案,组织环境监测,保护自然保护区内的自然环境和自然资源;④组织或者协助有关部门开展自然保护区的科学研究工作;⑤进行自然保护的宣传教育;⑥在不影响保护自然保护区的自然环境和自然资源的前提下,组织开展参观、旅游等活动。管理自然保护区所需经费,由自然保护区所在地的县级以上地方人民政府安排。国家对国家级自然保护区的管理,给予适当的资金补助。自然保护区所在地的公安机关,可以根据需要在自然保护区设置公安派出机构,维护自然保护区内的治安秩序。在自然保护区内的单位、居民和经批准进入自然保护区的人员,必须遵守自然保护区的各项管理制度,接受自然保护区管理机构的管理。

3.明确禁止从事的行为

为了保护自然保护区,《自然保护区条例》明令禁止在自然保护区从事下列行为:砍伐、放牧、狩猎、捕捞、采药、开垦、烧荒、开矿、采石、挖沙等活动;但是,法律、行政法规另有规定的除外。禁止任何人进入自然保护区的核心区。因科学研究的需要,必须进入核心区从事科学研究观测、调查活动的,应当事先向自然保护区管理机构提交申请和活动计划,并经省级以上人民政府有关自然保护区行政主管部门批准;其中,进入国家级自然保护区核心区的,必须经国务院有关自然保护区行政主管部门批准。

4.明确开展旅游活动的原则

自然保护区是重要的旅游资源。对自然保护区的旅游利用,必须合理、适度,不能破坏珍贵的资源。为此,《自然保护区条例》第二十九条规定:"在国家级自然保护区的实验区开展参观、旅游活动的,由自然保护区管理机构提出方案,经省、自治区、直辖市人民政府有关自然保护区行政主管部门审核后,报国务院有关自然保护区行政主管部门批准;在地方级自然保护区的实验区开展参观、旅游活动的,由自然保护区管理机构提出方案,经省、自治区、直辖市人民政府有关自然保护区行政主管部门批准。自然保护区组织参观、旅游活动的,必须按照批准的方案进行,并加强管理;进入自然保护区参观、旅游的单位和个人,应当服从自然保护区管理机构的管理。严禁开设与自然保护区保护方向不一致的参观、旅游项目。"

5.法律责任

法律的生命在于实施。没有强制力保证的法律是难以实施的。为了保证《自然保护区条例》的有效实施,国家对破坏自然保护区的行为确立了法律责任。《自然保护区条例》第三十四条规定:"违反本条例规定,有下列行为之一的单位和个人,由自然保护区管理机构责令其改正,并可以根据不同情节处以100元以上5 000元以下的罚款:(一)擅自移动或者破坏自然保护区界标的;(二)未经批准进入自然保护区或者在自然保护区内不服从管理机构管理的;(三)经批准在自然保护区的缓冲区内从事科学研究、教学实习和标本采集的单位和个人,不向自然保护区管理机构提交活动成果副本的。"同时,《自然保护区条例》第三十五条还规定:"违反本条例规定,在自然保护区进行砍伐、放牧、狩猎、捕捞、采药、开垦、烧荒、开矿、采石、挖沙等活动的单位和个人,除可以依照有关法律、行政法规规定给予处罚的以外,由县级以上人民政府有关自然保护区行政主管部门或者其授权的自然保护区管理机构没收违法所得,责令停止违法行为,限期恢复原状或者采取其他补救措施;对自然保护区造成破坏的,可以处以300元以上1万元以下的罚款。"《自然保护区条例》第三十六条规定:"自然保护区管理机构违反本条例规定,拒绝环境保护行政主管部门或者有关自然保护区行政主管部门监督检查,或者在被检查时弄虚作假的,由县级以上人民政府环境保护行政主管部门或者有关自然保护区行政主管部门给予300元以上3 000元以下的罚款。"

(四)文物资源的保护

对于文物资源,《文物保护法》以及各地的文物保护条例等法律、法规设定了较为严密的保护制度。归纳起来,我国的文物资源保护制度主要有以下几个方面:

1.划定文物保护的范围

我国是一个文物大国,文物资源众多,如果将所有的文物都由国家给予保护,国家没有如此雄厚的实力,也没有必要。为此,《文物保护法》通过划定文物保护范围的方式,将一些重要的文物由国家给予保护,其他文物由文物持有人自行保护。

2.确立文物出境管制制度

为了防止文物流失,《文物保护法》第六十条规定:"国有文物、非国有文物中的珍贵文物和国家规定禁止出境的其他文物,不得出境;但是依照本法规定出境展览或者因特殊需要经国务院批准出境的除外。"文物出境,应当经国务院文物行政部门指定的文物进出境审核机构审核。经审核允许出境的文物,由国务院文物行政部门发给文物出境许可证,从国务院文物行政部门指定的口岸出境。一级文物中的孤品和易损品,禁止出境展览。

3.建立文物保护法律责任

为了保护文物,防止文物遭受破坏,《文物保护法》第六十四条规定:"违反本法规定,有下列行为之一,构成犯罪的,依法追究刑事责任:(一)盗掘古文化遗址、古墓葬的;(二)故意或者过失损毁国家保护的珍贵文物的;(三)擅自将国有馆藏文物出售或者私自送给非国有单位或者个人的;(四)将国家禁止出境的珍贵文物私自出售或者送给外国人的;(五)以牟利为目的倒卖国家禁止经营的文物的;(六)走私文物的;(七)盗窃、哄抢、私分或者非法侵占国有文物的;(八)应当追究刑事责任的其他妨害文物管理行为。"对于毁坏文物的,《文物保护法》第六十五条规定:"违反本法规定,造成文物灭失、损毁的,依法承担民事责任。违反本法规定,构成违反治安管理行为的,由公安机关依法给予治安管理处罚。违反本法规定,构成走私行为,尚不构成犯罪的,由海关依照有关法律、行政法规的规定给予处罚。"

(五)旅游资源利用中的特殊性保护要求

1.尊重和维护当地传统文化和习俗

开发、利用资源用于旅游业,一方面,要处理好旅游开发者、当地居民和利益相关人(如草原、林地、海域的原承包人、使用人)的利益;另一方面,也要充分尊重和保护当地文化与习俗的价值。如果在旅游开发中不尊重当地居民的生产生活习惯、文化传统,不仅会影响当地旅游资源的整体价值、长期效益,还有可能造成旅游开发商与当地居民之间的矛盾、对立,进而影响旅游开发的后续运营、收益。为此,根据《旅游法》第二十一条的规定,对自然资源和文物等人文资源进行旅游利用,必须严格遵守有关法律、法规的规定,符合资源、生态保护和文物安全的要求,尊重和维护当地传统文化和习俗。同时,在开发、利用资源过程中如不尊重和维护当地传统文化和习俗,极易对资源造成破坏,《中华人民共和国非物质文化遗产法》中便针对此种情况作了相应规定,例如第三十七条规定:"国家鼓励和支持发挥非物质文化遗产资源的特殊优势,在有效保护的基础上,合理利用非物质文化遗产代表性项目开发具有地方、民族特色和市场潜力的文化产品和文化服务。"据此,在旅游业对资源进行开发、利用时,开发者应通过对话、协商等适当方式,加强与当地居民的沟通协调,详细了解当地的禁忌、节庆、避讳、礼仪等,并将上述文化、习俗对员工进行培训、教育,从而要求员工在旅游开发、运营中加以遵循。

2.维护资源的区域整体性

资源的区域整体性是指旅游产品内涵和形象的整体性决定的资源不可分割性。旅游实践中,资源的整体性又分为跨行政区域和不跨行政区域两种情况。对于跨行政区域的自然资源,如黄河壶口瀑布两岸分属山西和陕西两省,为保护其整体性,在编织旅游发展规划时就应当加强协调,由上级人民政府组织编制旅游发展规划,或者由相关地方人民政府协商编制旅游发展规划。《旅游法》对此有明确的要求。对于不跨行政区域的自然资源,实践中也会有重复建设、各自为政等问题。处理不好这些问题,直接的后果是资源的浪费和破坏。即便站在旅游的角度,也会因为彼此间的不协调而降低旅游者所追求的精神享受。

3.维护资源的文化代表性

资源的文化代表性是指某一资源区别于其他资源的文化特性。中国国土辽阔、民族众多、历史悠久,在漫长的历史发展过程中,各地积淀形成了内容丰富、特色鲜明、风格各异的多类型优秀传统文化和现代文化。有些地方出于对短期利益的追逐,在对资源的旅游利用开发过程中出现了庸俗化的倾向与做法,例如有些地方以西门庆、潘金莲故里为招牌。这是对文化的扭曲,是对中国优秀传统文化的严重破坏,也给优秀传统文化的传承带来危机。一些古镇和景区在开发建设中,大量建设人工建筑物与商店、宾馆,采用现代建筑装修材料(如瓷砖),导致建筑用途的改变和传统文化风貌的消退,建筑风貌雷同,给当地的传统文化造成冲击。同时,文化被人为同质化的现象在旅游开发中也不同程度存在。一些地方片面追求差异化,盲目引进不属于本地的文化以吸引旅游者眼球,一些地方照搬照抄别人的文化表现模式(如各地纷纷兴起的"印象"演出),降低了当地特色文化的品位。从长远看,势必会对优秀传统文化的传承和旅游市场的成长造成伤害。解决上述问题,必须遵循《旅游法》的规定,维护资源的文化代表性。为此,旅游开发者应转变观念,树立旅游开发的"差异化"与"特色化",必须基于地域文化原真性和先进性的理念,并将其贯彻到旅游资源保护和开发利用的全过程之中;政府也应站在更高的层面,做好当地资源旅游开发的规划和统筹。

4.维护资源的地域特殊性

资源的地域特殊性是指某一资源不同于其他资源的特殊自然属性以及周边环境。根据《旅游法》第二十一条的规定,要尊重和维护当地传统文化和习俗,维护资源的区域整体性、文化代表性和地域特殊性,并考虑军事设施保护的需要。有关主管部门应当加强对资源保护和旅游利用状况的监督检查。资源的区域整体性、文化代表性和地域特殊性,是吸引旅游者的重要因素。维护资源的区域整体性、文化代表性和地域特殊性,不仅可以促进旅游业的发展,也可以避免对旅游资源的盲目开发、过度开发,因此,对自然资源和文物等人文资源进行旅游利用,必须维护资源的区域整体性、文化代表性和地域特殊性。

第三节　旅游景区的权利、义务及法律责任

一、旅游景区的权利

(一)依法开展经营活动的权利

旅游景区是国家旅游资源的代管人,依法开展经营活动是国家赋予的特定权利。一方面,旅游资源向游客开放,可以展示自然、文化内涵,弘扬中国文化,加强国家间了解和交流,提升人们的休闲品位和生活质量;另一方面,适当地开展经营活动,也是国家资源保值增值的一种方式。

（二）要求旅游者付费的权利

旅游景区的经营者对旅游景区进行经营、管理,需要景区依托的旅游资源进行保护,需要购置、维护、修缮相关的游览设施、安全设施,需要支付景区管理人员、工作人员的工资、保险等。同时,旅游景区经营者还需要向国家、地方政府交纳各种费用。对上述成本、费用,需要旅游景区经营者通过销售景区门票等多种方式来弥补。因此,旅游景区经营者有权要求进入旅游景区参观、游览、休憩的旅游者购买门票,支付相关费用。

（三）要求旅游者赔偿损失的权利

为了给旅游者提供周到的服务,旅游景区经营者一般会在旅游景区内设置相关的照明设施、游览步道、休息设施、餐饮设施、交通设施等。上述设施,均属于旅游景区经营者的合法财产,任何人不得违法破坏、毁损其财产、设施。当旅游者破坏、毁损、污损上述设施时,旅游景区经营者有权依照《民法总则》及《中华人民共和国物权法》等法律、法规,要求相关行为人赔偿损失、恢复原状。

（四）制止侵害的权利

制止侵害是指旅游景区经营者对毁坏、毁损景区相关设施、资源的行为人,有权予以制止。对于旅游景区的制止侵害权,国家层面的法律尚未作出明确规定。一些地方关于旅游景区的规定对此作出了回应。例如,《沈阳市故宫、福陵和昭陵保护条例》第二十九条规定:"违反本条例规定,在'一宫两陵'文物和保护设施上涂污、刻划的,由公安机关或'一宫两陵'管理单位给予警告,视其情节,并处50元以上1 000元以下罚款。"《广州市森林公园管理条例》第二十二条规定:"违反本条例,有下列行为之一的,由森林公园管理机构责令其停止违法行为,并由林业行政主管部门处以罚款;造成损害的,应当承担赔偿责任。(一)未经森林公园管理机构同意,擅自进园从事经营活动,或不在指定地点、范围内从事经营活动的,处以一百元以上五百元以下罚款;(二)交通工具不按森林公园管理机构规定的线路行驶或不在指定的地点停放的,处以一百元以上两百元以下罚款;(三)损毁景区的花草树木及设施设备的,处以一百元以上五百元以下罚款;(四)在游览区内乱丢垃圾的,处以五十元罚款;(五)在禁火区内吸烟的,处以五十元罚款;(六)在禁火区内焚烧香烛、用火,尚未造成重大损失的,处以五十元以上五百元以下罚款;(七)燃放烟花爆竹的,处以500元以上5 000元以下罚款。"上述地方性法规,就相关破坏、毁损旅游景区资源、设施的行为,对旅游景区的管理者作出了明确的授权。根据上述授权,旅游景区管理者积极行使,可以大大减少破坏、毁损旅游资源的行为及其危害。

二、旅游景区的义务

（一）明码标价合理收费的义务

根据《旅游法》第四十三条第一款规定:"利用公共资源建设的景区的门票以及景区内

的游览场所、交通工具等另行收费项目,实行政府定价或者政府指导价,严格控制价格上涨。拟收费或者提高价格的,应当举行听证会,征求旅游者、经营者和有关方面的意见,论证其必要性、可行性。"第四十四条规定:"景区应当在醒目位置公示门票价格、另行收费项目的价格及团体收费价格。景区提高门票价格应当提前六个月公布。将不同景区的门票或者同一景区内不同游览场所的门票合并出售的,合并后的价格不得高于各单项门票的价格之和,且旅游者有权选择购买其中的单项票。景区内的核心游览项目因故暂停向旅游者开放或者停止提供服务的,应当公示并相应减少收费。"据此,旅游景区应当对其所提供的游览和服务项目明码标价,服务人员在解答游客对价格的疑问时不得含糊其词,误导游客,景区应当遵守法律和遵循市场规律定价,不得随意提高门票价格,暴涨暴跌。确需调整价格的,要根据规定举行价格听证会,履行正当的程序,征求多方意见,充分考虑保护、开发、管理资源的需要,综合旅游景区的客源市场、当地居民的综合收入、旅游消费支出等因素,尤其要考虑大多数中国老百姓的承受力,制订出科学、合理的门票价格。

(二)保障旅游者的人身、财产安全的义务

旅游景区作为一个公共性消费场所,应当采取各种措施,保障旅游者的人身、财产安全。根据《旅游法》的相关要求,在保障旅游者的人身、财产安全方面,旅游景区应当严格执行安全生产管理和消防安全管理的法律、法规和国家标准、行业标准,具备相应的安全生产条件,制定旅游者安全保护制度和应急预案;旅游经营者应当对直接为旅游者提供服务的从业人员开展经常性应急救助技能培训,对提供的产品和服务进行安全检验、监测和评估,采取必要措施防止危害发生;旅游经营者组织、接待老年人、未成年人、残疾人等旅游者,应当采取相应的安全保障措施;就旅游活动中的下列事项,旅游经营者应当以明示的方式事先向旅游者作出说明或者警示:(1)正确使用相关设施、设备的方法;(2)必要的安全防范和应急措施;(3)未向旅游者开放的经营、服务场所和设施、设备;(4)不适宜参加相关活动的群体;(5)可能危及旅游者人身、财产安全的其他情形。另外,国家对旅游景区保障旅游者人身、财产安全的相关义务,还有制订应急救援预案的义务、发生旅游安全事件时向当地人民政府报告义务等。

(三)风险提示义务

根据《旅游安全管理办法》规定,根据可能对旅游者造成的危害程度、紧急程度和发展态势,风险提示级别分为一级(特别严重)、二级(严重)、三级(较重)和四级(一般),分别用红色、橙色、黄色和蓝色标示。旅游经营者应当根据风险提示的级别,加强对旅游者的风险提示,采取相应的安全防范措施,妥善安置旅游者,并根据政府或者有关部门的要求,暂停或者关闭易受风险危害的旅游项目或者场所。

(四)优待残疾人、老年人、未成年人等特定旅游者

残疾人、老年人、未成年人等特殊群体,是国家予以优待、照顾、保护的社会群体。国家相关法律,如《中华人民共和国残疾人保障法》《中华人民共和国老年人权益保障法》及《未

成年人保护法》等都明确要求包括旅游景区在内的企事业单位,应当对上述群体给予便利、照顾、优惠。对此,相关省、自治区、直辖市关于旅游景区的规定对此也有相应的要求。对于国家及地方的上述规定,旅游景区应当认真执行。

三、旅游景区的法律责任

旅游景区法律责任是指旅游景区经营者违反法律规定,依法应承担的法律后果。设立法律责任,是为了通过对违法者的惩戒,强化法律的实施,强化法律的效力。如果没有法律责任,法律对相关人员的行为要求,就可能是一句空话。对旅游景区而言,法律设定的各种法律责任,有利于旅游者的合法权益得到保障,有利于旅游景区依托的旅游资源的保护,有利于旅游业的可持续发展。根据现行法律规定,旅游景区的法律责任包括民事法律责任、行政法律责任与刑事法律责任三种类型。

(一)民事法律责任

1.侵权责任

侵权责任是指由于旅游景区管理者的故意、疏忽等过失,未尽到安全保障义务,造成旅游者的人身、财产损失,应当承担的法律责任。旅游者到景区参观、游览、休憩,实际上就是前去消费。旅游景区作为参观、游览、休憩服务的经营者,有义务按照《消费者权益保护法》的规定,保障旅游者的人身、财产权。为此,旅游景区应当根据景区自身的实际,按《旅游法》的要求,建立健全安全生产制度,设置各项安全设备设施,加强对员工的安全教育培训,定期检查各项安全防护设施,建立安全预案,积极向旅游者提示、告知各种可能存在的危险等。违反上述义务,导致旅游者的人身、财产受到侵害的,应当依照《侵权责任法》及《旅游法》的规定,向受害者承担侵权责任。

实践中,由于旅游景区未尽到安全保障义务造成旅游者人身、财产伤害的案件较多,大致可分为四种类型。

(1)旅游景区的设施、设备不符合安全标准。旅游景区经营者在设施、设备方面的安全保障义务,主要是符合相关的安全标准。旅游景区的设施、设备必须符合国家的强制性标准要求。没有国家强制标准的,应当符合行业标准或者达到进行此等经营活动需要达到的安全标准。对景区来说,首先是建筑物的安全标准,应当符合《中华人民共和国建筑法》和《建筑工程质量管理条例》等法律、法规的质量要求,应当经过建筑行政管理部门验收合格,不存在安全隐患;其次是消防方面的标准,必须符合《消防法》和《营业性演出管理条例》等的规定,经营场所和活动场所必须配备必要的消防设备、报警设施、紧急疏散标志和疏散图等,并保证一直处于良好状态;再次是电梯的安全标准,实行安全使用证制度、安全年检制度、日常维护保养制度,防止出现危险;最后,景区内交通工具、游乐设施等经过国家相关管理部门验收,符合国家标准,并且经常、勤勉地进行维护,使它们处于良好、安全的运行状态。如果旅游景区的设施、设备没有达到安全保障的要求,存在缺陷或者瑕疵,造成旅游者的人身、财产损害,旅游景区应当对人身、财产受损的旅游者承担赔偿责任。例如,2012年8月1日,游客张某前往某景区内旅游,在游览经过该景区内瀑布前的木桥时,因木桥扶手失修断裂从桥上坠落,造成脊髓胸腰段完全损伤,经鉴定为一级伤残。为此诉诸法院,一审法院审理认为:张某购买了该景区的门票旅游,与景区的经营者之间形成了旅游服务合同关系。按照我国相关法律规定,旅游景区的经营者对游客负有安全保障义务,景区的经营者应以游客为中心,提供安全的旅游设备和设施,消除任何潜在危险,为游客提供安全舒适的游览环境,景区未履行安全保障义务造成游客伤害的,应承担损害赔偿责任。法院认为:景区管理者阿亚公司称已经在护栏上绑了彩旗以示警示,说明该公司没有及时对护栏进行加固维修,隐患没有排除;同时彩旗的警示效果没有达到足以提示游客注意安全的程度,旁边并无相应的文字提示。因此一审法院判令阿亚公司和某乡政府承担连带赔偿责任;赔偿张某医药费、救护费、护理费、残疾赔偿金、精神损害抚慰金等共计 1 061 382.33 元。

(2)旅游景区的服务管理不当。旅游景区的管理人在服务管理方面的安全保障义务,主要包括以下三个方面:一是,加强管理,提供安全的消费、活动环境。旅游景区的管理人应当保障旅游景区提供的游览参观服务是安全的,不能存在不安全的因素和危险,这些要求集中体现在旅游景区的管理和服务上。例如,应当对景区步道中破损之处及时进行修复,对危险地段的护栏及时进行检查、维护、加固等;坚持服务标准,防止出现损害。二是,在景区营业期间,应当按照承诺的服务标准进行,不得违反、降低服务标准。例如,旅游景区工作人员没有将湿滑地面擦干或者及时将果皮清扫,导致顾客正常行走时滑倒造成伤害,构成人身损害赔偿责任。三是,在旅游景区,如果存在不安全的因素,如落石、突发洪水、雷电等,应当进行警示、说明。对于可能出现的危险应当对旅游者或者参加活动者进行合理的说明,对有违安全的旅游者或者参与者进行劝告,必要时还要通知公安部门进行必要的强制。对于已经发生或者正在发生的危险,旅游景区应当立即启动应急救助预案,对伤亡者进行适当的救助,以避免损失的发生和扩大。

(3)对未成年人、残疾人、老年人等特殊群体旅游者没有给予特别照顾。未成年人、残疾人、老年人等特殊群体旅游者是法律给予特别关照的群体。对上述群体旅游者,旅游景区的安全保障适用特别标准,旅游景区经营者必须竭力落实保障上述群体的各项措施,以保障上述群体旅游者不受各种危险的侵害。《老年人权益保障法》第八十二条规定:"涉及老年人的工程不符合国家规定的标准或者无障碍设施所有人、管理人未尽到维护和管理职责的,由有关主管部门责令改正;造成损害的,依法承担民事责任;对有关单位、个人依法给予行政处罚;构成犯罪的,依法追究刑事责任。"

(4)防范制止侵权行为违反安全保障义务。对于旅游者负有安全保障义务的旅游景区经营者,在防范和制止他人侵害方面,未尽到安全保障义务造成旅游者损害的,也违反安全保障义务,应当承担侵权责任。

2.违约责任

违约责任是指旅游景区经营者违反合同约定,依法或依照合同约定,向对方当事人承担的责任。根据旅游景区经营的实际,旅游景区的违约行为大多出现在超额预定,导致预约旅游者无法按照约定顺利进入旅游景区进行参观、游览。当旅游景区违反合同约定时,应当依照约定向对方当事人承担继续履行、赔偿损失等责任。

此外,需要尤其提及的是旅游景区的连带责任。连带责任是指依照法律规定或者当事人约定,两个或者两个以上当事人对其共同债务全部承担或部分承担,并能因此引起其内部债务关系的一种民事责任。当责任人为多人时,每个人都负有清偿全部债务的责任,各责任人之间有连带关系。对旅游景区而言,当其将部分设施、设备、场所出租给他人经营,如实际经营者因故意或过失给旅游者造成人身、财产损失时,旅游景区对此伤害与承租人向受害人承担连带责任。旅游景区之所以要与实际经营者承担连带责任,因为旅游景区负有挑选合格的实际经营者、对实际经营者的经营行为加强管理等责任。要求旅游景区与实际经营者对受害人承担连带责任,其目的是促使旅游景区加强管理,以此更好地保障旅游者的人身、财产安全。

(二)行政法律责任

行政法律责任是指旅游景区违反国家相关行政管理方面的法律法规,依法应承担的法律责任。根据旅游景区经营管理的实际,旅游景区承担行政法律责任多数发生在下列领域。

1. 价格管理

根据《旅游法》的规定,旅游景区价格方面的违法行为主要有:利用公共资源建设的旅游景区,不得通过增加游览场所、交通工具等另行收费项目等方式变相涨价;拟收费或者提高价格的,应当举行听证会;旅游景区提高门票价格应当提前六个月公布;旅游景区不执行政府定价、政府指导价的;旅游景区不在景区醒目位置公示门票价格、另行收费项目的价格,以及其他价格违法行为。对于旅游景区的上述价格违法行为,《旅游法》规定,依照有关法律、法规处罚,如《价格法》第三十九条规定:"经营者不执行政府指导价、政府定价以及法定的价格干预措施、紧急措施的,责令改正,没收违法所得,可以并处违法所得五倍以下的罚款;没有违法所得的,可以处以罚款;情节严重的,责令停业整顿。"该法第四十二条规定:"经营者违反明码标价规定的,责令改正,没收违法所得,可以并处五千元以下的罚款。"

2. 景区流量控制责任

流量控制方面的法律责任是指旅游景区违反国家关于旅游景区流量控制的规定,依法应承担的行政法律责任。旅游景区在流量控制方面的常见违法行为主要有:超过景区主管部门核定的最大承载量接待旅游者;未向社会公布景区主管部门核定的最大承载量;未制定和实施旅游者流量控制方案;旅游者数量可能达到最大承载量时,景区未提前公告;旅游者数量可能达到最大承载量时,景区未向当地人民政府报告;旅游者数量可能达到最大承载量时,景区未及时采取疏导、分流等措施。根据《旅游法》第一百零五条的规定,对于上述违法行为,由景区主管部门责令改正,情节严重的,责令停业整顿一个月至六个月。

3. 资源保护责任

资源保护方面的法律责任是指旅游景区违反国家资源保护方面的规定,导致相关旅游资源受到破坏、毁损,依法应承担的行政法律责任。由于旅游资源的类型多样,国家立法一般是根据旅游资源不同类型进行相应的立法,相关资源保护方面的法律责任也不尽相同。这里以文物旅游资源为例进行说明。如《文物保护法》第六十六条第一款规定:"有下列行为之一,尚不构成犯罪的,由县级以上人民政府文物主管部门责令改正,造成严重后果的,处五万元以上五十万元以下的罚款;情节严重的,由原发证机关吊销资质证书:(一)擅自在文物保护单位的保护范围内进行建设工程或者爆破、钻探、挖掘等作业的;(二)在文物保护单位的建设控制地带内进行建设工程,其工程设计方案未经文物行政部门同意、报城乡建设规划部门批准,对文物保护单位的历史风貌造成破坏的;(三)擅自迁移、拆除不可移动文物的;(四)擅自修缮不可移动文物,明显改变文物原状的;(五)擅自在原址重建已全部毁坏的不可移动文物,造成文物破坏的;(六)施工单位未取得文物保护工程资质证书,擅自从事文物修缮、迁移、重建的。"

(三)刑事法律责任

刑事法律责任是指旅游景区经营者的行为破坏了国家保护的利益,依照刑法应当承担的法律责任。一般来说,旅游景区经营者触犯国家刑法,承担刑事法律责任的行为主要存在于安全生产和资源保护方面。也就是说,旅游景区经营者承担刑事法律责任常见于因玩忽职守造成旅游者发生重大伤亡事故,或者发生严重毁坏旅游资源的事故。例如,《风景名胜区条例》第四十七条规定:"违反本条例的规定,国务院建设主管部门、县级以上地方人民政府及其有关主管部门有下列行为之一的,对直接负责的主管人员和其他直接责任人员依法给予处分;构成犯罪的,依法追究刑事责任:(1)违反风景名胜区规划在风景名胜区内设立各类开发区的;(2)风景名胜区自设立之日起未在两年内编制完成风景名胜区总体规划的;(3)选择不具有相应资质等级的单位编制风景名胜区规划的;(4)风景名胜区规划批准前批准在风景名胜区内进行建设活动的;(5)擅自修改风景名胜区规划的;(6)不依法履行监督管理职责的其他行为。"

【思考题】

1.旅游景区开放需要具备哪些条件?

2.国家对旅游景区的定价行为确立了哪些要求?

3.旅游景区违反流量控制应承担何种法律责任?

第八章
旅游合同法律制度

【学习目标】

    1.了解旅游合同订立时各方当事人的权利与义务。

    2.熟悉旅游合同解除的条件及法律后果。

    3.掌握旅游合同违约行为免责的条件。

【内容提要】

    旅游合同是旅游者与旅游经营者之间就旅游服务相关事项及各方的权利义务达成的协议。旅游合同的订立、变更、转让、解除应当遵守《旅游法》《合同法》的规定。旅游合同应当全面履行,不得随意变更。违反旅游合同约定的,除法定免责情形外,违约方应依法、依约承担违约责任。

第一节　旅游合同概述

一、旅游合同的概念

    旅游活动的内容十分丰富,通常包括吃、住、行、游、购、娱等内容。旅游者外出旅游,要合理、经济地享受上述服务内容,常常要借助旅行社对上述要素的组织与安排,需要与旅行社就旅游服务达成协议、签署合同。

    合同又称契约,是旅游实践中使用十分广泛且极为重要的概念。旅游合同的类型多样,包括旅行社与旅游者之间订立的包价旅游合同、旅游代订合同、旅游咨询合同、旅游设计合同,旅游住宿服务经营者与旅游者之间签订的住宿服务合同等。鉴于实践中旅行社与旅游者之间签订的包价旅游合同最受关注,最容易发生纠纷,因此包价旅游合同也是《旅游法》规范的重点,本章将主要对旅行社与旅游者之间签订的包价旅游合同进行介绍与分析。

    包价旅游合同(为了行文方便,以下除非特殊说明,将以旅游合同指代包价旅游合同),就是传统意义上的组团合同,是旅行社提供有关旅游的全部服务(包括吃、住、行、游、购、娱等旅游服务），旅游者支付费用的旅游合同。

旅游合同是双务有偿合同。所谓双务，是指作为合同当事人的旅行社与旅游者都负有义务：旅行社要组织、安排旅游服务，向旅游者按照合同要求提供服务；旅游者要向旅行社交纳服务费用，向旅行社如实提供个人相关信息，在旅游服务过程中配合旅行社顺利完成行程安排。所谓有偿，是指旅游合同的提供和接受不是没有代价、成本的，而是要由旅游者支付费用的，是有偿的。那种由相关国家机关、企业为特定人员，如全国劳模、大客户，无偿安排、组织的游览、住宿服务，不属于本书旅游合同的范畴，也不属于《旅游法》规范的内容。在上述活动中如发生纠纷，应根据《民法总则》《侵权责任法》等其他法律处理。

包价旅游合同一般是格式合同。格式合同是指由一方当事人为了重复使用而预先拟定的，并在订立合同时未与对方协商的条款。旅行社组织团队旅游之前，通常要和参加团队旅游的每一位旅游者签订预先拟定好的旅游合同。对此，旅游者只能表示同意，或者不同意，没有讨价还价的余地。为了规范旅行社的合同拟定，防止旅行社借格式合同谋取不当利益，国家旅游局、国家工商行政管理总局根据《合同法》《旅游法》及旅游业的实际，分别拟定了团队境内旅游合同范本、团队出境旅游合同等格式合同的示范文本，供旅行社选用。

包价旅游合同是服务合同。包价旅游合同的标的是包括吃、住、行、游、购、娱等要素在内的旅游服务，服务的提供与消费同时进行，依赖于特定的时间与场所。离开特定的场所、地域（如北京的故宫、八达岭长城等），旅游服务就无法提供。该项特点使得旅游服务无法库存，无法返还，无法修理与更换。作为服务合同，在履行过程中，由于旅游者的个体差异，面对相同的旅游服务，不同的旅游者对服务的感受与评价会存在差异；对同一个旅游者，不同的服务提供者，其所提供的服务质量也会存在差异。由此，旅游服务消费中纠纷的数量要远远高于实体物品消费，因为物品的瑕疵容易判断，而服务品质的瑕疵常常会因人而异。

包价旅游合同以追求精神愉悦为主要的目的。旅游活动的目的是获得精神享受、心灵的愉悦，因而旅游活动的本质不是一种经济活动，而是一种精神活动。可以说，旅游活动是旅游的精神愉悦、心灵享受的工具与手段。该项特点要求，当旅游经营者违反合同的全部或者部分约定，致使合同的目的没有实现时，应当对旅游者的精神损害予以赔偿。

包价旅游合同要求当事人亲自受领。通过旅游可以享受到的精神愉悦及心灵的放松，只有旅游者亲自参加，在整个行程中亲自跟随旅行社委派的导游、领队人员，聆听导游人员的讲解，参观旅游目的地的特色景观，品尝旅游目的地的风味美食，观看当地的特色演出等，旅游的目的才能实现。

二、旅游合同的内容

在旅游实践中，旅行社虽然有众多的产品，有不同的行程安排，但是，就同一旅游团而言，其行程是相同的，服务的提供者是相同的，不同的只是参团的旅游者不同。为了提高工作效率，旅行社大多采用事先拟定好的格式合同，与每一个参团旅游者签订包价旅游合同。出于对利润的追逐，有些旅行社利用自己对行程的相关信息掌握充分、对行业相关法律法规熟悉等优势，在起草格式合同时，对本应详尽描述的行程安排、成团人数、交通住宿等服务标准、游览项目的具体内容及时间等进行最大限度的简化、模糊化处理。在发生纠纷时，这种简化、模糊化的手法增加了纠纷的处理难度。为此,《旅游法》在《旅行社条例》的基础上,对包价旅游合同必备内容作出了规定。

(一)旅行社、旅游者的基本信息

旅行社的基本信息包括旅行社的名称、经营范围、营业地址、联系电话、旅行社业务经营许可证编号、业务经办人的姓名、联系电话等;旅游者的基本信息包括旅游者的姓名、住址、联系方式、紧急情况下的联系人等。上述基本信息是确定当事人主体资格、地域管辖的重要依据。双方应当相互核对清楚,并将上述信息准确、完整地体现在旅游合同之中。

(二)旅游行程安排

旅游行程主要包括旅游行程的出发地、途经地、目的地、线路行程的时间和具体安排(按自然日计算,含乘飞机、汽车、轮船、火车等在途时间,不足 24 小时的以 1 日计)。旅游行程是旅行社和旅游者双方权利义务的集中体现,是旅游合同的核心部分。从实践来看,旅游纠纷的焦点也多集中于行程安排上。旅游行程安排引发纠纷的主要原因在于对相关内容约定不明、双方的权利义务失衡以及对旅游行程的随意变更。

(三)旅游团成团的最低人数

旅游团的价格是旅行社以一定数额的团队游客为基础,与旅游行程安排中各环节供应商分别谈判确定的价格。各供应商给旅行社的报价是按照一定数额游客的团队进行的。团队游客的数量低于起初的承诺,供应商给旅行社的报价将相应调高。为此,旅游团的最低成团人数直接关系到旅游团的出团价格,关系到能否组团成功。因此,当事人在包价旅游合同中应当明确约定旅游团成团的最低人数。

(四)交通、住宿、餐饮等旅游服务安排和标准

交通服务安排和标准包括交通工具的类型及档次、出发时间、是否中转等信息;住宿服务安排和标准应当明确住宿饭店的名称、地址、星级,如住宿饭店未评定星级,则应直接写明酒店名称,不可使用"准五星""相当于四星"等模糊用语;用餐服务和标准,应当明确用餐次数、地点、标准等,用餐标准应明确具体,如写明"人均 30 元""每桌 8 菜一汤、4 荤 4 素"等。

(五)游览、娱乐等项目的具体内容和时间

游览、娱乐安排包括旅行社统一安排的游览、娱乐项目的具体内容及时间,包括:景区景点的名称及价格、游览项目名称及价格、娱乐项目名称及价格,上述项目停留的最少时间;需要旅游者另行付费的游览、参观、娱乐项目的名称及价格等。

(六)自由活动时间安排

自由活动是指旅游行程中安排的自由活动时间,旅游者不参加统一的旅游行程活动期间,每日行程开始前结束后旅游者离开住宿设施的个人活动时间。

（七）旅游费用及其交纳的期限、方式

旅游费用是指旅游者支付给旅行社用于购买旅游服务的费用。旅游费用包括往返交通费、住宿费、餐费、景区景点大门门票费、导游服务费和旅行社的其他服务费用，不包括旅游者个人投保的旅游保险费、合同约定需要旅游者另行付费项目的费用、自由活动期间发生的费用、旅游者的个人费用等。

（八）违约责任和纠纷的解决方式

对于违反合同约定的，应当承担违约责任。对于违约责任，法律、法规没有明确规定的，双方当事人可以在合同中自行协商确定。纠纷的解决方式有协商解决、向消费者协会投诉、向旅游投诉受理机构投诉、向人民法院提起诉讼等，当事人可以在上述纠纷解决方式中选择一种对自己最方便、最认同的方式。

（九）法律、法规规定和双方约定的其他事项

根据《旅行社条例》的规定，旅游合同还应当载明签约的地点和日期，以及旅游服务监督、投诉电话等。约定上述事项，既可以保证旅游合同的顺利履行，也可以在出现违约时及时进行投诉。

为了保证旅游者的知情权，《旅游法》明确要求旅行社应当就上述合同内容，向旅游者作出真实、准确、完整的说明。旅游合同约定不明确或者当事人对格式条款的理解发生争议的，应当按照通常理解予以解释；对格式条款有两种以上解释的，应当作出有利于旅游者的解释；格式条款与非格式条款不一致的，应当采用非格式条款。

三、旅游合同的形式

《合同法》第十条规定："当事人订立合同，有书面形式、口头形式和其他形式。法律、行政法规规定采用书面形式的，应当采用书面形式。当事人约定采用书面形式的，应当采用书面形式。"由于包价旅游活动涉及的环节比较多，跨越的地域范围比较广，在不同的环节、不同的区域对旅游服务的要求不尽相同，容易产生纠纷，采用书面形式订立包价旅游合同，在发生纠纷时便于取证，便于分清当事人的责任。为此，《旅游法》第五十八条明确规定包价旅游合同应当采用书面形式。书面形式包括合同书、信件和数据电文（含电报、电传、传真、电子邮件等）等可以有形地表现所载内容的形式。需要说明的是，《合同法》第三十六条规定："法律、行政法规规定或者当事人约定采用书面形式订立合同，当事人未采用书面形式但一方已经履行主要义务，对方接受的，该合同成立。"据此，如果旅游者与旅行社未订立书面形式的旅游合同，但事实上已经随团参加了该旅行社组织的旅游活动，则视为旅游合同已经成立。

四、旅游合同的基本原则

旅游合同的基本原则是《合同法》《旅游法》基本原则的体现与具体化。《合同法》《旅游

法》的基本原则是旅游合同当事人在旅游活动中应当遵守的基本行为规范,也是人民法院、旅游质量监督管理机构在审理、调解旅游合同纠纷时应当遵循的原则。《合同法》《旅游法》关于旅游合同的基本原则主要有以下内容:

(一)平等原则

平等原则是指在合同法律关系中,当事人之间在旅游合同的订立、履行和违约责任的承担等方面都处于平等的法律地位。《合同法》第三条规定:"合同当事人的法律地位平等,一方不得将自己的意志强加给另一方。"

平等原则对旅游活动的当事人而言有以下几点要求:一是在合同订立之时,任何一方无权强制他人服从自己的意志,而应平等协商。旅游者与旅行社之间是平等的民事主体,不存在高低贵贱之分。对于旅行社提供的格式合同,旅游者并非必须接受。相反,旅游者可以针对格式合同的不合理条款提出修订要求,对于不明确之处要求签订补充协议,或者明确拒绝,选择其他旅行社出行。二是合同依法订立后,对当事人双方产生平等的约束力,不允许任何一方享有特权,不允许随意变更、拒绝履行。三是合同双方当事人发生纠纷时,当事人平等地受法律保护,不允许一方借机"大闹"。

(二)自愿原则

自愿是指民事主体在从事包括旅游的民事活动时,应充分表达自己的真实意志,根据自己的意愿设立、变更、终止民事法律关系。《合同法》第四条规定:"当事人依法享有自愿订立合同的权利,任何单位和个人不得非法干预。"对旅游合同而言,旅行社、旅游者有权以平等原则为基础,在没有强制力干预的情况下,自愿订立合同。当然,实行自愿原则必须遵守国家法律的限制性规定。例如,旅游合同必须包括《旅游法》要求的内容,旅行社、旅游者都不得在旅游合同中排除上述规范。

(三)公平原则

《合同法》第五条规定:"当事人应当遵循公平原则确定各方的权利和义务。"公平是指合同当事人在履行合同活动中,应当遵循权利义务的公正平衡,合情合理。公平原则要求合同各方当事人应当在不侵害他人合法权益的基础上实现自己的利益,不得损人利己。

(四)诚信原则

《合同法》规定,当事人行使权利、履行义务应当遵循诚实信用原则。诚实信用原则是指合同当事人在履行合同活动中,行使权利及履行义务时,都应当持有善意,即表示真实,行为合法,讲究信誉,不规避法律与合同规定的义务。

(五)遵守法律与社会公德原则

《合同法》第七条规定:"当事人订立、履行合同,应当遵守法律、行政法规,尊重社会公德,不得扰乱社会经济秩序,损害社会公共利益。"

第二节　旅游合同的订立、变更、转让与解除

一、旅游合同的订立

旅游合同的订立是旅行社与旅游者之间就旅游行程、价格、付款方式等达成合意,签订合同的过程,是后续的合同履行、合同变更、合同解除等环节的基础,必须审慎、合法。对此,可以从以下几个方面进行理解。

(一)旅游合同订立的程序

《合同法》第十三条规定:"当事人订立合同,采取要约、承诺方式。"据此,订立合同一般要分为要约与承诺两个阶段。

1. 要约

要约是指合同的当事人一方希望和他人订立合同的意思表示。发出要约的人称为要约人,接受要约的人称为受要约人。要约是一种意思表示,是行为人的内心愿望。要约的目的是和他人签订合同,非以此为目的不能称为要约。

2. 承诺

承诺是指受要约人同意要约的意思表示。承诺同要约一样,也是当事人的意思表示。要约与承诺是一对组合概念,两个意思表示对合一致,即达成合意,合同即告成立。

(二)旅游合同订立的主体

订立旅游合同的主体是旅游者和旅行社。

1. 旅游者

(1)自然人。在旅游活动中,自然人才有可能成为旅游者,是旅游活动的主要参与者。自然人在参与旅游活动时,只有具备完全民事行为能力,才能成为旅游合同的主体,与旅行社签署合同。不具备完全民事行为能力的自然人,在参与旅游活动需要签订合同时,只能由其法定代理人进行代理。

(2)代理人。代理是代理人在代理权限内,以本人(被代理人)的名义向第三人(相对人)进行意思表示或接受意思表示,而该意思表示直接对本人生效的民事法律行为。按代理权产生的原因划分,代理可以分为法定代理和委托代理。①法定代理。法定代理是指根据法律的规定而产生的代理。法定代理主要是为民事行为能力欠缺者,如无民事行为能力者、限制民事行为能力者,而设计的制度。法律根据自然人之间的亲属关系,直接规定代理权,如父母是未成年子女的法定代理人。②委托代理。委托代理是代理人根据被代理人的授权而进行的代理,委托代理的行使可以是书面形式,也可以是口头形式。一般来说,委托代理

的授权最好采用书面形式。书面形式的委托代理有利于明确责任,确定权限。在旅游合同活动中,代理法律行为大量存在,如不具备完全民事行为能力的小学生参与旅游活动,需要其法定代理人如父母代其签订旅游合同;旅行社委托其他旅行社、宾馆饭店、交通运输公司等代理旅游业务,需要与其签订书面形式的委托代理合同。

2. 旅行社

旅行社是指依据《旅行社条例》规定设立,从事旅游业务,取得旅行社业务经营许可证的企业法人。

国家机关、企事业单位、社会团体,不以营利为目的,组织本单位职工、本团体成员自行外出旅游的,不属于《旅游法》中的旅行社,不受《旅游法》的约束,但其与职工、团体成员之间的关系应遵循《民法总则》的规定;国家机关、企事业单位、社会团体以自己的名义统一代表单位职工、团体会员与旅行社订立合同的,每一位参团旅游者依然可以依据该合同向旅行社主张相应的权利。

(三)旅游合同的内容

订立旅游合同一般会经过旅游者咨询、表达签订合同的意愿,与旅行社就其安排的行程内容、价格等达成一致。同时,为了使旅游者能够理性地订立旅游合同,《旅游法》要求旅行社应对旅游合同的相关内容向旅游者详细说明。

如果旅行社委托其他旅行社代理销售报价旅游产品并与旅游者订立包价旅游合同的,应当在包价旅游合同中载明委托社和代理社的基本信息。在实践中,旅行社对其通过线路设计、服务组织而形成的包价旅游服务,既可以自行向旅游者进行宣传、招徕,与旅游者订立包价旅游合同,也可以通过委托其他旅行社来完成。委托代理机制,既可以扩大旅行社的销售网络,也方便旅游者就近报名、交费。其中,委托其他旅行社代理销售包价旅游产品的旅行社是委托社,接受委托为其他旅行社销售包价旅游产品的旅行社是代理社。

为了保护旅游者的权益,依照《民法总则》的规定,代理社应当在代理权限内销售、缔约,不得超越代理权限、无权代理等。同时,代理社应该遵守代理的显名原则,即向旅游者公开包价旅游合同的相对方,即委托社。根据国家旅游局的相关规定,代理社必须将《委托招徕授权书》与旅行社业务经营许可证、营业执照一起放置于经营服务场所的显著位置,明示其为委托社招徕业务。在所有宣传招徕资料、广告、行程和线路计划材料上,都必须标明为接受委托社委托的代理招徕及委托社的名称,不得故意隐瞒或误导旅游者和社会公众。代理社还应当在相关资料上同时标明委托社的许可证编号、地址、联系方式等内容。

(四)旅游合同订立时各方的义务

1. 旅行社的义务

提示旅游者投保人身意外伤害保险。旅游者人身意外伤害保险是指旅游者购买的、用于保障在旅游活动中,因外来的、突发的、非疾病导致的人身意外伤害的商业性保险,赔偿范围主要包括:人身伤亡、急性病死亡引起的赔偿,受伤和急性病治疗支出的医药费,以及死亡处理或者遗体遣返所需的费用等。该险种的保险期限一般是从旅游者踏上交通工具开始，到行程结束后离开交通工具为止，是一种短期保险，保的是游客而不是旅行社，是旅游者自愿购买的短期补偿性险种。对此，旅行社没有为旅游者购买旅游意外保险的法定义务。但是，为了保障旅游者的人身安全，旅行社负有提示旅游者购买个人旅游保险的义务，即旅行社应当提示参加团队旅游的旅游者按照规定投保人身意外伤害保险。

告知旅游者旅游目的地相关情况。由于旅游活动通常要跨越一定的区域，甚至是到国外旅游，旅游者将置身于陌生的环境中，因此，旅行社应将旅游目的地的相关情况在订立合同时向旅游者告知，由旅游者决定是否参加旅游。为了保证旅游者能够理解所告知的信息，旅行社在履行告知义务时应当具体明确，且应当采取书面形式，以保留告知义务履行的证据。

2. 旅游者的义务

根据《旅游法》的规定，旅游者购买、接受旅游服务时，应当向旅游经营者如实告知与旅游活动相关的个人健康信息。据此，旅游者在与旅行社订立旅游合同时，应当向旅行社如实告知与旅游活动相关的个人健康信息。因为旅游活动的目的是休闲、放松，但由于前往异地，需要乘坐飞机、轮船、火车、汽车等交通工具，在景区、车站、住宿地之间往返奔波，对旅游者的体力有一定的要求；有的旅游活动本身就不适合一些有特定身体疾病的旅游者参加，如漂流、高原地区的旅游活动就不适合高血压患者参加；有些旅游者，如患有传染病，就不适合参加团队旅游。旅游者如实告知旅行社与旅游活动相关的个人健康信息，有利于旅行社作出是否接受该旅游者参加特定旅游项目的决定，也有利于旅行社在接受该旅游者参加特定旅游项目时给予特别的关照，减少安全隐患。

二、旅游合同的变更

合同依法成立后，双方当事人应当严格按照合同约定履行自己的义务。在合同履行过程中，任何一方当事人都不得擅自变更依法签订的合同。但是，在出现了不利于实现合同目的的情况下，绝对地禁止双方当事人对合同进行变更，不仅对当事人自身不利，也不符合经济原则。因此，在法定条件或约定条件出现时，双方当事人可以对合同进行变更。

在一般情况下，双方当事人就合同的变更进行协商，就是否进行变更、如何变更、变更后的费用分摊等达成一致意见，是合同变更的条件。如果双方当事人未就上述事项达成一致，应当视为合同未变更。在合同变更后，双方当事人应当按照变更后的合同履行各自的义务。

（一）旅游合同变更的原则

就旅游合同来说，旅游合同的变更是指旅游合同在尚未履行或者尚未完全履行时，合同当事人就合同的内容进行必要的修改或者补充。

对于旅游合同的变更，《旅游法》的基本精神是原则上不得变更。该法第六十九条第一款规定："旅行社应当按照包价旅游合同的约定履行义务，不得擅自变更旅游行程安排。"之所以如此规定,是出于以下考虑:一是合同的履行是签订合同的目的。没有合同的履行,就不会有合同目的的实现。作为旅游者,通常在签订包价旅游合同之时就已缴纳团费,即已经适当履行,而旅行社作为另一方当事人,除由于旅游者本人的原因或不可抗力等客观因素可以解除、变更包价旅游合同外,必须根据包价旅游合同约定的服务项目和标准,向旅游者提供其在合同中承诺的相关服务。二是在旅游实践中,旅行社随意变更包价旅游合同的情况较为常见。有些旅行社以满足旅游者个性化需求为理由,或者以满足多数旅游者的需求为借口,擅自减少包价旅游合同约定的旅游项目,增加购物和另行付费旅游项目,以获取不正当利益。这种随意变更包价旅游合同的做法,严重损害了旅游者的合法权益。

(二)旅游合同变更的法律后果

在出现特殊情形如不可抗力或者旅行社、履行辅助人已尽合理注意义务仍不能避免的事件,影响旅游行程时,旅行社可以变更旅游合同,但必须在变更前向旅游者作出说明,并只能在合理范围内进行变更。如果旅游者不同意变更的,有权解除合同。对于变更后的费用承担,根据《旅游法》第六十七条的规定,合同变更的,因此增加的费用由旅游者承担,减少的费用退还旅游者。据此,旅游合同可以变更的条件是不可抗力或者旅行社、履行辅助人已尽合理注意义务仍不能避免的事件影响旅游行程。根据《民法通则》的规定,不可抗力是指不能预见、不能避免并不能克服的客观情况,包括地震、飓风、洪水、泥石流、山体塌方、海啸等自然灾害,也包括战争、骚乱、罢工等;旅行社、履行辅助人已尽合理注意义务仍不能避免的事件,导致包价旅游合同不能履行,或者合同虽能履行,但会对一方当事人产生极不公平的后果。

上述情形对包价旅游合同的影响是不同的。有可能影响部分阶段、部分旅游项目,在对包价旅游合同变更后,合同的其他部分、其他项目依然可以继续履行。在此种情形下,旅行社可以在合理范围内变更合同,但必须向旅游者作出说明。当部分旅游者同意变更,部分旅游者不同意变更时,旅行社依法应当仅对同意变更行程的旅游者,依据变更后的旅游行程安排履行合同。对于不同意变更的旅游者,旅行社则应当依法解除旅游合同。

三、旅游合同的转让

旅游合同的转让,即旅游合同主体的变更,是指旅游合同当事人依法将合同规定的权利或义务全部或部分转移给第三人。合同的转让使合同的当事人发生了变化,但并没有改变合同的内容。从旅游实践来看,旅游活动中最常见的转让是旅游者转让自身合同权利义务和旅行社转让自身合同权利义务。

(一)旅游者转让自身合同权利义务

旅游者转让自身合同权利义务,是指旅游者将自身合同权利义务转让给第三人,由第三人替代自己参加旅游活动。对此,《旅游法》第六十四条规定:"旅游行程开始前,旅游者可以将包价旅游合同中自身的权利义务转让给第三人,旅行社没有正当理由的不得拒绝,因此增加的费用由旅游者和第三人承担。"

旅行社可以拒绝旅游者转让的正当、合理的理由有两种情形：一种理由是旅游活动对旅游者的身份、资格等有特殊要求的，第三人并不具备相应身份、资格等。例如高海拔地区旅游项目对旅游者的健康程度、身体状况有着特殊的要求，第三人的健康程度、身体状况无法满足。再有，游学旅游项目要求参团旅游者的身份是在校大学生，而第三者不具备在校大学生身份时，则无法参团出行。第二种理由是对应原报名者办理的相关服务、手续不能变更或者不能及时变更，如出境旅游团即将启程，在团队登机前无法为第三人办妥签证等手续。在上述两种情况下，旅行社可以拒绝旅游者的转让请求。

因旅游者的变更可能会增加旅游费用，如因旅游者性别而增加了住宿的房间数量，或者因旅游者的宗教信仰等而增加了餐饮的品种等，上述调整都有可能导致旅游费用的增加。对于增加的旅游团费，旅游者与第三人应当向旅行社补交。

《旅游法》之所以作出上述规定，主要是出于以下考虑：旅游者报名参加旅游，应该亲自参加才能完成旅游行程。但是，旅游者可能会由于种种突发因素，如工作单位有紧急任务、家人突发急病等，在旅游行程开始前无法参加原定旅游行程。由于包价旅游的性质使得旅游团费中的大部分已由旅行社向相关履行辅助人支付，因而难以退还。如果旅游者因此而解除合同，将会承担较大的经济损失，这对旅游者是不利的。多数旅游活动，如一般的观光游览、休闲度假旅游项目，对旅游者的身份、健康程度等并无特殊要求，旅游者将自身合同权利义务转让给第三人，由第三人代替自己参加旅游活动，尽管可能需要增加部分旅游费用，但与解除合同可能带来的损失相比要更小，因而可以接受。

（二）旅行社转让自身合同权利义务

旅行社转让自身合同权利义务，是指旅行社将自身的合同权利义务转让给其他旅行社，由其他旅行社代替自己为旅游者提供服务，同时收取旅游者的团费。《旅游法》第六十三条第二款规定："因未达到约定人数不能出团的，组团社经征得旅游者书面同意，可以委托其他旅行社履行合同。组团社对旅游者承担责任，受委托的旅行社对组团社承担责任。旅游者不同意的，可以解除合同。"对此条规定，我们可以从以下几个方面理解：第一，只有在未达到约定的出团人数时，组团旅行社才可以委托其他旅行社履行合同；第二，组团旅行社委托其他旅行社履行合同，必须得到旅游者的书面同意；第三，旅游者书面同意组团旅行社委托其他旅行社履行合同的，组团社依然应对旅游者承担责任，受委托的旅行社对组团社承担责任。

由此可以看出，《旅游法》对旅行社转让自身合同权利义务的规定明显不同于对旅游者的规定，对旅行社转让自身合同权利义务的要求，明显要高于对旅游者转让自身权利义务的要求。之所以如此，是因为旅游服务具有鲜明的人身属性。即使是同一个旅游目的地、同一条旅游线路，但是由于旅行社不同，旅行社选择的履行辅助人不同，旅行社委派的导游、领队人员不同，旅行社的经营理念不同，其所提供的旅游服务在品质上也会存在相当大的差异、差距。旅游者选择资质高端、口碑良好的旅行社，就是包价旅游合同人身属性的具体体现。

《旅游法》对此进一步规定,旅游者不同意组团旅行社委托其他旅行社履行合同的,可以解除合同。解除合同的,组团社应当向旅游者退还已收取的全部费用。

四、旅游合同的解除

旅游合同的解除是指旅游合同成立后,当解除的条件具备时,因当事人一方或双方的意思表示,使合同关系归于消灭的行为。

旅游合同的解除具有以下特征:一是,合同的解除适用于合法有效的合同。合同只有在生效以后,才存在解除的问题,无效合同、可撤销合同不发生合同解除。二是,合同解除必须具备法律规定的条件。合同一旦成立即具有法律约束力,非依法律规定,当事人不得随意解除合同。三是,合同解除的基础必须有解除的行为。符合法律规定的解除条件,合同还不能自动解除,无论哪一方当事人享有解除合同的权利,主张解除合同的一方,必须向对方提出解除合同的意思表示,才能达到合同解除的法律后果。四是,合同解除使合同关系自始消灭或者向将来消灭。合同的解除,要么视为当事人之间未发生合同关系,要么合同尚存的权利义务不再履行。

旅游合同解除可分为几种类型,根据解除的条件可分为协议解除与法定解除,根据解除的主体可分为旅行社解除与旅游者解除。

(一)协议解除与法定解除

1. 协议解除

协议解除是指当事人协商一致或者通过约定,自愿解除合同的法律行为。具体可分为以下两种情况:一是协商解除,协商解除是指合同生效后,未履行或者未完全履行之前,当事人以解除合同为目的,经协商一致,订立一个解除原来合同的协议。协商解除是双方的法律行为,应当遵循合同订立的程序,即双方当事人应当对解除合同意思表示一致,协议未达成之前,原合同仍然有效。二是约定解除。约定解除是指当事人在合同中约定,合同履行过程中出现某种情况,当事人一方或者双方可以解除合同。解除权可以在订立合同时约定,也可以在履行合同的过程中约定。当解除合同的条件出现时,享有解除权的当事人可以行使解除权解除合同,而不必再与对方当事人协商。

2. 法定解除

法定解除是指合同生效后,没有履行或者未履行完毕前,当事人在法律规定的解除条件出现时,行使解除权而使合同关系消灭。法定解除与约定解除的区别表现在:法定解除是法律直接规定解除合同的条件,当条件具备时,解除权人可直接行使解除权,将合同解除;而约定解除是双方的法律行为,一方的行为不能导致合同解除。依照《合同法》的规定,可以解除合同的法定情形有:因不可抗力致使不能实现合同目的;在履行期限届满之前,当事人一方明确表示或者以自己的行为表明不履行主要债务;当事人一方迟延履行主要债务,经催告后在合理期限内仍未履行;当事人一方迟延履行债务或者有其他违约行为致使不能实现合同目的;法律规定的其他情形。

（二）旅行社解除与旅游者解除

1. 旅行社解除

（1）旅行社解除旅游合同的时机。一般情况下，作为以营利为目的的旅行社，是不会随意解除合同的。因为解除合同，意味着旅行社自己放弃了生意，放弃了获利的机会。但是，对于一些特定情形，出于经济原则、现实可能原则以及保护旅游者人身、财产安全的考虑，法律也允许旅行社解除合同。对此，《旅游法》对旅行社的合同解除权作了规定，并就行程开始前和行程开始后旅行社的合同解除权作了详细规定。

一是，旅行社在行程开始前的合同解除权。根据商业惯例，组团旅游时旅游团的人数必须达到一定规模。只有团队的人数达到一定的规模，旅行社才可以从航空公司、宾馆饭店、旅游景区、旅游娱乐公司等服务单位得到相应的优惠，从而为旅游者节省一定的成本，也可以为旅行社带来一定的经济收益。为此，旅行社一般都会在旅游合同中对成团人数进行约定。如果没有达到约定的成团人数，从维护旅行社合法权益及尊重商业惯例来说，旅行社有权解除合同。为此，根据《旅游法》第六十三条的规定，旅行社招徕旅游者组团旅游，因未达到约定人数不能出团的，组团社可以解除合同。

二是，旅行社在行程当中的解除权。在行程开始后，旅行社行使解除权，一般出于两种原因：一种原因是不可抗力及意外事件，另一种原因是旅游者的自身情形。①不可抗力指不能预见、不能避免并不能克服的客观情况，包括：自然灾害，如台风、地震、洪水、冰雹；政府行为，如征收、征用；社会异常事件，如罢工、政变、社会动荡等。②意外事件通常指当事人难以预料的偶发事件，虽已尽合理注意义务仍不能避免，如遭遇交通事故、第三人侵害等。在行程开始后，由于旅游活动涉及地域广泛、环节众多，即使旅行社在行程出发前已经作了周密安排，有些意外情形仍然难以避免。在此种情形下，如果继续履行合同，要么会对旅游者的人身、财产安全造成威胁，要么使履行的成本过高。在此种情况下，解除合同就成为一种合理的选择。就此，《旅游法》第六十七条第一项作了相关规定，因不可抗力或者旅行社、履行辅助人已尽合理注意义务仍不能避免的事件，影响旅游行程的，导致合同不能继续履行的，旅行社和旅游者均可以解除合同。③旅游者自身情形。旅游者参加的包价旅游团队，要求每一个旅游者的行为，要遵守兼顾他人利益的行为准则。旅行社必须从团队整体利益的角度去协调、安排整个行程，使旅游行程得以全部、安全完成。当团队中有个别旅游者因其个人原因、违法行为或者不配合行程安排实施，导致可能损害其他旅游者利益的，为了保护多数旅游者的合法权益，法律赋予旅行社在法定情形下的单方解除权，是非常必要的。《旅游法》第六十六条规定："旅游者有下列情形之一的，旅行社可以解除合同：（一）患有传染病等疾病，可能危害其他旅游者健康和安全的；（二）携带危害公共安全的物品且不同意交有关部门处理的；（三）从事违法或者违反社会公德的活动的；（四）从事严重影响其他旅游者权益的活动，且不听劝阻、不能制止的；（五）法律规定的其他情形。因前款规定情形解除合同的，组团社应当在扣除必要的费用后，将余款退还旅游者；给旅行社造成损失的，旅游者应当依法承担赔偿责任。这里的必要费用，包括旅行社为旅游者支付的交通、住宿、餐饮、参观游览、娱乐、办理护照签证等费用。

（2）旅行社解除合同的程序。不同的情形，旅行社解除合同的程序也不尽相同。①因未达到约定人数不能出团，赋予旅行社合同解除权时，《旅游法》对旅行社的解除行为作了相应要求，即境内旅游应当至少提前七日通知旅游者，出境旅游应当至少提前三十日通知旅游者。②因旅游行程中遇到客观情况导致合同不能继续履行的，旅行社有权解除合同。合同解除后，组团社应当在扣除已向地接社或者履行辅助人支付且不可退还的费用后，将余款退还旅游者。

（3）旅行社解除合同的费用分担。①根据解除合同的情形不同，其法律后果也不尽相同。因未达到约定的成团人数而解除合同的，《旅游法》第六十三条第三款规定："因未达到约定的成团人数解除合同的，组团社应当向旅游者退还已收取的全部费用。"②对于因不可抗力或者旅行社、履行辅助人已尽合理注意义务仍不能避免的事件，影响旅游行程但合同依然可以履行的，旅行社经向旅游者作出说明，旅游者不同意变更合同的，可以解除合同。合同解除的，组团社应当在扣除已向地接社或者履行辅助人支付且不可退还的费用后，将余款退还旅游者。③对于因旅游者原因解除旅游合同的，免除旅行社履行包价旅游合同中尚未履行部分的义务。尚未履行部分的费用，旅行社则应退还给旅游者。对于一些已经支出且无法退还的费用，组团社应在扣除上述必要的费用后，将余款退还旅游者。如果旅游者的行为给旅行社造成了损失，旅游者还应当依法向旅行社承担赔偿责任。

（4）旅行社解除合同后的协助返程义务。①旅行社协助旅游者返程的原因。对于合同的解除，无论是何种原因，旅行社都应协助旅游者返回出发地或者其指定的合理地点。因为身处异地的旅游者，一般都会面临信息缺乏、语言不通、孤立无援等困难。作为专门从事旅游服务的经营者，旅行社对旅游目的地或者途经地的信息掌握比较全面。为保护旅游者的人身与财产安全，由旅行社协助安排旅游者返程非常必要，也比较可行。②旅行社协助返程的费用分担。对于旅游者返程的费用负担，需要根据不同情形分别处理。第一，对于因不可抗力或者旅行社、履行辅助人已尽合理注意义务仍不能避免的事件，导致合同不能继续履行或者旅游者不同意调整行程而解除合同的，应根据《旅游法》第六十七条的规定，返程费用由旅行社与旅游者合理分担。第二，对于因旅游者个人原因，致使旅行社依据《旅游法》第六十六条被迫行使解除权的，返程费用由旅游者个人承担。第三，由于旅行社的原因合同解除的，返程费用由旅行社承担。第四，由于履行辅助人的原因合同解除的，返程费用由旅行社先行承担，然后旅行社有权向履行辅助人请求赔偿。

2. 旅游者解除

（1）旅游者解除合同的条件。无论在旅游行程开始前，还是在旅游行程之中，旅游者均可以随时解除合同，无须向旅行社作出任何解释，也无须有任何理由，只要旅游者不愿意参加旅游或者不愿意继续参加旅游，由此也称为旅游者的任意解除权。旅游者之所以享有旅游合同的任意解除权，其主要原因在于保障旅游者的人身自由。如果不允许旅游者享有任意解除权，根据旅游活动的特性，旅游者只有在符合特定条件时，才有权解除合同，这无疑是对旅游者人身自由的限制。人身自由是最重要的权利与自由，除法律明确规定的条件外，任何人不得以任何理由限制旅游者的人身自由。

（2）旅游者解除合同的程序。对于旅游者解除合同的程序，根据前述理由，旅游者只需将解除合同的意思表示告知旅行社即可，无须说明理由，无须解释，更无须获得旅行社的许可与同意。

（3）旅游者解除合同的法律后果。旅游者行使合同解除权导致包价旅游合同终止，决定了包价旅游合同仅就未履行部分，发生清算双方合同关系的效力。已经履行的部分，双方根据包价旅游合同的约定承担责任。这里的清算，是指旅行社与旅游者就合同终止后相互需要支付的费用进行结算。总体来讲，包价旅游合同因旅游者行使合同解除权而终止时，包价旅游合同规定的旅游服务已经提供的部分，旅游者已经享受其利益，对于该部分，旅游者应当依据合同支付相应的费用；对于尚未提供的旅游服务来说，旅游经营者无须继续提供，旅游者也就无须就未提供的旅游服务向旅游经营者给付报酬。旅游实践中，由于旅游行程开始前，旅游者已预交全部或大部分旅游费用，因此，清算通常表现为旅行社在扣除必要的费用后，将余款退还旅游者。

第三节　违约责任

一、违约行为的概念

违约行为是指合同当事人一方或双方违反合同约定的义务的行为。一般来说，违约行为包括不履行合同、违反各种法定的义务、违反依据诚实信用原则产生的义务等行为。根据现行《合同法》的规定，无论合同当事人是否存在故意或过失，只要有违反合同义务的行为，均属于违约。对于违约行为，可以从以下几个方面理解：

第一，违约行为的主体是合同关系中的当事人。就旅游合同来说，违约行为的主体既包括旅行社，也包括旅游者，这是由合同的相对性决定的。

第二，违约行为是以有效合同的存在为前提，即合同有效，合同约定的义务才能对当事人产生约束力。否则，无效合同约定的义务对当事人自然不会产生约束力。

第三，违约行为在性质上违反了合同义务。合同义务可以是当事人双方约定的，也可以是法律为维护公序良俗和交易安全为当事人设定的，如依据诚实信用原则产生的附随义务，主要包括注意义务、告知义务、忠实义务、保护义务等。

第四，违约行为导致了对合同债权的侵害。

二、违约的类型

《合同法》根据不同的标准，对违约行为进行了不同的分类：预期违约和实际违约、根本违约和一般违约、单方违约和双方违约等。与旅游合同关系最为密切的违约行为类型主要是预期违约和实际违约。

(一)预期违约

预期违约是指在合同履行期限到来之前,一方无正当理由而明确表示其在履行期限到来后将不履行合同,或者其行为标明了在履行期限到来后将不可能履行合同。例如,旅行社在收取旅游者的预付团费后,在约定的出发日期到来之前,无正当理由取消预订的旅游安排,就是典型的预期违约行为。

(二)实际违约

实际违约是指在履行期限到来后,当事人不履行或者不完全履行合同义务而构成的违约。实际违约的表现形式有履行不能、拒绝履行、不完全履行和迟延履行。

1. 履行不能

履行不能是指在合同订立后,由于可归责于当事人或者不可归责于当事人的原因,合同义务事实上已不可能得到履行。实践中,由于旅游目的地突发疫情,旅行社取消相关旅游团队行程,即属于履行不能。对此,由于违约行为的产生是由于不可抗力,而不是旅行社自身因素,因此可以免除旅行社的违约责任,合同义务归于消灭。

2. 拒绝履行

拒绝履行是指合同约定的履行日期到来时无正当理由而以明示或默示的方式表示不履行合同义务。到达旅游目的地后,由于旅游者拒绝在合同之外参加购物,旅行社由此而拒绝向旅游者提供前往其他旅游目的地的交通服务,即属于拒绝履行。对此,旅行社依法应承担违约责任。

3. 不完全履行

不完全履行是指合同当事人交付的标的物、提供的服务不符合合同约定的质量要求,履行存在瑕疵,或者只是部分履行,即履行的数量不符合合同约定。例如,旅行社只为旅游者安排游览了合同约定的部分景点,其他景点没有安排,即属于部分履行。对此,旅游者有权要求其继续履行,如果旅行社的部分履行给旅游者造成损失,旅游者有权要求其赔偿损失;旅行社安排的导游、领队人员没有按照国家或者旅游行业对旅游者服务标准的要求提供服务;导游、领队人员在服务过程中擅自离岗,造成旅游者无人陪同或者滞留;旅行社安排的饭店低于合同约定的等级标准等,也属于不完全履行。对此,旅游者有权要求其赔偿损失,对违约金有约定的,有权要求旅行社支付违约金。

4. 迟延履行

迟延履行是指合同当事人违反合同约定的履行期限而构成违约。例如,旅行社安排的出团日期或返程日期晚于合同约定的日期,属于迟延履行。对此,旅游者有权要求旅行社支付迟延履行的违约金、赔偿损失,也可以在经催告后旅行社在合理期限内仍未履行或者旅行社一方迟延履行致使旅游合同目的不能实现的,解除旅游合同。

三、旅行社违约责任的归责原则

旅行社承担违约责任适用无过错责任原则,即只要旅行社违反合同约定,就要向旅游者承担违约责任,不考虑旅行社经营者在主观上是否有过错。也就是说,在诉讼过程中,旅游者只需要向法院证明旅行社没有按照约定履行合同,无须证明旅行社存在过错,这样,旅游者的举证负担大大减轻。同时,对旅行社的违约行为适用无过错责任原则,有利于促使旅行社严肃对待合同,避免在过错责任原则下旅行社企图以无过错为由逃避责任,从而增强旅行社的责任心和法律意识。

四、违约责任

(一)违约责任的概念

违约责任是指当事人一方不履行合同债务或者其履行不符合合同约定时,对另一方当事人所应当承担的继续履行、采取补救措施或者赔偿损失等民事责任。对此,《合同法》第一百零七条规定:"当事人一方不履行合同义务或者履行合同义务不符合约定的,应当承担继续履行、采取补救措施或者赔偿损失等违约责任。"

违约责任,可以从以下几个方面理解:①与侵权责任等其他民事责任相比,违约责任的特征是当事人一方不履行合同债务,或者履行合同债务不符合合同约定或者法律规定时所产生的民事责任;②违约责任是不履行合同债务,或者其履行合同义务不符合约定或者法律规定的一方当事人,向另一方当事人承担的民事责任;③违约责任可以由当事人在法律允许的范围内自由约定,包括责任的承担形式、数量、时间等;④违约责任是财产责任。

(二)违约责任的承担形式

根据我国《合同法》的规定,违约责任的承担形式有继续履行、支付违约金、赔偿损失、解除合同、采取补救措施等。在此基础上,《旅游法》《旅行社条例》等法律、法规结合旅游业的实际,对旅游合同的违约责任承担形式又作了细化规定。

1. 继续履行

继续履行是指旅游合同违约方不履行合同或者履行合同义务不符合约定的,另一方当事人有权要求违约方在合同履行期限届满后,继续依照合同约定的主要条件,完成合同约定义务的行为。根据《旅游法》第七十条的规定,旅行社不履行包价旅游合同义务或者履行合同义务不符合约定的,应当依法承担继续履行、采取补救措施或者赔偿损失等违约责任。当然,继续履行并不排斥旅游者获得违约金或者损失赔偿金的权利。例如,旅游者要求违约旅行社补齐约定的旅游项目,旅行社要求超额预订客房的酒店安排替代饭店并承担因此额外支出的费用等。但是,有下列情形的除外:法律上或事实上不能履行;债务的标的不适合强制履行或者履行费用过高;债权人在合理期限内未要求履行。

2. 采取补救措施

采取补救措施是指违约方为了减轻或消除违约影响,而采取的除继续履行、支付违约金、赔偿损失以外的其他补救行为。这种责任承担形式主要适用于旅行社不适当履行合同义务的情形。例如,旅行社安排的饭店低于合同约定的等级标准,经旅游者要求,旅行社重新为其安排符合约定标准的饭店。再如,导游在服务过程中擅自离岗,造成旅游者无人负责的,旅行社为旅游者重新安排另一位导游提供服务。

3. 赔偿损失

赔偿损失是指违约方因不履行或者不完全履行合同义务给对方造成损失时,依法或者根据合同约定应赔偿对方当事人所受损失的行为。根据《合同法》的有关规定,损失赔偿数额应相当于因违约所造成的损失,包括合同履行后可以获得的利益,但不得超过违约方订立合同时预见到或者应当预见到的因违反合同可能造成的损失。当事人双方约定违约金的,约定的违约金低于造成的损失时,当事人可以请求法院或者仲裁机构予以增加;约定的违约金过分高于造成的损失时,当事人可以请求法院或者仲裁机构予以适当减少。需要特别指出的是,《旅游法》对旅行社拒绝履行合同的行为规定了惩罚性赔偿责任,即旅行社具备条件,经旅游者要求仍拒绝履行合同,造成旅游者人身损害、滞留等严重后果的,旅游者还可以要求旅行社支付旅游费用一倍以上三倍以下的赔偿金。这是一种典型的惩罚性赔偿。规定惩罚性赔偿,其目的不在于使旅游者获得过高的赔偿,而在于提高旅行社的违约成本,从而使其不敢违约。

4. 支付违约金

一方当事人不履行或者不完全履行合同时,依据法律规定或者合同约定,须向另一方当事人支付一定数额的违约金。但是,如果在旅游合同中,双方没有就违约金进行约定,那么,一方违约时,另一方当事人就不能要求违约方支付违约金。

5. 定金责任

定金是指合同当事人为了确保合同的履行,约定由一方按合同标的额的一定比例预先给付对方的金钱。《合同法》第一百一十五条规定:"当事人可以依照《中华人民共和国担保法》约定一方向对方给付定金作为债权的担保。债务人履行债务后,定金应当抵作价款或者收回。给付定金的一方不履行约定的债务的,无权要求返还定金;收受定金的一方不履行约定的债务的,应当双倍返还定金。"据此,定金具有担保合同履行的功能,同时还有违约救济的功能。定金应当以书面形式约定,定金的数额由当事人约定,但不得超过主合同标的额的20%。

定金与违约金不同。定金重在对违约行为的惩罚,以惩罚性为主;而违约金重在对违约行为所造成的损失补偿,以补偿性为主。当事人在合同中既约定违约金,又约定定金的,一方违约时,对方可以选择适用违约金或者定金条款,但不得重复适用。

定金与订金也不相同。订金在性质上是预付款,如发生违约,支付订金的一方并不失去已支付订金的追索权,收受订金的一方责任止于返还订金。定金是一种违约责任形式,适用定金罚则。

五、违约责任的免除

违约责任的免除是指违约方虽存在违约行为,但在某些法定情形或约定情形下,违约方无须承担违约责任。根据《合同法》《旅游法》的规定,免责事由主要是不可抗力、意外情形以及旅游者自身原因。

(一)不可抗力及意外情形

1. 不可抗力及意外情形概述

(1)不可抗力。根据《民法总则》第一百五十三条的规定,不可抗力是指不能预见、不能避免并不能克服的客观情况。不能预见是指行为人主观上对某一客观情况的发生无法预测。因不同行为人的认知能力不同,预见能力也会有所差别。对于不可预见,应该以一般人的预见能力作为判断标准,而不能以特异功能人员的预见能力作为判断标准。不能避免是指当事人尽了最大努力,仍然不能避免事件的发生,说明事件的发生具有一定的客观性。不能克服是指当事人在事件发生后尽了最大努力,仍然不能克服事件发生造成的损害后果。

《民法总则》对不可抗力的界定,是比较原则的。至于哪些事件可以作为影响旅游合同履行的不可抗力事件,法律上没有具体的规定。一般来说,以下情况可以被认定为不可抗力:自然灾害,如地震、台风、海啸;突发事件,如战争、非典疫情、罢工等。

(2)意外情形。除不可抗力外,《旅游法》关于旅行社、履行辅助人已尽合理注意义务仍不能避免的事件,其范围比不可抗力还要大一些,例如政府临时征用某宾馆用于紧急会议等。

2. 不可抗力及意外情形的后续处理规则

(1)行程不能继续的,旅行社和旅游者均可以解除合同。因不可抗力及意外事件导致行程不能继续的,即旅行社不能履行合同义务,旅游者无法参加旅游,属于法定的解除合同的情形。在此种情形下,旅行社和旅游者都可以解除合同。例如,2011年日本因核电站泄漏及地震后,给旅游安全造成严重威胁,许多前往日本的旅游合同都被迫解除。合同解除的,旅行社应当在扣除已向地接社或者履行辅助人支付且不可退还的费用后,将余款退还旅游者。

(2)合同不能完全履行的,旅行社经向旅游者作出说明,可以在合理范围内变更合同。不可抗力及意外事件的发生,对履行合同的影响有大有小,多数情况下只是暂时、部分影响到合同的履行,例如行程中的某个城市发生骚乱,可以通过变更合同等方式实现合同的目的。合同变更的,因此增加的费用由旅游者承担,减少的费用退还旅游者。例如,因行程中的 A 城市发生骚乱,旅行社经与旅游者协商一致后将 A 城市变更为 B 城市,由于前往 B 城市的距离更远且物价水平更高,因此增加的交通、食宿、游览费用由旅游者承担。

(3)安全、安置措施及相关费用承担。不可抗力及意外事件如果发生在行程中,危及旅游者人身、财产安全的,旅行社应当采取相应的安全措施,因此支出的费用,由旅行社和旅游者分担;造成旅游者滞留的,旅行社还应当采取相应的安置措施,如为旅游者安排住宿和饮食等,因此增加的食宿费用,由旅游者承担;增加的返程费用,由旅行社和旅游者分担。因为发生上述情形,旅行社和旅游者均无过错,按照公平原则,相关费用应由双方分担。

(二)旅游者自身原因导致

旅游者自身原因导致有三种情形:

1. 未经许可,旅游者擅自脱团自行活动

在旅游过程中,旅游者未经旅游经营者随团工作人员的许可、同意,擅自脱离旅游团队自行活动的情况时常发生。在脱团期间,旅游者如果遭受人身损害或财产损失,旅游经营者对此不应承担法律责任。旅游活动中,导游和领队人员作为旅游经营者的随团工作人员,在旅游过程中负责对旅游团队的活动进行组织和管理,对旅游合同约定的服务内容进行具体的安排与协调,代表组团社为旅游者提供服务。旅游者未经许可,故意脱离团队,是一种拒绝接受旅游经营者为实现合同目的而实施的必要的管理、服务的行为,违反《合同法》规定的协作履行原则。旅游者在脱离团队期间遭受人身损害、财产损失的,旅游经营者不存在拒绝为其提供服务的情形,且旅游经营者对旅游者脱团期间遭受的损害无法预见,也无法控制,自然不应承担损害赔偿责任。

2. 旅游者经许可自行活动,旅游经营者随团工作人员已尽安全提示救助义务

《旅游法》第七十条第三款规定:"在旅游者自行安排活动期间,旅行社未尽到安全提示、救助义务的,应当对旅游者的人身损害、财产损失承担相应的责任。"旅游者自行安排活动期间,包括旅行社安排的在旅游行程中独立的自由活动期间,旅游者不参加旅游行程的活动期间,经导游或者领队同意旅游者暂时离开团队的个人活动期间等。自行安排活动期间的实质是,旅行社在此期间不提供旅游服务,实际上也无法提供旅游服务,而由旅游者自己独立、自主地安排旅游活动。旅游者自主安排的旅游活动与其参加的组织旅游活动没有紧密的关系,不属于旅行社按照合同提供服务的组成部分。在自行安排活动期间,旅游者的活动是完全个性化的,脱离了旅行社随团委派的导游、领队或者履行辅助人的视野,其活动无法为导游、领队或者履行辅助人所预期,其活动可能遭遇的风险也无法为导游、领队或者履行辅助人所控制。对旅游者自行安排的活动,旅行社只需承担安全提示、救助义务,无须再承担其他义务。旅行社在旅游者自行活动期间应履行安全提示义务,主要是因为旅行社对旅游目的地的气候、治安、风俗等较为熟悉,对当地容易给旅游者带来人身损害、财产损失的风险比较了解,而旅游者对上述风险、当地的气候、治安、风俗等不了解,从而容易遭受损害。对自行活动期间遭受损害的旅游者实施救助,主要是因为旅行社作为专业性的经营者,相比旅游者而言,在人力、财力、知识、经验等方面占据优势地位。

3. 因旅游者自身情形,导致旅行社解除合同

团队旅游的顺利进行,不仅需要旅行社忠实、积极地履行合同义务,也需要团队成员相互配合、遵守兼顾他人利益的行为准则。如果团队成员中有旅游者因其个人身体原因、违法行为或者不配合行程安排的行为,导致其他旅游者的利益可能遭受损害的,为了行程安排的顺利实施,为了保护多数旅游者的合法权益,旅行社被迫解除与该旅游者之间的合同的,旅行社对此不承担违约责任。

六、第三人违约责任的承担

第三人,也称履行辅助人,是指与旅行社存在合同关系,协助旅行社履行旅游合同相关义务,实际提供交通、游览、餐饮、住宿、娱乐等旅游服务的法人或者自然人,如运输公司、旅游饭店、旅游餐饮供应商、旅游景区经营者等。

实践中,履行辅助人不履行相关义务导致组团旅行社违约的纠纷经常发生。例如,地接社擅自改变旅游行程、遗漏旅游景点、减少旅游服务项目;承担履行辅助义务的饭店提供的餐饮不卫生导致旅游者患病;运送旅客的旅游车辆违章发生交通事故导致旅游行程延误;旅游住宿单位提供的房间不达标导致旅客不满,等等。发生上述违约情况往往不是组团旅行社的原因造成的,而是地接社或者履行辅助人的原因所导致。在这种情况下,组团旅行社应先向旅游者承担违约责任,然后再向违约的第三人进行追偿。因为包价旅游合同是由组团社与旅游者签订的,合同的双方当事人是组团社和旅游者,合同中的权利由组团社行使,合同的义务和责任也应由组团社承担。虽然地接社、宾馆、饭店、汽车公司等实际履行接待任务,但他们都不是旅游合同的当事人。由于他们的原因导致的违约,只能由作为合同当事人的旅行社承担违约责任,这是合同相对性原则的要求。同时,旅游者对地接社、履行辅助人往往不了解,也无法选择,而且他们之间也没有合同关系,要求旅游者向地接社、履行辅助人主张违约责任,既没有法律依据,也不符合现实。特别是在出境游的情况下,要求旅游者克服种种障碍向远在千里、万里之外的境外地接社、酒店、运输公司进行索赔,是不切实际的。因此,《旅游法》第七十一条第一款规定:"由于地接社、履行辅助人的原因导致违约的,由组团社承担责任;组团社承担责任后可以向地接社、履行辅助人追偿。"

七、违约责任与侵权责任的竞合

违约责任与侵权责任的竞合,是指合同一方当事人的行为,既符合违约责任的构成要件,又符合侵权责任的构成要件,两种责任既不能相互吸收,又不能并处,只能选择承担其中的一种责任。

旅游合同纠纷发生违约责任与侵权责任竞合的表现形态主要有:旅行社提供的交通服务有瑕疵,例如未按约定提供合格的旅游车辆、驾驶员,导致交通事故,造成旅游者人身伤亡事件;导游人员未尽职责,擅自带领游客参加危险旅游项目,造成游客人身伤亡;旅行社为出境游客代办的护照、签证存在瑕疵或者领队人员将旅游者的护照遗失,导致旅游者在出境时被当地警方扣押遭返等。受害人基于旅行社的违约行为而产生两个请求权,一是违约之债请求权,一是侵权之债请求权,允许受害人选择有利于自己的一种请求权。但是,受害人不能同时提起两项请求权,加害人不能因此承担双重民事责任。

《合同法》第一百二十二条规定:"因当事人一方的违约行为,侵害对方人身、财产权益的,受损害方有权选择依法要求其承担违约责任或者要求其承担侵权责任。"这一规定是指当事人一方的同一行为既是违约行为,又是侵权行为,受损害方可以要求对方承担违约责任,也可以要求对方承担侵权责任,但受损害方不能提出双重请求,只能二者择一。

如果在旅游活动中出现责任竞合,特别是因旅行社的违约行为造成旅游者人身伤害,并对旅游者造成精神损失时,从有效保护旅游者合法权益的角度来看,旅游者主张侵权责任更有利。因为违约责任的赔偿额度可由当事人在合同中约定,无约定时,赔偿损失的额度相当于受害人因违约而受到的损失,一般包括直接损失与间接损失,但精神损失不纳入赔偿范围。侵权责任赔偿范围原则上包括直接损失与间接损失。在侵害人身权造成精神损害时,根据《民法总则》《最高人民法院关于确定民事侵权精神损害赔偿责任若干问题的解释》,受害人可以请求精神损害赔偿。但是,需要指出的是,当事人选择侵权之诉,要求旅行社赔偿经济损失、精神损失,举证责任要比违约之诉更重一些。受害人要主张侵权责任,一般要举证旅行社存在过错,还要证明因侵权行为人的过错给自己造成了物质损失、精神损失。受害人要求旅行社承担违约责任,无须证明旅行社存在过错,只要证明其存在违约即可。

【思考题】

1. 旅游合同变更的条件是什么?
2. 旅游者转让自身旅游合同权利义务的法律后果是什么?
3. 旅游合同的违约责任有哪些形式?

第九章
旅游安全法律制度

【学习目标】

1. 了解在旅游安全工作中政府的职责。
2. 熟悉旅游安全工作中旅游经营者应履行的义务。
3. 掌握旅游者在遇到危险时享有的权利、应履行的义务。

【内容提要】

随着旅游业的发展,各种传统与非传统的安全因素对旅游的影响日趋复杂化,旅游安全问题开始凸显,旅游安全管理的压力不断增大。安全是旅游业的生命线,没有安全就没有旅游业。旅游安全不仅关系到广大旅游者的生命财产安全,也关系到我国旅游业的可持续发展与中国旅游业的国际形象。做好旅游安全工作,需要政府统一负责,建立旅游目的地安全风险提示制度,建立旅游突发事件应对机制;需要旅游经营者严格执行安全生产管理法律、法规和国家标准,履行安全管理职责;需要旅游者积极配合,加强自身安全保护。

第一节　政府与旅游安全

旅游业具有涉及的行业多、牵连的环节多、参与的人员多、穿越的地域广等特点。影响旅游安全的因素广泛且复杂,有自然、政治、经济、社会环境等方面。为了保障旅游安全,既要防范食物中毒,防盗、防抢、防暴力侵害,还要防范各种自然及人为的灾害等,从而使得旅游安全管理极其复杂。应对复杂的旅游安全管理工作,首先就需要政府加强对旅游安全工作的统一领导,相关职能部门依法履行安全监管职责。

一、政府的旅游安全管理职责

旅游安全管理工作由县级以上人民政府统一负责,是指旅游安全工作由政府统筹、协调各方面力量,抓好旅游安全工作。根据我国的政府管理体制,县级以上人民政府包括县政府、市政府、省政府、国务院。

（一）政府的旅游安全管理职责

1. 加强对旅游安全和应急工作的领导

加强安全管理,督促有关部门履行旅游安全的监管职责。根据《旅游法》的要求,建立旅游综合协调机制,将旅游安全作为综合协调的一项内容,在安全生产、应急管理等专项安全的议事协调工作中,把旅游安全纳入其中;依照《旅游法》《安全生产法》《突发事件应对法》等有关法律、法规、规章的规定,采取行政措施,加强对当地旅游安全的监督管理,对当地或者职责范围内旅游突发事件的发生及事后处理负总责;定期召开旅游安全工作会议,由政府主要负责人召集相关部门负责人参加,研究、布置、检查当地旅游安全工作;明确涉及旅游的相关部门在旅游安全方面的监管职责,建立健全旅游安全管理的规章制度和旅游突发事件应急预案,将旅游安全纳入突发事件监测和评估体系;定期组织有关行政管理部门对当地旅游安全事故隐患、多发单位的场所、设施、设备进行检查,及时排除旅游安全隐患。

2. 及时协调、解决旅游安全监管和应急管理中存在的重大问题

协调相关职能部门建立健全当地旅游安全风险提示、发布制度;对重大旅游安全隐患和事故,组织、协调各方力量,迅速处置,消除隐患,提高旅游安全保障能力。

（二）政府统一负责旅游安全管理工作的原因

旅游安全管理工作之所以由县级以上人民政府统一负责,主要是考虑以下几点:

1. 政府有能力全局统筹安排安全工作

旅游安全涉及多个环节,多种因素,任何一个政府职能部门都无力负责。旅游活动的每一个消费环节都可能发生安全问题,如住宿存在偷盗、火灾等安全风险,餐饮存在食物中毒风险,交通环节存在交通事故风险,游览存在山体滑坡风险,购物存在抢劫风险,娱乐存在违法犯罪分子寻衅滋事风险,等等。同时,影响旅游安全的因素包括人员、设施、环境等众多因素。另外,国内外的政治动荡、社会矛盾、经济危机、文化冲突、自然灾难等都可能会引发旅游安全事件的发生。对于上述风险与安全影响因素,根据我国的现行管理体制及依法行政的要求,政府的每一个职能部门依法只能管辖某个领域、某个环节的安全管理工作。在旅游安全管理工作中,防范和应对风险,必须要协调各个职能部门齐抓共管,而有能力协调诸多职能部门的机构,只能是各职能部门的共同上级:县级以上各级人民政府。

2. 符合我国现行的政府管理体制

《地方各级人民代表大会和地方各级人民政府组织法》规定,县级以上的地方各级人民政府行使下列职权:领导所属各工作部门和下级人民政府的工作;执行国民经济和社会发展计划、预算,管理本行政区域内的经济、教育、科学、文化、卫生、体育事业、环境和资源保护、城乡建设事业和财政、民政、公安、民族事务、司法行政、监察、计划生育等行政工作;保护社会主义的全民所有的财产和劳动群众集体所有的财产,保护公民私人所有的合法财产,维护社会秩序,保障公民的人身权利、民主权利和其他权利。据此,影响旅游者人身、财产安全的旅游安全管理工作,就应纳入地方人民政府的职责范围。对于出境旅游中的安全事宜,由于

涉及国家之间的协调,需要国务院出面,由此,旅游安全也就成为国务院的工作内容之一。

二、政府职能部门的旅游安全监管职责

政府职能部门的旅游安全监管职责是指县级以上各级人民应急管理、消防、交通、卫生、质监、农业、旅游、林业等管理部门,在本级人民政府领导下,按照《旅游法》《安全生产法》《消防法》《旅游安全管理办法》等法律、法规、规章,对旅游的安全管理履行监督、指导、规范、管理等职责。

(一)安全生产监督管理部门

安全生产监督管理部门是安全生产监管的综合性职能部门,对旅游业的安全管理依法实行监管。《安全生产法》第五十九条规定:"县级以上地方各级人民政府应当根据本行政区域内的安全生产状况,组织有关部门按照职责分工,对本行政区域内容易发生重大生产安全事故的生产经营单位进行严格检查。应急管理部门应当按照分类分级监督管理的要求,制定安全生产年度监督检查计划,并按照年度监督检查计划进行监督检查,发现事故隐患,应当及时处理。"2016年,北京八达岭野生动物园老虎伤人事件发生后,对事件的调查即由北京市延庆区应急管理组织相关部门进行的。

(二)消防(救援)机构

消防(救援)机构是对消防安全实施专项监管的职能部门。根据《消防法》的规定,县级以上地方人民政府应急管理部门对本行政区域内的消防救援工作实施监督管理,并由本级人民政府公安机关、消防机构负责实施。消防救援机构应当对机关、团体、企业、事业等单位遵守消防法律、法规的情况依法进行监督检查。消防救援机构在消防监督检查中发现火灾隐患的,应当通知有关单位或者个人立即采取措施消除隐患;不及时消除隐患可能严重威胁公共安全的,消防救援机构应当依照规定对危险部位或者场所,采取临时查封措施。《消防法》还赋予了消防救援机构有实施紧急救援的职责。据此,消防救援机构对在旅游活动中遇险的旅游者,负有实施紧急救援的职责。

(三)食品安全监督管理部门

食品安全监督管理部门是对食品安全负责监督管理的职能部门。旅游活动期间,对旅游者的餐饮安全进行监管属于食品安全监督管理部门的职责。《食品安全法》规定,国务院食品药品监督管理部门依照本法和国务院规定的职责,对食品生产经营活动实施监督管理。

(四)公安机关交通管理部门

公安机关交通管理部门是对道路交通安全实施监督管理的职能部门。旅游活动中,对旅游交通安全的监管属于公安机关交通管理部门的职责。《道路交通安全法》第三十九条规定:"公安机关交通管理部门根据道路和交通流量的具体情况,可以对机动车、非机动车、行人采取疏导、限制通行、禁止通行等措施。"

（五）旅游行政管理部门

旅游行政管理部门对旅游业发展的整体安全负有监督、管理职责。《旅游安全管理办法》第三条规定："各级旅游主管部门应当在同级人民政府的领导和上级旅游主管部门及有关部门的指导下,在职责范围内,依法对旅游安全工作进行指导、防范、监管、培训、统计分析和应急处理。"具体来说,旅游主管部门应当加强下列旅游安全日常管理工作:①督促旅游经营者贯彻执行安全和应急管理的有关法律、法规,并引导其实施相关国家标准、行业标准或者地方标准,提高其安全经营和突发事件应对能力;②指导旅游经营者组织开展从业人员的安全及应急管理培训,并通过新闻媒体等多种渠道,组织开展旅游安全及应急知识的宣传普及活动;③统计分析本行政区域内发生旅游安全事故的情况;④法律、法规规定的其他旅游安全管理工作。旅游主管部门应当加强对星级饭店和 A 级景区旅游安全和应急管理工作的指导。

涉及旅游安全的法律、法规还有许多,有关的职能部门也有许多。据此,对于旅游安全管理,我国已经初步建立了由县级以上各级人民政府对旅游安全统一负责,相关职能部门依照法律、法规、规章,在旅游安全管理的相关环节、领域履行专项安全管理职责的综合性旅游安全管理体制。

三、旅游目的地安全风险提示制度

（一）旅游目的地风险提示制度的含义

旅游目的地风险提示制度是指政府对境内外旅游目的地可能对旅游者的人身、财产安全可能造成损害的自然灾害、事故灾难、公共卫生事件和社会安全事件等潜在的或者已经存在的安全风险,运用定性和定量分析相结合的方法,识别旅游安全风险的类别、等级,提出旅游出行的建议,并按规定的权限和程序,向社会发布相关信息提示,以最大限度地保障旅游者人身、财产安全的制度。鉴于旅游安全风险提示的公共属性,应由政府承担此项职责。

《旅游法》第七十七条明确规定："国家建立旅游目的地安全风险提示制度。旅游目的地安全风险提示的级别划分和实施程序,由国务院旅游主管部门会同有关部门制定。县级以上人民政府及其有关部门应当将旅游安全作为突发事件监测和评估的重要内容。"此处的国家是指人民政府。据此,各旅游目的地人民政府应当依据《旅游法》的规定,建立完善当地旅游安全风险提示制度,国务院有关部门应当建立完善境外旅游目的地安全风险提示制度。在埃及动乱、日本海啸地震、马尔代夫宣布进入紧急状态等事件发生后,国家旅游局及时向社会发布旅游出行提示,供旅游者决策参考。

（二）旅游目的地风险提示制度的内容

1. 旅游目的地安全风险提示的级别划分

旅游目的地安全风险提示需要明确安全风险的级别,否则无法发布提示、无法向社会便捷地说明安全风险的程度与可能的危害。与此相关的是突发事件的级别划分。根据《突发事件应对法》的规定,国家按照突发事件发生的紧急程度、发展势态和可能造成的危害程度分为一级、二级、三级和四级,分别用红色、橙色、黄色和蓝色标示,一级为最高级别。相关部门据此对各自领域的安全风险级别作出相应规定。根据《旅游安全管理办法》,国家旅游局会同外交、卫生、公安、国土、交通、气象、地震和海洋等有关部门制定或确定了旅游风险提示级别的划分标准。根据可能对旅游者造成的危害程度、紧急程度和发展态势,旅游风险提示级别分为一级(特别严重)、二级(严重)、三级(较重)和四级(一般),分别用红色、橙色、黄色和蓝色标示。

2. 旅游安全监测和评估机制

旅游安全监测和评估机制是指政府依法将旅游安全纳入突发事件监测和评估。根据《突发事件应对法》,国家建立重大突发事件风险评估体系,对可能发生的突发事件进行综合性评估,减少重大突发事件的发生,最大限度地减轻重大突发事件的影响。该法还规定,国家建立健全突发事件监测制度。县级以上人民政府及其有关部门应当根据自然灾害、事故灾难和公共卫生事件的种类和特点,建立健全基础信息数据库,完善监测网络,划分监测区域,确定监测点,明确监测项目,提供必要的设备、设施,配备专职或者兼职人员,对可能发生的突发事件进行监测。据此,对不同类别的突发事件的监测和评估分属不同的职能部门负责,旅游突发事件的监测和评估是政府突发事件监测和评估的重要组成部分,县级以上各级人民政府及有关部门在依法建立各自的监测和评估机制时,应当将旅游安全作为其中的重要内容,考虑旅游要素。对此,当地旅游主管部门应当给予配合。建立该项工作机制,有利于充分利用县级以上各级人民政府已有的应急资源,发挥有关职能部门监测和评估突发事件的专业能力,提升旅游安全风险监测评估的科学性和有效性,提升旅游安全风险提示的准确性。

3. 旅游风险提示的信息内容

根据《旅游安全管理办法》,旅游风险提示信息,包括风险类别、提示级别、可能影响的区域、起始时间、注意事项、应采取的措施和发布机关等内容。一级、二级风险的结束时间能够与风险提示信息内容同时发布的,应当同时发布;无法同时发布的,待风险消失后通过原渠道补充发布。三级、四级风险提示可以不发布风险结束时间,待风险消失后自然结束。

4. 旅游安全风险提示程序

旅游安全风险提示程序是指在确定旅游目的地的安全风险级别后,由哪个机关、按照什么方式、顺序向社会发布风险信息。根据《旅游安全管理办法》,国家旅游局负责发布境外旅游目的地国家(地区),以及风险区域范围覆盖全国或者跨省级行政区域的风险提示。发布一级风险提示的,需经国务院批准;发布境外旅游目的地国家(地区)风险提示的,需经外交部门同意。地方各级旅游主管部门应当及时转发上级旅游主管部门发布的风险提示,并负责发布前款规定之外涉及本辖区的风险提示。风险提示信息应当通过官方网站、手机短信及公众易查阅的媒体渠道如微信、微博等对外发布。一级、二级风险提示应同时通报有关媒体。

四、旅游突发事件应急机制

（一）旅游突发事件的含义

旅游突发事件是指突然发生的，造成或可能造成旅游者人身损害、财产损失，或严重社会危害，需要采取应急处置措施予以应对的自然灾害、事故灾难、公共卫生事件以及社会安全事件。

（二）旅游突发事件的类型

根据突发事件的性质，旅游突发事件可以划分为自然灾害、事故灾难、公共卫生事件、社会安全事件等类型。

1. 自然灾害

自然灾害，一般容易在旅游景区发生，尤其是依托自然资源建立的旅游景区，包括暴雨、洪水、暴雪、冰雹、冰冻、台风、地震、山体崩塌、滑坡、泥石流、森林、火灾等相关灾害。例如2015年桂林叠彩山落石致游客伤亡事件、2018年2月9日台湾地区花莲地震造成多名大陆游客罹难、失联、受伤。

2. 事故灾难

事故灾难一般指发生民航、铁路、水运、公路等旅游交通事故，发生失火、爆炸、电气水事故、煤气中毒等。例如2015年台湾地区的粉尘爆炸致人伤亡事件、2015年吉林旅游巴士坠桥事件。

3. 公共卫生事件

公共卫生事件是指突然发生，造成或可能造成旅游者健康受严重损害的重大传染病、群体性不明原因疾病、重大食物中毒、重大动物疫情，以及其他严重影响旅游者健康的卫生事件。例如2003年中国的"非典疫情"、2015年韩国的中东呼吸综合征疫情。

4. 社会安全事件

社会安全事件是指发生的可能危及旅游者安全的恐怖袭击事件、经济安全事件、影响较大的破坏性事件，以及规模较大的群体性事件等。例如发生中国港澳台和外国游客死亡事件，在大型旅游节庆活动中由于人群过度拥挤、火灾、建筑物倒塌等造成人员伤亡的突发事件。

（三）旅游突发事件的处理原则

1. 以人为本，救援第一

在处理旅游突发公共事件中以保障旅游者生命安全为根本目的，尽一切可能为旅游者提供救援、救助。

2. 属地救护，就近处置

在本地区政府领导下，由本地区旅游主管部门负责相关的应急救援工作，运用一切力量,力争在最短时间内将危害和损失降到最低。

3. 及时报告,信息畅通

各级旅游主管部门在接到有关事件的救援报告时,要在第一时间内向上级部门及相关单位报告,或边救援边报告,并及时处理和做好有关的善后工作。

(四)旅游突发事件的组织领导工作职责

1. 国务院旅游主管部门旅游突发事件应急协调领导小组

负责协调指导涉及全国性、跨省区发生的重大旅游突发事件的相关处置工作,以及涉及国务院有关部委参加的重大旅游突发事件的处置、调查工作;有权决定本预案的启动和终止;对各类信息进行汇总分析,并上报国务院。领导小组下设办公室主要负责有关突发事件应急信息的收集、核实、传递、通报,执行和实施领导小组的决策,承办日常工作。

2. 各级领导小组及其办公室

负责监督所属地区旅游经营单位落实有关旅游突发事件的预防措施;及时收集整理本地区有关危及旅游者安全的信息,适时向旅游企业和旅游者发出旅游警告或警示;本地区发生突发事件时,在本级政府领导下,积极协助相关部门为旅游者提供各种救援;及时向上级部门和有关单位报告有关救援信息;处理其他相关事项。

(五)旅游突发事件的预警发布

各级旅游主管部门应根据有关部门提供的重大突发事件的预告信息,以及本地区有关涉及旅游安全的实际情况,适时发布本地区相关旅游警告、警示,并及时将情况逐级上报。

国务院旅游主管部门根据有关部门提供的情况和地方旅游主管部门提供的资料,经报国务院批准,适时向全国发出相关的旅游警告或者禁止令。

(六)旅游突发事件的等级

根据《旅游安全管理办法》,依据旅游突发事件的性质、危害程度、可控性以及造成或者可能造成的影响,一般将旅游突发事件分为特别重大、重大、较大和一般四级。

1. 特别重大旅游突发事件

特别重大旅游突发事件是指下列情形:①造成或者可能造成人员死亡(含失踪)30人以上或者重伤100人以上;②旅游者500人以上滞留超过24小时,并对当地生产生活秩序造成严重影响;③其他在境内外产生特别重大影响,并对旅游者人身、财产安全造成特别重大威胁的事件。

2. 重大旅游突发事件

重大旅游突发事件是指下列情形:①造成或者可能造成人员死亡(含失踪)10人以上、30人以下或者重伤50人以上、100人以下;②旅游者200人以上滞留超过24小时,对当地生产生活秩序造成较严重影响;③其他在境内外产生重大影响,并对旅游者人身、财产安全造成重大威胁的事件。

3. 较大旅游突发事件

较大旅游突发事件是指下列情形：①造成或者可能造成人员死亡（含失踪）3人以上10人以下或者重伤10人以上、50人以下；②旅游者50人以上、200人以下滞留超过24小时，并对当地生产生活秩序造成较大影响；③其他在境内外产生较大影响，并对旅游者人身、财产安全造成较大威胁的事件。

4. 一般旅游突发事件

一般旅游突发事件是指下列情形：①造成或者可能造成人员死亡（含失踪）3人以下或者重伤10人以下；②旅游者50人以下滞留超过24小时，并对当地生产生活秩序造成一定影响；③其他在境内外产生一定影响，并对旅游者人身、财产安全造成一定威胁的事件。

（七）旅游突发事件的处置要求

旅游突发事件的处置与其他突发事件的应急处置基本一致，但也有其特殊性，即旅游应急处置中要考虑多数旅游者可能不是突发事件发生地当地居民的问题。因此，县级以上人民政府应将旅游应急管理纳入政府应急管理体系，使旅游应急工作成为政府应急工作的构成环节，考虑旅游应急工作的特殊性，统一协调、使用政府的应急资源，更好地服务旅游应急工作的开展。为此，县级以上人民政府应当根据《旅游法》和有关法律、法规的规定，组织有关部门针对旅游突发事件的性质、特点和可能造成的社会危害，建立健全具有针对性、可行性的旅游应急预案，明确旅游突发事件应急工作的组织指挥体系和旅游突发事件的预防预警机制，处置程序，应急保障措施和事后恢复等内容。需要明确的是，旅游突发事件发生后，最基本的要求是立即开展救援，并协助异地旅游者返回出发地或者旅游者指定的合理地点。

（八）旅游突发事件的处置程序

不同类型的突发事件，其性质、危害、影响各不相同，处置措施与处置程序也不尽相同。《旅游突发公共事件应急预案》针对不同类型的突发事件，确立了不同的处置程序。

1. 突发自然灾害和事故灾难事件的应急救援处置程序

当自然灾害和事故灾难影响到旅游团队的人身安全时，随团导游人员在与当地有关部门取得联系争取救援的同时，应立即向当地旅游主管部门报告情况。

当地旅游主管部门在接到旅游团队、旅游区（点）等发生突发自然灾害和事故灾难报告后，应积极协助有关部门为旅游团队提供紧急救援，并立即将情况报告上一级旅游主管部门。同时，及时向组团旅行社所在地旅游主管部门通报情况，配合处理有关事宜。

国家旅游局在接到相关报告后，应协调相关地区和部门做好应急救援工作。

2. 突发重大传染病疫情应急救援处置程序

（1）旅游团队在行程中发现疑似重大传染病疫情时，随团导游人员应立即向当地卫生防疫部门报告,服从卫生防疫部门作出的安排。同时向当地旅游主管部门报告,并提供团队的详细情况。

(2)旅游团队所在地旅游主管部门接到疫情报告后,要积极主动配合当地卫生防疫部门做好旅游团队住宿的旅游饭店的消毒防疫工作,以及游客的安抚、宣传工作。如果卫生防疫部门作出就地隔离观察的决定,旅游团队所在地旅游主管部门要积极安排好旅游者的食宿等后勤保障工作;同时向上一级旅游主管部门报告情况,并及时将有关情况通报组团社所在地旅游主管部门。

(3)经卫生防疫部门正式确诊为传染病病例后,旅游团队所在地旅游主管部门要积极配合卫生防疫部门做好消毒防疫工作,并监督相关旅游经营单位按照国家有关规定采取消毒防疫措施;同时向团队需经过地区旅游主管部门通报有关情况,以便及时采取相应防疫措施。

(4)发生疫情所在地旅游主管部门接到疫情确诊报告后,要立即向上一级旅游主管部门报告。省级旅游主管部门接到报告后,应按照团队的行程路线,在本省范围内督促该团队所经过地区的旅游主管部门做好相关的消毒防疫工作。同时,应及时上报国家旅游局。国家旅游局应协调相关地区和部门做好应急救援工作。

3. 重大食物中毒事件应急救援处置程序

(1)旅游团队在行程中发生重大食物中毒事件时,随团导游人员应立即与卫生医疗部门取得联系争取救助,同时向所在地旅游主管部门报告。

(2)事发地旅游主管部门接到报告后,应立即协助卫生、检验检疫等部门认真检查团队用餐场所,找出毒源,采取相应措施。

(3)事发地旅游主管部门在向上级旅游主管部门报告的同时,应向组团旅行社所在地旅游主管部门通报有关情况,并积极协助处理有关事宜。国家旅游局在接到相关报告后,应及时协调相关地区和部门做好应急救援工作。

4. 突发社会安全事件的应急救援处置程序

(1)当发生中国港澳台和外国旅游者伤亡事件时,除积极采取救援外,要注意核查伤亡人员的团队名称、国籍、性别、护照号码以及在国内外的保险情况,由省级旅游主管部门或通过有关渠道,及时通知港澳台地区的急救组织、相关或有关国家的急救组织,请求配合处理有关救援事项。

(2)在大型旅游节庆活动中发生突发事件时,由活动主办部门按照活动应急预案,统一指挥协调有关部门维持现场秩序,疏导人群,提供救援,当地旅游主管部门要积极配合,做好有关工作,并按有关规定及时上报事件有关情况。

5. 国(境)外发生突发事件的应急救援处置程序

在组织中国公民出国(境)旅游中发生突发事件时,旅行社领队要及时向所属旅行社报告,同时报告我国驻所在国或地区使(领)馆或有关机构,并通过所在国家或地区的接待社或旅游机构等相关组织进行救援,要接受我国驻所在国或地区使(领)馆或有关机构的领导和帮助,力争将损失降到最低程度。

(九)分级制定应急预案

各级旅游主管部门,根据本地区实际,在当地党委、政府的领导下,制定旅游突发公共事件救援预案,或与有关部门联合制定统一应急救援预案,建立联动机制,形成完整、健全的旅游救援体系,并进行必要的实际演练。要总结经验教训,不断修改完善本级应急救援预案,努力提高其科学性、实用性。

1. 公布应急救援联络方式

各级旅游主管部门,应通过媒体向社会公布旅游救援电话,或共享有关部门的救援电话,并保证 24 小时畅通。

2. 新闻发布

对旅游突发公共事件的新闻报道工作实行审核制。

(十)事件调查

旅游突发事件发生后,发生地县级以上旅游主管部门应当根据同级人民政府的要求和有关规定,参与旅游突发事件的调查,配合相关部门依法对应当承担事件责任的旅游经营者及其责任人进行处理。

(十一)信息报告

突发事件发生后,现场有关人员应立即向本单位和当地旅游主管部门报告。旅游主管部门在接到旅游经营者的报告后,应当向同级人民政府和上级旅游主管部门报告。一般旅游突发事件上报至设区的市级旅游主管部门;较大旅游突发事件逐级上报至省级旅游主管部门;重大和特别重大旅游突发事件逐级上报至国家旅游局。

向上级旅游主管部门报告旅游突发事件,应当包括下列内容:

(1)事件发生的时间、地点、信息来源。

(2)简要经过、伤亡人数、影响范围。

(3)事件涉及的旅游经营者、其他有关单位的名称。

(4)事件发生原因及发展趋势的初步判断。

(5)采取的应急措施及处置情况。

(6)需要支持协助的事项。

(7)报告人姓名、单位及联系电话。

前款所列内容暂时无法确定的,应当先报告已知情况;报告后出现新情况的,应当及时补报、续报。

对于发生的食物中毒事故,省级旅游行政管理部门接到报告后除按规定上报外,同时应督促全省各地旅游行政管理部门会同当地卫生防疫部门做好旅游团队餐饮场所的检查,以避免类似事故的再次发生。

（十二）总结报告

旅游突发事件处置结束后,发生地旅游主管部门应当及时查明突发事件的发生经过和原因,总结突发事件应急处置工作的经验教训,制订改进措施,并在 30 日内按照下列程序提交总结报告:①一般旅游突发事件向设区的市级旅游主管部门提交;②较大旅游突发事件逐级向省级旅游主管部门提交;③重大和特别重大旅游突发事件逐级向国家旅游局提交。旅游团队在境外遇到突发事件的,由组团社所在地旅游主管部门提交总结报告。

（十三）应急保障和演练

各级旅游主管部门要围绕旅游突发事件应急救援工作加强对工作人员的培训和演习,做到熟悉相关应急预案和程序,了解有关应急支援力量、医疗救治、工程抢险等相关知识,保持信息畅通,保证各级响应的相互衔接与协调。要主动做好公众旅游安全知识、救助知识的宣传教育,不断提高旅游全行业与广大旅游者预防和处置旅游突发事件的能力。

第二节　旅游经营者与旅游安全

旅游经营者是直接服务旅游者的主体。旅游经营者的安全保障能力是旅游活动安全开展的基础。我国《旅游安全管理办法》第四条明确规定,旅游经营者应当承担旅游安全的主体责任。加强经营安全,建立经营安全管理体系,严格按照国家法律、法规和标准的要求开展经营活动,理应成为旅游经营者经营安全的基本要求。对此,应从以下几个方面理解。

一、经营安全的依据

国家通过制定法律、法规、规章,建立国家标准、行业标准,明确安全生产条件,对安全管理作出了较为全面的规定。上述规定、标准、条件体现了国家意志,是国家对旅游经营者的基本要求。

（一）旅游法

《旅游法》是旅游领域的基本法,其对旅游安全的规定,是旅游经营者实施安全管理最为直接的依据。《旅游法》第七十九条规定:"旅游经营者应当严格执行安全生产管理和消防安全管理的法律、法规和国家标准、行业标准,具备相应的安全生产条件,制定旅游者安全保护制度和应急预案。旅游经营者应当对直接为旅游者提供服务的从业人员开展经常性应急救助技能培训,对提供的产品和服务进行安全检验、监测和评估,采取必要措施防止危害发生。旅游经营者组织、接待老年人、未成年人、残疾人等旅游者,应当采取相应的安全保障措施。"《旅游法》第八十条规定了旅游经营者应当就旅游活动中的相关安全事项,以明示的方式事先向旅游者作出说明或者警示。《旅游法》第八十一条规定："突发事件或者旅游安全事故发生后,旅游经营者应当立即采取必要的救助和处置措施,依法履行报告义务,并对旅游者作出妥善安排。"

(二)消费者权益保护法

《消费者权益保护法》是关于消费者保护的基本法,是关于消费者人身安全、财产安全保护的基本法,旅游者属于消费者,旅游经营者为旅游者提供服务必须遵循该法。《消费者权益保护法》第十八条规定："经营者应当保证其提供的商品或者服务符合保障人身、财产安全的要求。对可能危及人身、财产安全的商品和服务,应当向消费者作出真实的说明和明确的警示,并说明和标明正确使用商品或者接受服务的方法以及防止危害发生的方法。宾馆、商场、餐馆、银行、机场、车站、港口、影剧院等经营场所的经营者,应当对消费者尽到安全保障义务。"

(三)安全生产法

《安全生产法》是安全生产领域的基础性法律,是旅游经营者实施安全管理必须遵循的法律。《安全生产法》第四条规定："生产经营单位必须遵守本法和其他有关安全生产的法律、法规,加强安全生产管理,建立、健全安全生产责任制和安全生产规章制度,改善安全生产条件,推进安全生产标准化建设,提高安全生产水平,确保安全生产。"

(四)产品质量法

《产品质量法》是关于产品质量的基本法律。旅游经营者提供的旅游产品、旅游服务在质量方面必须符合该法的要求。根据《产品质量法》第二十六条的规定,生产者应当对其生产的产品质量负责。产品质量应当符合的要求之一是:不存在危及人身、财产安全的不合理的危险,有保障人体健康和人身、财产安全的国家标准、行业标准的,应当符合该标准。

(五)消防法

《消防法》是有关消防安全的基本法,旅游经营者的生产、服务涉及消防工作的,必须遵循该法。《消防法》第十六条规定："机关、团体、企业、事业等单位应当履行下列消防安全职责:(一)落实消防安全责任制,制定本单位的消防安全制度、消防安全操作规程,制定灭火和应急疏散预案;(二)按照国家标准、行业标准配置消防设施、器材,设置消防安全标志,并定期组织检验、维修,确保完好有效;(三)对建筑消防设施每年至少进行一次全面检测,确保完好有效,检测记录应当完整准确,存档备查;(四)保障疏散通道、安全出口、消防车通道畅通,保证防火防烟分区、防火间距符合消防技术标准;(五)组织防火检查,及时消除火灾隐患;(六)组织进行有针对性的消防演练;(七)法律、法规规定的其他消防安全职责。单位的主要负责人是本单位的消防安全责任人。"其他的法律、行政法规,对此也有类似的规定。上述规定,都具有强制力,旅游经营者只要开展经营就应遵守。

（六）旅游安全管理办法

为了加强旅游安全管理,提高应对旅游突发事件的能力,保障旅游者的人身、财产安全,促进旅游业持续健康发展,国家旅游局根据《旅游法》《安全生产法》《突发事件应对法》《旅行社条例》和《生产安全事故报告和调查处理条例》等法律、行政法规,制定了《旅游安全管理办法》。该办法是旅游经营者在经营安全方面最直接的规章,旅游经营者及其从业人员应当认真学习、贯彻。

二、经营安全的具体制度

（一）经营管理的基本要求

基本要求是所有旅游经营者开展经营活动、接待旅游者都必须具备的基本条件。不符合基本要求,旅游景区不得开张,旅游饭店不得接待客人,因为其不具备保障旅游者人身、财产的基本条件。根据《旅游安全管理办法》第六条的规定,旅游经营者应当遵守的基本要求是:①服务场所、服务项目和设施设备符合有关安全法律、法规和强制性标准的要求;②配备必要的安全和救援人员、设施设备;③建立安全管理制度和责任体系;④保证安全工作的资金投入。

（二）培训应急性救助技能

应急性救助技能包括现场急救、创伤急救四项技术(止血、包扎、固定、搬运)、心肺复苏、呼吸道梗死急救、意外伤害应急技能等。旅游一线从业人员掌握上述技能,有助于在专业急救人员到达之前,及时、有效地开展现场救护,防止旅游者伤情继续恶化,减少旅游者痛苦,避免或尽量减少伤残和后遗症,挽救旅游者的生命。同时,对本单位周边及内部的环境风险、设施设备风险和人员风险等因素,进行检验、监测和评估,防止和应对各类风险。对一线从业人员开展经常性应急救助技能培训。旅游者在旅游活动中,可能会遇到各种突发事件、意外伤害事故、突发性疾病等安全问题。对于直接面对旅游者,直接服务旅游者的一线旅游从业人员来说,掌握必要的、基本的紧急救护知识、技能,有助于在专业急救人员到达事发现场之前,及时、有效地开展现场紧急救护,防止旅游者的伤情、面对的危险继续恶化,减少旅游者的痛苦,降低危险的程度,避免或者尽量减少旅游者的伤残和后遗症,挽救旅游者的生命。因此,旅游经营者应当依照《旅游法》的规定,加强对一线旅游从业人员的应急救助技能培训,提升旅游从业人员的安全素质与技能。

（三）对旅游产品和服务进行安全检验、监测和评估

从实践来看,旅游经营者可能涉及的安全风险包括环境风险、设施设备风险和人员风险等因素。对于环境风险、人员风险,一般来说,旅游经营者控制的难度较大。但是,对于设施设备的风险,旅游经营者只要加强安全检验、监测和评估,就可以及时发现问题,排除隐患,最大限度地减少甚至消灭安全风险。在进行安全检验、监测和评估时,国家有相关标准和条

件的,应按照标准和条件进行。国家没有相关标准和条件的,应当保证提供的产品或者服务不存在不合理的危险,即不存在缺陷。即使存在合理风险的,旅游经营者也应采取必要措施防止危害发生。对此,相关法律、法规有着明确的规定。例如《安全生产法》规定,生产经营单位采用新工艺、新技术、新材料或者使用新设备,必须了解、掌握其安全技术特性,采取有效的安全防护措施,并对从业人员进行专门的安全生产教育和培训。生产经营单位的特种作业人员必须按照国家有关规定经专门的安全作业培训,取得相应资格,方可上岗作业。特种作业人员的范围由国务院应急管理部门会同国务院有关部门确定。生产经营单位新建、改建、扩建工程项目(以下统称"建设项目")的安全设施,必须与主体工程同时设计、同时施工、同时投入生产和使用。安全设施投资应当纳入建设项目概算。生产经营单位必须对安全设备进行经常性维护、保养,并定期检测,保证正常运转。维护、保养、检测应当作好记录,并由有关人员签字。旅游经营者在日常经营中应当严格遵守安全生产法的上述要求。《旅游安全管理办法》在上述基础上,在第八条第一款作出了进一步的规定:"旅游经营者应当对其提供的产品和服务进行风险监测和安全评估,依法履行安全风险提示义务,必要时应当采取暂停服务、调整活动内容等措施。"

(四)建立安全生产教育与培训制度

根据《旅游安全管理办法》第九条的规定,旅游经营者应当对从业人员进行安全生产教育和培训,保证从业人员掌握必要的安全生产知识、规章制度、操作规程、岗位技能和应急处理措施,知悉自身在安全生产方面的权利和义务。旅游经营者建立安全生产教育和培训档案,如实记录安全生产教育和培训的时间、内容、参加人员以及考核结果等情况。未经安全生产教育和培训合格的旅游从业人员,不得上岗作业;特种作业人员必须按照国家有关规定经专门的安全作业培训,取得相应资格。

(五)对老年人、未成年人、残疾人等旅游者采取相应的安全保障措施

老年人、未成年人、残疾人等特殊旅游者群体在安全保障方面有其特殊需求。老年人身体行动不便,体质较弱;未成年人自我安全防范意识、防范能力不足;残疾人行动不便、缺乏应对突发事件的能力。对这些特殊的旅游者群体,旅游经营者应提供有针对性的急救设施、无障碍旅游设施和专业服务人员等,确保其能更好、更安全地享受旅游服务。在此方面,相关法律、法规有着明确的规定。例如,《老年人权益保障法》第六十三条规定:"国家制定无障碍设施工程建设标准。新建、改建和扩建道路、公共交通设施、建筑物、居住区等,应当符合国家无障碍设施工程建设标准。各级人民政府和有关部门应当按照国家无障碍设施工程建设标准,优先推进与老年人日常生活密切相关的公共服务设施的改造。无障碍设施的所有人和管理人应当保障无障碍设施正常使用。"第六十四条规定:"国家推动老年宜居社区建设,引导、支持老年宜居住宅的开发,推动和扶持老年人家庭无障碍设施的改造,为老年人创造无障碍居住环境。"《未成年人保护法》第二十九条规定:"各级人民政府应当建立和改善适合未成年人文化生活需要的活动场所和设施,鼓励社会力量兴办适合未成年人的活动场所,并加强管理。"《残疾人保障法》第五十五条第一款规定:"公共服务机构和公共场所应当

创造条件,为残疾人提供语音和文字提示、手语、盲文等信息交流服务,并提供优先服务和辅助性服务。"《旅游安全管理办法》第八条第二款规定:"经营高风险旅游项目或者向老年人、未成年人、残疾人提供旅游服务的,应当根据需要采取相应的安全保护措施。"对于上述法律、法规、规章的相关规定,旅游经营者应当严格遵守。

(六)就安全事项向旅游者作出说明或警示

说明是指用简明扼要的语言清楚地解释某一事项。警示,相比较说明而言程度更重,需要警示的内容主要是即使旅游者按照正确的方法使用,仍可能危及人身、财产安全的信息。就安全有关事项,向旅游者作出明确的说明或警示,可以增加旅游者对风险因素的了解程度,引起旅游者对旅游安全的重视,从而有助于减少旅游安全事故及其损失。因此,旅游经营者通过向旅游者说明或警示安全风险,既可以保障旅游者的知情权,也可以履行其对旅游者的安全保障义务。一般来说,警示的要求在相关法律、法规中都有明确的规定。《旅游法》第八十条规定:"旅游经营者应当就旅游活动中的下列事情,以明示的方式事先向旅游者作出说明或者警示:(一)正确使用相关设施、设备的方法;(二)必要的安全防范和应急措施;(三)未向旅游者开放的经营、服务场所和设施、设备;(四)不适宜参加相关活动的群体;(五)可能危及旅游者人身、财产安全的其他情形。"对此,旅游经营者应依法履行上述义务。明示是指旅游经营者或其从业人员用积极的、直接的、明确的方式,将说明或警示的内容表达、告知给旅游者,具体包括口头明示、书面明示、警示牌标示等方式,与默示相对应。口头明示是指旅游经营者通过言语表达方式告知旅游者。口头方式传递信息方便、快捷,但因其缺乏客观记载,在发生纠纷时难于取证。因此,危险性较大的安全事项不宜单独采用口头方式。书面明示是指旅游经营者通过书面文字符号表达说明或者警示事项于旅游者,例如在旅游服务合同、旅游行程表等中列出。书面方式将旅游经营者所表达的安全说明或者警示内容客观地记载于一定的载体上,是旅游者判断的依据,有利于防止旅游活动中的异议和便于旅游纠纷的处理。此外,通过视听资料、警示标志牌等方式,也可以进行明确、有效的说明或警示。

(七)制订旅游突发事件应急预案

旅游经营者应当依法制订旅游突发事件应急预案,与所在地县级以上地方人民政府及其相关部门的应急预案相衔接,并定期组织演练。

(八)突发事件发生后应立即救助、处置与报告

在突发事件或者旅游安全事故发生后,旅游经营者作为旅游安全工作的责任主体,在第一现场、第一时间实施安全救助、处置,并向政府有关机关报告,是其应当履行的基本义务。相关法律、法规对此都有相应的规定。《旅游法》第八十一条规定:"突发事件或者旅游安全事故发生后,旅游经营者应当立即采取必要的救助和处置措施,依法履行报告义务,并对旅游者作出妥善安排。"这里的"必要"是指旅游经营者应在自身能力范围内采取救助和处置措施。因为突发事件和旅游安全事故具有复杂性、严重性等特点,旅游经营者通常没有能力

完全承担对旅游者的救助工作和事件处置工作,不适当的处置可能会造成二次伤害。对旅游者的妥善安排是必要救助和处置义务的内容。因为旅游者对安全事故、突发事件发生地的环境不够熟悉,缺少可利用的资源、条件,而旅游经营者要更熟悉当地环境,有更强的救助能力和可利用的资源、条件。因此,在旅游者脱离事发现场后,旅游经营者有义务在能力范围内对旅游者作出妥善安排,转移至临时避难所、解决食宿等问题、协助旅游者返回出发地或者旅游者指定的合理地点等,避免旅游者再次遭受伤害。

第三节　旅游者与旅游安全

一、旅游者在旅游安全方面的权利

在旅游安全方面,旅游者享有安全保障权。在本书第二章旅游者权利中,对旅游者的安全保障权已经作了详细介绍。这里仅对旅游者在旅游突发事件中的救助请求权进行阐述。

救助请求权是指在旅游活动中,旅游者的人身、财产遇到危险情形时,有权请求旅游经营者、当地人民政府和相关机构进行及时救助的权利。一般来说,旅游者遇到危险时,自己或者与同行的其他旅游者能够克服、解决的,都会自行解决,无须向他人求助。在危险的规模、程度超出了旅游者自身、其他同程旅游者,以及现场的其他人员的能力时,如果没有旅游经营者、当地人民政府及相关机构的及时救援,旅游者的人身、财产就会受到重大威胁、损害,有些损失甚至是无法弥补。因此,无论是出于人道主义,还是基于法律规定,都需要赋予旅游者以救助请求权。

《旅游法》第八十二条第一、二款明确规定:"旅游者在人身、财产安全遇有危险时,有权请求旅游经营者、当地政府和相关机构进行及时救助。中国出境旅游者在境外陷于困境时,有权请求我国驻当地机构在其职责范围内给予协助和保护。"

此处的危险,主要是指突发事件、安全事故、第三人侵害等已经发生或者可能发生的、危及旅游者人身、财产安全的事件,且属于旅游者依靠自身难以克服的事件;旅游经营者是指当时正在为旅游者提供服务的经营者,如旅行社、旅游景区、旅游饭店、旅游交通设施的运营者等;当地政府,主要是指旅游者遇到危险所在地的乡镇、县级人民政府。因为我国的最基层政府是乡政府、镇政府。基层政府中功能最齐全、要素最完备的是县政府。如果旅游者向我国省、地市一级政府求助的,相关政府也应当及时指示危险发生地的县级政府实施救援。当地相关机构,主要是指承担紧急救助职能的相关部门、社会机构、社会组织等。从各地的实践来看,承担紧急救助的职能部门一般是消防救援机构。接到救助请求的人员应当立即向单位领导进行报告,并根据情形立即进行施救。对此,相关法律对政府及相关部门的救助义务作出了明确的规定。如《人民警察法》规定,人民警察遇到公民人身、财产安全受到侵犯或者处于其他危难情形,应当立即救助。

中国出境旅游者在境外旅游陷于困境,主要是指旅游者的人身、财产遇到危险,或者护照丢失被盗、走失、被旅行社甩团等。我国驻当地机构主要是指中国政府驻当地使领馆或者其他代表我国政府的机构,如新华社分社、中资企业等。在境外的中国公民是中国领事保护的对象。领事保护是指中国公民、法人的合法权益在所在国受到侵害时,中国驻当地使领馆依法向驻在国有关当局反映有关要求,敦促对方依法公正、妥善处理,从而维护海外中国公民、法人的合法权益。根据《中国领事保护和协助指南(2018)》,中国旅游者在境外陷于困境时,中国驻外使领馆给予协助和保护的内容主要有:所在国发生重大突发事件危及中国公民人身安全,可以根据情况,敦促所在国主管部门及时妥善处置,联系、协调有关组织或机构提供救助;中国公民在外国服刑或被拘留、逮捕,可以应公民要求或经其同意进行领事探视;如遭遇意外事故无法与国内亲属联络,可以协助将情况通知公民国内亲属;如因财物失窃等原因遭受临时性经济困难,可以协助与国内亲友联系,并为公民接收亲友汇款等事宜提供建议;如在所在国与他人发生民事纠纷、涉及刑事案件或突发疾病,可以应其要求,提供当地法律服务机构、翻译机构和医疗机构等名单、联系方式,相关名单仅供参考,驻外使领馆不对名单中机构或人员的资质水平、专业能力、个人品德进行认可或确认,也不对个案处理结果承担责任;如需要寻找在国外失踪的近亲属,可以向其提供有关寻找渠道和方式的信息;可以根据中国法律法规,为遗失或未持有有效旅行证件的中国公民签发相关旅行证件;如涉入有关法律诉讼,可以在必要时旁听庭审。

需要指出的是,旅游者在接受相关组织、机构的救助后,应当支付应由个人承担的费用。这体现了权利与义务的统一。旅游安全事件发生后,进行协助和救援,是法律赋予国家和经营者义不容辞的责任。因此,政府、旅游经营者应该承担旅游活动中旅游者遇险的救援救助等工作。但是,旅游救援常常需要动用大量的人力、物力和财力,救助成本比较高。旅游救援的资源、经费有限,完全由政府、旅游经营者承担救援的所有费用,也有悖于公共利益和旅游经营者的利益。因此,应当区分不同的情况和责任,由相关责任方承担相应的救助费用。

对于不可抗力造成的危险,国家、旅游经营者、旅游者共同承担费用;旅游经营者造成的,旅游经营者独自承担;由旅游者自己造成的,应由旅游者承担。这种做法,有利于旅游者加强自我保护意识,从而为旅游者安全出游提供更坚实的保障。在实践中,旅游者在境外遇险时应由旅游者承担的费用主要有下列做法:中国驻外使领馆为当事人提供小额资助,为当事人提供短期食宿或购买回国机票。受助中国公民须签署还款保证书并提供国内还款人有效联系方式,回国后及时向外交部或驻外使领馆归还借款。

二、旅游者在旅游安全方面的义务

为了旅游活动的顺利进行,保障旅游者的安全,不能纯粹地依赖政府、旅游经营者,旅游者自己也应在旅游安全方面遵守相应的规则,承担相应的义务。如果在旅游活动中,旅游者没有遵守相应的规则,承担相应的义务,对于因自身过错造成的风险及引发的人身、财产损害,旅游者无权向旅游经营者、第三人主张权利。相反,旅游经营者、第三人如果因旅游者的自身过错引发的安全事故、突发事件导致人身、财产损失,旅游者依法应对上述损失承担责任。在以往的旅游实践中,人们一般强调政府、旅游经营者在旅游安全方面的职责、义务,很少甚至没有顾及旅游者的安全义务,应该说这是不全面的,对于承担安全保障义务的政府、旅游经营者来说,也是不公平的。为此,《旅游法》在明确旅游者权利的同时,也对旅游者的行为、义务作出了相应规定。《旅游法》第十五条规定:"旅游者购买、接受旅游服务时,应当向旅游经营者如实告知与旅游活动相关的个人健康信息,遵守旅游活动中的安全警示规定。旅游者对国家应对重大突发事件暂时限制旅游活动的措施以及有关部门、机构或者旅游经营者采取的安全防范和应急处置措施,应当予以配合。旅游者违反安全警示规定,或者对国家应对重大突发事件暂时限制旅游活动的措施、安全防范和应急处置措施不予配合的,依法承担相应责任。"根据本规定,旅游者在旅游安全方面应遵守相应的规范,承担相应的义务。

（一）旅游者应向旅游经营者如实告知个人相关健康信息

旅游虽然可以使旅游者获得精神愉悦、身心放松,但是外出旅游无法免除舟车劳顿。有些旅游活动,例如高原地区的旅游活动,并非适合所有的旅游者。旅游者如实将自身与旅游活动有关的个人健康信息告知旅游经营者,有利于旅游经营者判断是否接纳旅游者参加相应的旅游活动,也有利于旅游经营者在接受旅游者报名后在合理范围内给予其特别的关照,配备相关专业人员给予特别的帮助,以减少安全隐患。旅游者履行此项告知义务,既是对自身安全负责,也是个人在社会中诚实信用的表现。

（二）旅游者应遵守旅游活动中的安全警示规定

安全警示规定,可以是旅行社、旅游景区的安全警示规定,也可以是为旅游者提供交通、住宿、餐饮、娱乐、购物、养老、医疗、访学服务的经营者的安全警示规定。安全警示规定的内容主要包括:正确使用相关设施、设备的方法;必要的安全防范和应急措施;未向旅游者开放的经营、服务场所和设施设备;不适宜参加相关活动的群体;可能危及旅游者人身、财产安全的其他情形。

（三）旅游者对应急处置措施应予配合

根据《突发事件应对法》的规定,发生突发事件时,有关人民政府会组织有关部门采取相应的应急处置措施,例如疏散、撤离等。旅游经营者也会采取必要的处置措施,对旅游者作出妥当安排。为了保障旅游者的安全,旅游者应当服从指挥和安排,配合应对重大突发事件暂时限制旅游活动的措施以及有关部门、机构或者旅游经营者采取的安全防范和应急处置措施。

三、旅游者违反安全规范应承担法律责任

政府、旅游经营者对旅游安全负有相应责任,同时,作为旅游活动参与者的旅游者,在旅游安全工作中同样负有义务,不能违反安全警示规定,应对国家应对重大突发事件暂时限制旅游活动的措施、安全防范和应急处置措施应当予以配合。否则,旅游者应当承担相应法律

责任,如因旅游者的上述行为造成旅游者自身损失的,应当由自己承担责任;给他人或国家造成损失的,应当依照相关法律法规的规定承担赔偿责任,有些情况下,甚至可能承担更为严重的刑事责任。

【思考题】

1. 为什么要由地方人民政府对旅游安全统一负责?

2. 旅游经营者实施安全管理应当依据的法律主要有哪些?

3. 旅游者在旅游安全工作中应承担哪些义务?

第十章
出入境管理法律制度

【学习目标】

1. 了解我国的出入境管理制度、机构、法律。

2. 熟悉旅游者出入境的环节。

3. 掌握旅游者出入境应办理的有效证件种类及基本程序,外国旅游者在华停留、住宿管理基本制度。

【内容提要】

旅游者出入境管理法律制度,是指基于国家主权原则,国家针对旅游者出入境的活动所实施的管理而形成的各项法律规范的总和,是一个国家出入境法律制度的重要组成部分。根据国际法的一般原理,任何国家都没有准许外国人随意入境的一般义务,外国人也没有要求他国准许其随意入境的权利。旅游者进出我国国境,应当遵守我国进出境管理法律制度,接受海关、边防等检查。

第一节　中国公民出入境管理

目前,我国公民出境旅游已经成为一种潮流。根据国家旅游局发布的最新统计数据,2017 年中国公民出境旅游突破 1.3 亿人次,花费达 1 152.9 亿美元。

中国旅游者出境入境,需要依照《中华人民共和国护照法》(以下简称《护照法》)、《中华人民共和国出境入境管理法》(以下简称《出境入境管理法》)、《中华人民共和国出境入境边防检查条例》(以下简称《出境入境边防检查条例》)等法律、法规,依法办理出境、入境证件,依法接受出境、入境检查。在出境、入境时,中国旅游者的合法权益受到侵犯的,有权依法维护自身合法权益。

一、中国公民出入境的证件

《出境入境管理法》第九条第一款规定:"中国公民出境、入境,应当依法申请办理护照或者其他旅行证件。"根据《护照法》的规定,其他旅行证件包括旅行证、出入境通行证等。

(一)护照

护照是一国政府颁发给本国公民,用于出入本国国境和在境外旅行、居留时证明国籍和身份的证件。根据《护照法》的规定,中华人民共和国护照是中华人民共和国公民出入境和在国外证明国籍和身份的证件。中国公民出境、入境必须持有护照,否则,将无法顺利出境、入境。

护照分为普通护照、外交护照和公务护照等类型。其中普通护照是中国公民出境旅游的有效证件。

对一般的中国旅游者来说,应该持有的护照是普通护照。根据《护照法》,中国公民因前往外国定居、探亲、学习、就业、旅行、从事商务活动等非因公务原因出国的,由本人向户籍所在地的县级以上地方人民政府公安机关出入境管理机构申请普通护照。

普通护照的申请办理。中国公民申请普通护照,可以选择网上申请、填写申请表,或者亲自前往本人户籍所在地省(自治区、直辖市)内任一县级以上公安机关出入境管理机构办理预申请、填写申请表;按填表要求填写完《中国公民因私出国(境)申请表》后,申请人应到前述公安机关出入境管理部门亲自递交申请材料,回答有关询问,完成指纹采集。公安机关受理申请人的护照申领材料后,须经过审核与护照的制作过程,也就是须经过一定的时限。根据各地的具体情形,办理护照的时限也不尽相同,一般为10个工作日,自受理护照申请材料后的第二个工作日起算。领取护照,申请人可以采取邮政速递,也可以前往公安机关出入境管理部门领取。对于存在特殊情形的,公安机关出入境管理部门还可以提供加急服务,但申请人必须提供相应的证明材料,无须交纳加急费用。

普通护照的有效期。普通护照持有人未满十六周岁的有效期为五年,普通护照持有人年满十六周岁以上的,护照的有效期为十年。

随着科技的进步,普通护照逐步采用电子技术,在纸质护照中嵌入电子芯片,俗称电子护照。护照内的电子芯片存储普通护照的项目资料和护照持有人的面部肖像、指纹信息等。对于电子护照,公安机关出入境管理机构受理十六周岁以上公民的电子普通护照申请,应当现场采集申请人的指纹信息。不满十六周岁的公民申请电子普通护照,监护人同意提供申请人指纹信息的,公安机关出入境管理机构可以现场采集。申请人因指纹缺失、损坏无法按指纹的,公安机关可以不采集指纹信息。

(二)护照之外的其他出入境证件

除护照外,中国公民出境、入境的有效证件还包括旅行证、通行证、海员证等证件。

1. 中华人民共和国旅行证

旅行证是中国公民因私事出入国境时可替代护照使用的出入境证件之一。《护照法》第二十三条规定:"短期出国的公民在国外发生护照遗失、被盗或者损毁不能使用等情形,应当向中华人民共和国驻外使馆、领馆或者外交部委托的其他驻外机构申请中华人民共和国旅行证。"由此,中国旅游者在发生上述情形时,可以向上述机构申请旅行证。

2. 中华人民共和国出入境通行证

《护照法》第二十四条规定:"公民从事边境贸易、边境旅游服务或者参加边境旅游等情形,可以向公安部委托的县级以上人民政府公安机关出入境管理机构申请中华人民共和国出入境通行证。"由此,中国旅游者拟参加边境旅游的,可以向上述机关申请通行证。

3. 中华人民共和国海员证

《护照法》第二十五条规定:"公民以海员身份出入国境和在国外船舶上从事工作的,应当向交通部委托的海事管理机构申请中华人民共和国海员证。"据此,中国公民以海员身份出入国境的,可以向交通部相关海事机构申请海员证。

4. 往来港澳通行证

根据《中国公民因私事往来香港地区或澳门地区的暂行管理办法》,中国内地旅游者前往港澳地区旅游,需要办理港澳通行证。

5. 大陆居民往来台湾地区通行证

根据《中国公民往来台湾地区管理办法》,中国大陆的旅游者前往台湾地区需要办理台湾地区通行证。

二、中国公民前往外国或地区的入境许可

1. 签证

签证是指主权国家的有权机关因外国公民申请入境而审查,对符合进入本国境内法定条件的外国公民允许其进入该国国境的许可证明,一般通过在外国人护照所持有效证件(如护照)上盖印的方式体现。护照是持有人国籍和身份的证明;签证是主权国家准许外国公民进入本国国境的证明。对于出境旅游者而言,护照与签证缺一不可。

2. 签证办理

中国公民前往其他国家时,除非该国与中国政府签订有签证互免协议或者目的地国家单方面给予中国公民免签证待遇外,中国公民应该获得拟前往旅游目的地所在国家的签证。办理外国签证的方式一般有以下几种:中国公民直接前往外国驻华大使馆或领事馆申请办理;中国公民前往外国驻华大使馆或领事馆指定的签证服务机构申请办理;委托具有签证办理权的中国旅行社代为办理(仅限旅游签证)。

3. 签注办理

根据中国香港、澳门特别行政区和台湾地区的现状,我国公安机关出入境管理机构对内地居民前往香港、澳门地区,对大陆居民前往台湾地区实施签注制度。自2018年2月1日起,申请人(登记备案的国家工作人员、现役军人除外)可在户籍所在地省(自治区、直辖市)内向任一县级以上公安出入境管理机构申请往来港澳通行证及签注、往来台湾通行证及签注(申请赴港澳台个人旅游、定居、商务等活动的按专门规定办理);省内居民可在全省范围内自助办理往来港澳台旅游签注。申请人(登记备案的国家工作人员、现役军人除外)持本省(自治区、直辖市)公安出入境管理机构签发的电子往来港澳通行证、电子往来台湾通行

证,可在省(自治区、直辖市)内任一往来港澳台签注自助设备办理往来港澳台旅游签注(开通个人旅游城市的非本市户籍居民申请个人旅游签注须持有居住证)。目前,全国957个县级以上公安出入境管理机构开展了自助办理服务,共投放自助设备7 600余台,让群众享受到家门口办证和24小时办证的便利。

符合条件的外省居民可就近办理往来港澳通行证及签注、往来台湾通行证及签注。本市户籍居民的外省(自治区、直辖市)户籍配偶、子女、父母(登记备案的国家工作人员、现役军人除外),可在该户籍居民所在城市就近申请往来港澳签注、往来台湾签注(申请赴港澳台个人旅游、定居、商务等活动的按专门规定办理)。上述申请人就近申请证件时,除提交常规申请材料外,还需交验本市户籍直系亲属身份证原件和相关亲属关系证明材料,即配偶关系交验结婚证、子女关系交验出生证明、父母关系提交其本市户籍子女出具的书面说明。

三、中国公民出入境的权利、义务

(一)中国公民出入境的权利

出入境权利是指公民在出入境活动中享有的权利。根据我国《出境入境管理法》《护照法》《出境入境边防检查条例》等法律、法规的规定,中国公民在出境入境时享有下列权利。

1. 出境权

《出境入境管理法》第三条第一款规定:"国家保护中国公民出境入境合法权益。"中国公民有出国旅游的权利,只要公民依法履行法律规定的手续,不属于法律规定的不准出境的人员,都有权出境旅游。

2. 入境权

国际法原则要求不得任意剥夺任何人的回国权。我国政府既维护中国公民的出国权,也维护中国公民的回国权。中国公民在出国短期旅游时,不需要办理任何申请手续,不受出国时间限制,也不需要办理入境签证手续。只要持有有效的中国出入境证件,从对外开放或者指定的口岸通行,并接受出入境边防检查机关的检查,即可入境回国。

3. 救济权

救济权是指中国公民在自己的出境、入境权利受到国家公安机关非法限制时,有提起行政复议、行政诉讼的权利。公安机关对公民的出国旅游申请,经核实,情况属实,手续齐备,具备出境条件的,又不属于法律规定不准出境情形的,都应该批准。如果不予批准,申请人有权依据《中华人民共和国行政诉讼法》提起救济。

(二)中国公民出入境的义务

1. 维护国家安全、荣誉和利益

中国公民在出入境活动中,无论出境前还是出境后,都不得危害国家安全,损害国家荣誉和利益。同时,中国公民还有义务协助公安机关打击非法出入境活动。

2. 办理我国合法的出入境证件

中国公民要按照法定程序向公安部出入境管理机构或其委托的县级以上公安机关出入境管理机构申请办理出入境证件,如实回答有关询问,并交验有关证明,申请人不得弄虚作假、伪造证明,否则应承担相应法律责任。办理有效证件应依法交纳证件工本费和手续费,并妥善保管出入境有效证件。

3. 申请旅游目的地国家或地区的入境许可手续

中国公民申请办理旅游目的地国家或地区入境签证、经停国家或地区的过境签证,以及有关地区的入境许可,出国后的活动应与签证、签注注明的旅游目的及停留有效期一致。

4. 接受出入境边防检查

中国公民出境入境,应当持本人合法有效证件,从对外开放的或国家指定的口岸通行,向出入境边防检查机关交验本人的护照或者其他旅行证件等出境入境证件,履行规定的手续,经查验准许,方可出境入境。如果公民持无效证件,持他人证件,持伪造、变造证件,拒绝交验证件的,出入境边防检查机关有权决定其不准出境或者入境,并依法处理。

5. 遵守当地法律法规、尊重当地风俗习惯

中国公民出境前往别国或地区,应当遵守当地的法律、法规规定,遵守社会公共秩序、社会公德、旅游文明行为规范,尊重当地的风俗习惯、文化传统和宗教信仰等。

(三)中国公民出入境的限制及法律责任

《出境入境管理法》第十二条规定:"中国公民有下列情形之一的,不准出境:(一)未持有效出境入境证件或者拒绝、逃避接受边防检查的;(二)被判处刑罚尚未执行完毕或者属于刑事案件被告人、犯罪嫌疑人的;(三)有未了结的民事案件,人民法院决定不准出境的;(四)因妨害国(边)境管理受到刑事处罚或者因非法出境、非法居留、非法就业被其他国家或者地区遣返,未满不准出境规定年限的;(五)可能危害国家安全和利益,国务院有关主管部门决定不准出境的;(六)法律、行政法规规定不准出境的其他情形。"

(四)中国公民违反出入境法律的法律责任

根据《出境入境管理法》等法律、法规规定,中国公民在出境入境时如有违法行为,应当承担相应的法律责任。归纳起来,中国公民在出境入境时的违法行为主要有下列类型:①持有、使用非法出入境证件的,如持用伪造、变造、骗取的出境入境证件出境入境的;冒用他人出境入境证件出境入境的;逃避出境入境边防检查的;以其他方式非法出境入境,由县级以上地方人民政府公安机关或者出入境边防检查机关处一千元以上五千元以下罚款;情节严重的,处五日以上十日以下拘留,可以并处二千元以上一万元以下罚款。②协助他人非法出境入境的,由县级以上地方人民政府公安机关或者出入境边防检查机关处以二千元以上一万元以下罚款;情节严重的,处十日以上十五日以下拘留,并处五千元以上二万元以下罚款,有违法所得的,没收违法所得。③弄虚作假骗取签证、停留居留证件等出境入境证件的,由县级以上地方人民政府公安机关或者出入境边防检查机关处以二千元以上五千元以下罚

款;情节严重的,处十日以上十五日以下拘留,并处五千元以上二万元以下罚款。④中国公民出境后非法前往其他国家或者地区被遣返的,出入境边防检查机关应当收缴其出境入境证件,出境入境证件签发机关自其被遣返之日起六个月至三年以内不予签发出境入境证件。⑤中国公民在出境入境时,未经批准进入口岸的限定区域或者进入后不服从管理,扰乱口岸管理秩序的;污辱边防检查人员的;未经批准或者未按照规定登陆、住宿的,处以警告或者五百元以下罚款。

四、中国公民出境旅游管理制度

(一)出国旅游目的地审批制度

中国境外的国家、地区很多,但并非所有的国家都可以成为中国旅游者出行的目的地。根据《中国公民出国旅游管理办法》的规定,国家对出国旅游目的地实行审批制度。出国旅游目的地国家,由国务院旅游行政管理部门会同国务院有关部门提出,报国务院批准后,由国务院旅游行政管理部门公布。未经批准,任何单位和个人不得组织中国公民到国务院旅游行政管理部门公布的出国旅游目的地国家以外的国家旅游。成为中国公民出国旅游目的地的条件包括:是中国的客源国,有利于旅游双方合作与交流;政治上对我国友好,开展国民外交符合我国对外政策;旅游资源有吸引力,具备适合我国旅游者的接待服务设施;对我国旅游者在政治、法律等方面没有歧视性、限制性、报复性政策;旅游者有安全保障,具有良好的可进入性。

(二)出国旅游团队名单表制度

《中国公民出国旅游管理办法》确立了中国公民出国旅游团队名单表制度。该制度的内容包括:国务院旅游行政管理部门统一印制《中国公民出国旅游团队名单表》(以下简称《名单表》),在下达本年度出国旅游人数安排时编号发给省级旅游行政管理部门,由省级旅游行政管理部门核发给组团社;组团社应按照核定的出国旅游人数安排组织出国旅游团队,填写《名单表》,经审核后的《名单表》不得增添人员;《名单表》一式四联,分为出境边防检查专用联、入境边防检查专用联、旅游行政管理部门审核专用联、旅行社自留专用联;组团旅行社应当在旅游团队出境、入境后,将《名单表》分别交有关部门查验、留存。

(三)团队出国旅游出入境制度

旅游团队出入境时,应当接受边防检查站对参团人员护照、签证、《名单表》的查验。经国务院有关部门批准,旅游团队可以到旅游目的地国家按照该国有关规定办理落地签证或者免签证入境。旅游团队应当从国家开放口岸整团出境、入境。在出境前已确定分团入境的,组团社应事先向出入境边防检查部门备案。旅游团队出境后因不可抗力或其他特殊原因确需分团入境的,随团领队应及时通知组团社,组团社应立即向有关出入境边防检查部门备案。

五、中国公民境外保护

（一）领事保护

1. 领事保护的概念

领事保护是指派遣国的外交、领事机关或者领事官员，在国际法允许的范围内，在接受国保护派遣国的国家利益、本国公民和法人的合法权益的行为。领事保护是中国领事工作的重要内容。

2. 领事保护的基本原则

实施领事保护的主体是政府，在国外是驻外使领馆。目前，中国有260多个驻外使领馆，都是实施领事保护的主体。

（1）国籍原则。中国领事保护的对象，是根据《中华人民共和国国籍法》（以下简称《国籍法》）及相关法律、法规具有中国国籍的自然人和法人。对于中国旅游者来说，无论是来自内地，还是香港、澳门和台湾，都是领事保护的对象。由于我国不承认中国公民具有双重国籍，根据《国籍法》的规定，定居国外的中国公民，凡自愿加入或取得外国国籍者，即自动丧失中国国籍，不再享有要求中国政府对其进行领事保护的权利。

（2）合法原则。合法原则一方面是指中国公民提出领事保护要求要合法，即中国旅游者自身的正当合法权益在驻在国受到非法侵害时，可以要求领事保护。违法行为应适用行为发生地法律处理。领事官员不能包庇、袒护本国公民的违法行为，但会对驻在国依法处理情况给予关注，视情形对当事人提供必要的协助。合法原则的另一方面是指领事官员应依法提供领事保护。领事官员向本国公民提供领事保护是履行法律赋予的职责，不能超出法律允许的范围，不能采取非法手段。

（3）有限原则。根据国际法原则，中国公民在国外发生法律纠纷时，应首先适用驻在国法律对纠纷进行处理。我国驻外使领馆在驻在国实施领事保护没有强制力，只能通过交涉和做驻在国相关部门工作的方式，督促驻在国及其执法机关依法处理，在法律允许的范围内，尽可能为当事人争取最大利益。也就是说，领事保护是有一定限度的。

3. 领事保护的常见情形

（1）发生恐怖袭击、严重自然灾害、政治动乱等突发事件时，需要及时向中国旅游者提供相关信息，协助撤离。在近几年，埃及、日本、利比亚等国发生突发事件时，中国驻当地领事为中国旅游者顺利撤离提供的帮助有目共睹，卓有成效。

（2）中国旅游者在海外受到犯罪分子侵害时，安排适当人员听取情况，敦促警方尽快破案，了解案件进展情况，提供律师和翻译的名录，推荐合适的医院，补发丢失或受损的旅行证件，协助与旅游者的家人、亲属联系。

（3）中国旅游者在驻在国被羁押或监禁时，根据请求前往探视，并保护其合法权益；持有效护照及签证在目的地国入境、出境或过境受阻时，向有关当局了解情况，视情形反映其要求，或进行必要交涉；非法出境的旅游者被所在国查获时的回国手续办理，中国护照在海外遗失、被盗或被抢,也需要给予一定的协助。

(二)自我保护

1. 办理合法的出国手续

中国旅游者在出发前,应检查护照有效期,以免因护照有效期不足影响申请签证,或在国外期间因护照过期影响行程安排。中国旅游者还应确保自己已经取得旅游目的地国家的入境签证和经停国家的过境签证,签证种类与出国旅游目的相符,签证的有效期和停留期与出行旅游计划一致。严格按照签证允许的时间在有关国家停留。

2. 了解旅游目的地国的基本国情

在出发前,旅游者应尽可能收集目的地国家的风土人情、气候情况、治安状况、流行病疫情、法律法规等信息,并采取相关预防措施,购买必要的人身、财产、医疗保险。

3. 遵守旅游目的地国家和地区的法律

尊重旅游目的地国家民众的风俗习惯,遵守当地的法律规定,注意交通安全。留意旅游目的地国家、地区海关在食品、动植物制品、外汇等方面的入境限制。如携带大额现金时,必须按规定向海关申报。

4. 了解领事保护的要求和方法

注意了解领事保护常识,查询中国驻旅游目的地国家使领馆的联系方式以及外交部发布的相关海外安全信息。了解何种情况下,应如何向中国驻旅游目的地国家的使领馆、有关机构寻求帮助。

第二节　外国人入出境管理法律制度

外国人是指不具有中国国籍,而具有其他国家国籍、无国籍的人。外国人来华旅游,进入、离开中国国境,应遵守《出境入境管理法》《中华人民共和国海关法》《中华人民共和国国境卫生检疫法》《出境入境边防检查条例》等法律、法规。在华旅游期间,外国旅游者住宿、停留等,也应遵守相关法律、法规规定。同时,中国政府依照相关国际条约、法律、法规,保障外国人进出中国国境、在华旅游期间的合法权益。外国旅游者在进出中国国境、在华旅游期间,如违反中国法律规定,应依照中国法律承担法律责任。

一、外国人入境许可

外国人进入中国国境,离开中国国境,都应该依照《出境入境管理法》的规定,持护照办理签证,接受边防检查机关查验后,方可入境、出境。

（一）签证

签证是一国政府允许外国人进入本国国境的法定证明。外国人进入中国，必须向中国政府驻外签证机关申请办理签证。

（二）签证的种类

根据《出境入境管理法》《中华人民共和国外国人入境出境管理条例》（以下简称《外国人入境出境管理条例》）的规定，签证可以分为外交签证、礼遇签证、公务签证和普通签证四类。外国旅游者自费到中国旅游，其签证属于普通签证，签证上一般会标明汉语拼音 L，L 是旅游的首字母。

（三）办理签证的部门

我国办理签证的部门有外交机关和公安机关。

外交机关一般是指中国政府驻外的大使馆、领事馆和外交部授权的其他驻外机构。对于外国旅游者来说，向我国驻外机关申办签证，是最常见的方式。

公安机关一般是经授权口岸地方公安机关。经授权，口岸地方公安机关可对在外事、旅游活动中确需来华而来不及在中国驻外机关办理签证的外国人办理签证。申办人下飞机后即可办理签证，也称为落地签证。依据《关于授予口岸签证机关团体旅游签证权的通知》规定，经国家旅游局批准并登记注册的国际旅行社，为组织、接待外国旅游团，可凭旅行社公函和《团体旅游签证名单表》，向口岸签证机关申请团体旅游签证。此种签证为落地签证。落地签证的具体操作方式是：组织入境旅游的旅行社应提前 3 天将旅游团队名单交往口岸签证机关，口岸签证机关提前 1 天将审批情况通知旅行社。口岸签证机关在旅游团抵达口岸后，给入境旅游者签发团体旅游签证，也可以在该旅游团抵达口岸前 24 小时提前做好签证后，交付给该旅行社。

（四）签证的登记项目

签证的记载事项，是指签证机关在签证人护照或其他旅行证件上的签证页所登记的内容，包括当次签证的有关信息和持证人的有关信息两个方面。当次签证的有关信息主要包括签证的种类、该签证可以准入的次数、入境的有效期、签证的签发日期与地点、入境后的停留期限等。外国旅游者要特别注意入境的有效期、入境的次数等内容。根据中国现行法律，入境的有效期是指持证人持当次签证进入中国境内的截止日期。入境次数是指持证人在签证有效期内进入中国的次数，依据申请人的申请和我国有关法律规定，签证人的入境次数一般包括 1 次、2 次、半年多次和一年多次，特别情况下还可以为两年多次等。

（五）签证的办理程序

签证的办理程序是指外国人向我国签证机关申请办理签证的方式、步骤、时限和顺序的总称。根据现行法律规定，办理签证的一般程序包括如下内容：

（1）签证申请人应当向我驻外签证机关提交本人的护照或者其他国际旅行证件,以及申请事由的相关材料,按照驻外签证机关的要求办理相关手续、接受面谈。

外国人申请办理旅游签证,应当按照要求提交旅行计划行程安排等材料;以团体形式入境旅游的,还应当提交旅行社出具的邀请函件。签证机关可以根据具体情况要求外国人提交其他申请材料。

面谈和委托办理。签证申请可由本人亲自提交,符合条件的也可以委托他人代为提交。由本人提交的通常需要本人到办理签证现场与签证官进行面谈,申请人应当亲自到现场回答签证官的询问。委托他人代为办理签证的申请人可以不必亲自去签证机关办理签证申请,但委托代理人需要与签证官进行接触并回答签证官的有关询问。

签证决定。签证官在与申请人进行面谈或者与委托代理人交流后作出签发或不予签发的决定。对符合条件的人,签证官将签发签证;对不符合条件的人,签证官将拒发签证。

驻外签证机关签发签证需要向中国境内有关部门、单位核实有关信息的,中国境内有关部门、单位应当予以配合。

签证机关经审查认为符合签发条件的,签发相应类别签证。对入境后需要办理居留证件的,签证机关应当在签证上注明入境后办理居留证件的时限。

外国人申请签证和居留证件的延期、换发、补发,申请办理停留证件,有下列情形之一的,可以由邀请单位或者个人、申请人的亲属、有关专门服务机构代为申请:①未满16周岁或者已满60周岁以及因疾病等原因行动不便的;②非首次入境且在中国境内停留居留记录良好的;③邀请单位或者个人对外国人在中国境内期间所需费用提供保证措施的。

（2）外国人向口岸签证机关申请办理签证,应当提交本人的护照或者其他国际旅行证件,以及申请事由的相关材料,按照口岸签证机关的要求办理相关手续,并从申请签证的口岸入境。口岸签证机关签发的签证一次入境有效,签证注明的停留期限不得超过三十日。

（六）签证的延期、换发和补发

持我国有效签证入境的外国人,如果因原入境事由尚未终止,或因其他正当事由需要在签证停留期限届满后继续停留且不变更签证种类的,可以向所在地出入境管理部门申请延长停留期限,但累计不得超过签注原注明的停留期限,且仅对本次入境有效,不影响签证的入境次数和入境有效期。需要换发、补发签证的,可以按照我国法律规定,办理签证的换发、补发手续。

（七）不予签发签证

不予签发签证,俗称拒签。根据国际法原理,签发签证是一个主权国家对外国人行使主权的行为。

（八）免于签证的情形

外国旅游者进入中国国境要办理签证等证件,是维护中国国家主权、尊严、安全和利益的需要,有助于形成良好的国际交往秩序。但是,随着旅游业不断发展,为方便外国旅游者来华旅游,我国也顺应国际趋势,对特定人员实施免于签证的制度。根据《出境入境管理法》的规定,我国在下列情形下实施免签制度。

(1)根据双边协定免签、落地签证。免于签证,是主权国家出于对外国公民信用的信赖而采取的方便其进入本国国境的措施。落地签证是指申请人不直接从所在国家取得前往其他国家的签证,而是持护照和该国有关机关发给的入境许可证明等抵达该国口岸后,再签发签证,落地签证通常是单边的。

(2)持有效居留证件免签。到我国学习、工作的外国人和常驻我国的外国记者,首次入境须到我国公安机关申请办理外国人居留手续,公安机关给他们签发有效的外国人居留证件后,在居留许可有效期内,他们可以无须办理签证多次进出中国国境。

(3)过境免签。依据国际民航公约的过境程序和要求,各缔约国应给予过境旅游者在机场停留时间免于签证的待遇。

(4)国务院规定的其他情形。国务院根据国内外形势的发展和需要,以规范性文件形式规定了特定国家公民在一定情形下可以免办签证的具体规定。如持有与中华人民共和国建交国家的普通护照已在港澳的外国人,经在港澳合法注册的旅行社组团进入广东珠三角地区旅游,且停留时间不超过六天的也可以免于办理签证。

二、外国人出入境管理

(一)外国人入境管理

根据国际法的一般原则,一个主权国家没有准许外国人入境的义务。主权国家根据其对外政策、国家安全和国家利益的考虑,有权自主决定外国人进出本国国境的条件、程序及法律责任。同时,为了规范外国人进出境的管理,主权国家一般都会通过立法的形式,将外国人进出国境的条件、程序、法律责任予以规定。在我国,对外国人进出国境的规定主要体现在《出境入境管理法》及《外国人入境出境管理条例》之中。

(二)外国人不准入境的情形

根据国际法准则,主权国家有权拒绝外国人进入本国国境。不准外国人入境制度是各国出入境管理法的基本制度,具体情形多样。《出境入境管理法》对外国人不准入境的情形作出了规定。

1. 未持有效出入境证件的

未持有效出入境证件,包括未持出境入境证件,持用无效出入境证件,冒用他人出境入境证件,持伪造、变造的出境入境证件等多种情形。没有有效出入境证件,边防检查机关难以辨识其身份,难以确定其入境目的,无法确定其是否会给我国的社会秩序、公共安全、国家安全带来威胁、隐患,因此,上述外国人不应被允许进入中国。依据《出境入境管理法》规定,对冒用他人出境入境证件、持用伪造或者变造的出境入境证件的,边防检查机关依法可对行为人处拘留、罚款等行政处罚。

2. 拒绝、逃避接受边防检查的

边防检查,是一国主权的象征与体现。外国人入境,依法应当向中国出入境边防检查机关交验本人的护照或者其他有效国际旅行证件、签证或者其他入境许可证明,履行法定手续,经查验准许,方可入境。外国人拒绝、逃避接受边防检查,既是对法定义务的违反,也是对一个国家主权的蔑视。在此种情况下,外国人即使持有有效入境证件,如果拒绝、逃避接受边防检查,也不应允许其入境。

3. 被处驱逐出境或者被决定遣送出境,未满不准入境规定年限的

驱逐出境的或者遣送出境的附加法律后果,一般是在一定年限内禁止其入境。未满法定年限,禁止其入境,正当而合理。如果允许其入境,无疑是对前述驱逐出境、遣送出境决定的否定。因此,对上述情形的外国人,不应允许其入境。

4. 患有严重精神障碍、传染性肺结核或者有可能对公共卫生造成重大危害的其他传染病的

在当今形势下,各国政府、社会对公共卫生安全都极为重视。为了防止公共卫生事件在本国发生,各国政府采取了大量的预防措施,花费了大量的成本。而疫情的传播、公共卫生事件的发生,也有可能从外国传入。对此,出于对本国公共卫生安全的考虑,各国都将上述类型的外国人规定为不准入境的人员。

5. 可能危害中国安全和利益、破坏社会公共秩序或者从事其他违法犯罪活动的

根据《中华人民共和国国家安全法》第十五条第二款的规定,国家防范、制止和依法惩治境外势力的渗透、破坏、颠覆、分裂活动。对于被认为入境后可能从事恐怖、暴力、颠覆政府活动或者走私、贩毒、卖淫活动的外国人,各国一般都不准其入境。

6. 在申请签证过程中弄虚作假或者不能保障在中国期间所需费用的

为了维护本国社会秩序,对可能给本国造成经济负担的外国人,大多数国家,如美国、韩国、新加坡、加拿大等都规定其不准入境。我国按照国际通行做法,也作出了类似规定。

7. 入境后可能从事与签证种类不符的活动的

我国实行签证种类制度,根据外国人的申请及我国的法律规定,分别为外国人签发旅游、访问、留学等多类签证。实践中经常出现外国人持旅游签证在中国停留、工作,却未依法取得工作许可和工作类外国人居留证件,这属于典型的从事与签证种类不符的活动。

8. 法律、行政法规规定不准入境的其他情形

为了防止立法列举不能穷尽,又要适应今后可能出现的新情况,《出境入境管理法》明确规定法律、行政法规可以规定外国人不准入境的其他情形。

(三)外国旅游者出境管理

不准出境,是一国为确保境内外国人履行应尽的法律义务,依法对外国人出境采取暂时性的限制措施。一般来说,外国人获准进入中国旅游,旅游行程结束后离开中国是很自然的。联合国《公民权利和政治权利国际公约》(以下简称《公约》)规定,人人有权自由离开任

何国家,连其本国在内。但是,维护国家安全、公共秩序、公共卫生、风化或他人权利与自由,且与本公约所确认之其他权利不抵触的情况下,不受此限。根据《公约》的精神,《出境入境管理法》对外国人不准出境的情形作出了以下规定:

1. 被判处刑罚尚未执行完毕或者属于刑事案件被告人、犯罪嫌疑人的

根据国家主权和属地管辖的原则,我国《刑法》规定,除享有外交特权和豁免权的外国人之外,外国人在中国领域内犯罪的,都适用我国《刑法》规定。因此,为了确保外国人履行其在我国境内应尽的法律义务,惩罚犯罪和保护人民,维护正常的刑事审判秩序,《出境入境管理法》将上述情形确定为不准出境的法定情形。但是,依照中国与外国签订的有关协议,移管被判刑的人除外。

2. 有未了结的民事案件,人民法院决定不准出境的

随着对外经济交往的增多,我国国内涉外民事案件呈现大幅增长的趋势。当事人(包括外国人)在民事诉讼过程中借出国逃避履行义务的情况时有发生。为了防止因外国当事人出境阻碍民事案件的审理和调查,影响正常的民事诉讼秩序,《民事诉讼法》第二百五十五条规定:"被执行人不履行法律文书确定的义务的,人民法院可以对其采取或者通知有关单位协助采取限制出境,在征信系统记录、通过媒体公布不履行义务信息以及法律规定的其他措施。"作为民事诉讼执行程序的重要保障措施,限制出境的决定由有管辖权的人民法院作出,并由出入境边防检查机关执行。为了与《民事诉讼法》相衔接,《出境入境管理法》规定,人民法院决定外国当事人不准出境的,出入境边防检查机关收到法院的不准出境决定,应当予以执行,防止民事案件的审理和调查因当事人的出境而受到影响。对于短期来华的外国旅游者来说,很少会沾染民事诉讼。但是,因偶发因素,也有可能。

此外,还有拖欠劳动者的劳动报酬,经国务院有关部门或者省、自治区、直辖市人民政府决定不准出境的。外国旅游者来华旅游,一般不会发生此类问题。另外还包括其他法律、行政法规规定不准出境的其他情形,这是为了适应可能出现的新情况,解决法律列举不能穷尽的问题。

三、外国旅游者在中国的停留、住宿管理制度

(一)外国旅游者在中国的停留制度

外国旅游者到中国旅游,应遵守签证标注的停留期限。根据《出境入境管理法》第二十九条的规定,外国旅游者所持签证注明的停留期限不超过一百八十日。如果外国旅游者需要延长签证停留期限的,应当在签证注明的停留期限届满七日前向停留地县级以上地方人民政府公安机关出入境管理机构申请,按照要求提交申请事由的相关材料。经审查,延期理由合理、充分的,准予延长停留期限;不予延长停留期限的,外国旅游者应当按期离境。延长签证停留期限,累计不得超过签证原注明的停留期限。

免办签证入境的外国旅游者需要超过免签期限在中国境内停留的,应当按照规定办理外国人停留证件。

外国旅游者入境后,所持的普通签证、停留证件损毁、遗失、被盗抢或者有符合国家规定的事由需要换发、补发的,应当按照规定向停留地县级以上地方人民政府公安机关出入境管理机构提出申请。公安机关出入境管理机构作出的不予办理普通签证延期、换发、补发,不予办理外国人停留居留证件、不予延长居留期限的决定为最终决定。

外国旅游者在中国境内停留,不得从事与停留事由不相符的活动,并应当在规定的停留期限届满前离境。

年满十六周岁的外国旅游者在中国境内停留,应当随身携带本人的护照或者其他国际旅行证件,或者外国人停留证件,接受公安机关的查验。

(二)外国旅游者在中国境内住宿管理制度

外国旅游者在华旅游期间住宿,应遵守《出境入境管理法》《外国人入境出境管理条例》等法律、法规。现行法律、法规根据外国旅游者住宿的不同情形,对住宿接待者设定了不同的义务与要求。

1. 宾馆

外国旅游者在宾馆住宿时,应当出示有效护照或者居留证件,并填写临时住宿登记;在非开放地区住宿还要出示旅行证。

2. 中国居民家庭

外国旅游者在中国居民家中临时住宿时,区分以下情况处理:在城镇居民家中住宿的,须在抵达后24小时内,由留宿人或者外国旅游者本人持外国人护照、证件及留宿人的户口簿,到当地公安机关申报,并填写临时住宿登记表;在农村住宿的,须由留宿人或者外国旅游者本人持外国人护照、证件及留宿人的户口簿,在72小时内向当地派出所或户籍机关申报。

3. 外国机构或外国人家庭

外国旅游者在驻中国的外国机构内或在中国居留的外国人家中住宿的,须在住宿人抵达24小时内,由留宿机构、留宿人或者外国旅游者本人持住宿人的居留证件,向当地公安机关申报,并填写临时住宿登记表。

4. 移动性住宿设施

外国旅游者在移动性住宿工具(房车、帐篷)内临时住宿的,须在24小时内向当地公安机关申报。为外国旅游者的移动住宿工具提供场地的机构(如房车营地、帐篷营地)或者个人,应于24小时内向当地公安机关申报。

四、外国旅游者入出境的法律责任

在中国境内,外国旅游者如有违法行为,应依法承担法律责任。根据外国旅游者违法行为的性质、影响及损害,违法者应承担行政、民事、刑事法律责任。

外国旅游者来华旅游,由于身处异国,为了自己的安全、方便着想,一般不会招惹是非、从事经济活动,并由此引发民事、刑事法律责任。绝大多数情况下,外国旅游者会因其行政违法行为而承担行政法律责任,如警告、罚款、拘留,直至被遣送出境。

1. 遣送出境

根据《出境入境管理法》第六十二条的规定,外国旅游者有下列情形之一的,可以遣送出境:①被处限期出境,未在规定期限内离境的;②有不准入境情形的;③非法居留、非法就业的;④违反本法或者其他法律、行政法规需要遣送出境的。其他境外人员有前款所列情形之一的,可以依法遣送出境。被遣送出境的人员,自被遣送出境之日起一至五年内不准入境。

2. 警告及罚款

根据《出境入境管理法》第七十六条的规定,外国旅游者有下列情形之一的,给予警告,可以并处二千元以下罚款:①拒不接受公安机关查验其出境入境证件的;②拒不交验居留证件的;……④冒用他人出境入境证件的;……⑥未按照本法第三十九条第二款规定办理登记的。

3. 拘留

根据《出境入境管理法》第七十七条的规定,未经批准,擅自进入限制外国人进入的区域,责令立即离开;情节严重的,处五日以上十日以下拘留。对外国旅游者非法获取的文字记录、音像资料、电子数据和其他物品,予以收缴或者销毁,所用工具予以收缴。外国旅游者违反《出境入境管理法》规定,拒不执行公安机关、国家安全机关限期迁离决定的,给予警告并强制迁离;情节严重的,对有关责任人员处五日以上十五日以下拘留;非法居留的,给予警告;情节严重的,处每非法居留一日五百元,总额不超过一万元的罚款或者五日以上十五日以下拘留。因监护人或者其他负有监护责任的人未尽到监护义务,致使未满十六周岁的外国人非法居留的,对监护人或者其他负有监护责任的人给予警告,可以并处一千元以下罚款。

第三节 出入境检查制度

根据国家主权原则,一个国家没有让外国人进入本国境内的义务。除持有相应国家的签证外,还需经过该国的出入境检查。出入境检查是主权国家的国家机关对出入境人员的证件、人身等进行检查的一项制度,主要包括:海关检查、边防检查、卫生检疫、动植物检疫和安全检查。其中,安全检查是针对出入境人员必须履行的检查手续,是保障旅游者人身安全的重要预防措施。本书重点对出入境检查制度的其他几项内容作一阐述。

一、海关检查

海关是国家设置的进出关境的监督管理机关。在出入境旅游中,海关主要是对旅游者携带的物品、行李、交通工具(如旅游者自带的汽车、游艇等)等进行监管。

(一)外国旅游者入境海关检查

外国旅游者来中国,应接受海关对其入境行李物品和交通工具的检查。外国旅游者应关注中国海关总署发布的《中华人民共和国禁止进出境物品表》《中华人民共和国限制进出境物品表》,禁止携带下列物品:武器、弹药及爆炸物品;伪造货币及伪造的有价证券;对中国政治、经济、文化有害的印刷品、照片、唱片、影片、录音带、激光唱盘及其他物品;各种烈性毒药;鸦片、吗啡、海洛因、大麻以及其他能使人成瘾的麻醉品、精神药物;带有危险性的病菌、害虫及其他有害生物的动植物及其产品;有害人畜健康,来自疫区的以及其他传播疾病的食品、药品和其他物品。

外国旅游者携带符合规定的行李物品时,应填写《旅客行李申报表》一式两份,经海关查验行李物品后签章,双方各执一份。在外国旅游者离境时交海关验核。向海关申报,应在海关对有关物品实施查验(包括检查设备查验)之前完成;海关开始检查后,旅游者对其所携带物品以任何方式作出的申明,均不视为申报。来我国居留不超过六个月的旅游者,携带海关认为必须复运出境的物品,由海关登记后放行,旅游者出境时必须将原物带出;旅游者携带的金银、珠宝、钻石等首饰,如准备携带出境,应向海关登记,由海关发给证明书,以便出境时海关凭证发放。进出国境的旅游者携带的行李物品符合纳税规定的,应依法纳税。

(二)中国旅游者出境海关检查

根据中国海关总署公布的《中华人民共和国禁止进出境物品表》,中国旅游者出境时不得携带下列物品:内容涉及国家秘密的手稿、印刷品、胶卷、照片、唱片、影片、录音带、录像带、激光视盘、计算机存储介质及其他物品;珍贵文物及其他禁止出境的文体;濒危的和珍贵的动物、植物(均含标本)及其种子和繁殖材料。

根据《中华人民共和国限制进出境物品表》,对于国家限制出境的下列物品,中国旅游者也应提前了解允许携带出境的种类及数量:金银等贵重金属及其制品;国家货币;外币及其有价证券;无线电收发信机、通信保密机;贵重中药材;一般文物;海关限制出境的其他物品。了解上述信息最可靠的途径是登录海关总署的官方网站进行查询。

二、边防检查

各国政府为了维护国家主权与国土安全,在对外开放的港口、航空港、车站和边境通道等口岸,都会设立出境入境边防检查机构,对进出国境的人和物品进行检查。根据《出境入境管理法》《出境入境边防检查条例》《外国人入境出境管理条例》的规定,公安部门在各口岸设置边防检查站,执行出境入境边防检查职责。

(一)外国旅游者入境时的边防检查

外国旅游者拟进入中国国境,必须按照规定填写入境登记卡,向边防检查站交验本人的有效护照、签证,经查验核准后,方可入境。对于下列人员,边防检查站有权阻止其进入中国国境:未持入境证件的;使用的入境证件无效的;使用他人入境证件的;使用伪造、涂改的出入境证件的;拒绝接受边防检查的;未在限定口岸通行的;国务院公安部门、国家安全部门通知不准入境的;法律、行政法规规定不准入境的。出现上述情形时,边防检查人员有权扣留或收缴其出入境证件。如发现出入境人员有其他违法、犯罪嫌疑的,边防检查站工作人员有权限制其活动范围,对其进行调查或者移送有关机关处理。

（二）中国旅游者出境的边防检查

中国旅游者拟离开中国国境,前往其他国家旅游时,必须按照规定填写出境登记卡,向边防检查站交验本人护照、签证,经查验核准后,方可出境。对于下列人员,边防检查站有权阻止其离境:未持有效出境入境证件或者拒绝、逃避接受边防检查的;被判处刑罚尚未执行完毕或者属于刑事案件被告人、犯罪嫌疑人的;有未了结的民事案件,人民法院决定不准出境的;因妨害国（边）境管理受到刑事处罚或者因非法出境、非法居留、非法就业被其他国家或者地区遣返,未满不准出境规定年限的;可能危害国家安全和利益,国务院有关主管部门决定不准出境的;未在限定口岸通行的;法律、行政法规规定不准出境的其他情形。

三、卫生检疫

出入境卫生检疫也称为国境卫生检疫,是指为了防止传染病由国外传入或由国内传出,保护人体健康、维护国家稳定和公共卫生秩序,依据《中华人民共和国国境卫生检疫法》,国家出入境检验检疫机关在我国国际通航的港口、机场以及陆地边境和国界江河的口岸,依法对出入境的人员、船舶、车辆、飞机以及可能传播传染病的行李、邮包、货物等实施检疫查验、传染病监测、卫生监督、卫生处理,以及口岸突发公共卫生事件应对等综合措施的行政执法活动。

（一）出入境卫生检疫机关

出入境卫生检疫机关是指在国境口岸设立的,依法实施传染病检疫、检测、卫生监督和卫生处理等活动的卫生执法机构。出入境卫生检疫机关代表国家在国境口岸行使检疫主权。目前,海关总署主管全国国境卫生检疫工作,其所属的各地出入境检验检疫局,行使国家出入境检验检疫管理和执行权,对出入境人员、交通运输工具等实施检验检疫权。未经检验检疫或许可,旅游者不准出境、入境。

（二）出入境旅游者的传染病检疫和监测

乘坐交通工具入境的旅游者,由交通工具负责人申报旅游者运输总体健康情况,提供旅游者名单。经检疫人员登上交通工具进行初步查验,如未发现染疫人或染疫嫌疑者,旅游者可到联检厅接受通过式检疫查验;徒步入境的旅游者可在检疫通道上接受检疫查验。在入境旅游者中发现检疫传染病的染疫人或染疫嫌疑人,以及患有监测传染病的病人,依法对其采取进行隔离、留验、治疗等措施。

对于出境旅游者,在检疫中发现检疫传染病的染疫人或者染疫嫌疑人,检疫人员应阻止其出境。但对入境时就地诊验的染疫嫌疑人可收回就地诊验记录簿准予出境。对前往国外传染病流行地区的旅游者,建议进行免疫接种。

四、动植物检疫

为防止动物传染病、寄生虫病和植物危险性病、虫、杂草以及其他有害生物传入、传出国境,保护农、林、牧、渔业生产和人体健康,依据《中华人民共和国进出境动植物检疫法》(以下简称《进出境动植物检疫法》)《食品安全法》《国务院关于加强食品等产品安全监督管理的特别规定》,动植物检疫机关有权对进出境的动植物、动植物产品和其他检疫物,装载动植物、动植物产品和其他检疫物的装载容器、包装物,以及来自动植物疫区的运输工具进行检疫检查。

(一)动植物检疫的机关

国务院设立动植物检疫机关统一管理全国进出境动植物检疫工作。国家动植物检疫机关在对外开放的口岸和进出境动植物检疫业务集中的地点设立的口岸动植物检疫机关,依法实施进出境动植物检疫。

(二)与出入境旅游者相关的动植物检疫

对于出入境旅游者而言,出入境动植物检疫主要针对其携带的动植物及其产品。口岸动植物检疫机关可以在港口、机场、车站的旅客通道、行李提取处等现场进行检查,对可能携带动植物、动植物产品和其他检疫物而未申报的,可以进行查询并抽检其物品,必要时可以开包(箱)检查。

根据《进出境动植物检疫法》的相关规定,携带植物种子、种苗及其他繁殖材料进境,未依法办理检疫审批手续的,由口岸动植物检疫机关作退回或者销毁处理;携带动植物、动植物产品和其他检疫物进境的,进境时必须向海关申报并接受口岸动植物检疫机关检查。未经检疫的,不得携带进境;携带动物进境的,必须持有输出动物的国家或者地区政府动植物检疫机关出具的检疫证书,经检疫合格后放行;携带犬、猫等宠物进境的,还必须持有疫苗接种证书。没有检疫证书、疫苗接种证书的,由口岸动植物检疫机关作限期退回或者没收销毁处理。作限期退回处理的,携带人必须在规定的时间内持口岸动植物检疫机关签发的截留凭证,领取并携带出境;逾期不领取的,作自动放弃处理。

对于中国公民出境旅游而言,需着重注意目的地国家、地区的动植物检疫相关规定,慎重携带动植物及其产品,以免因违反相关规定影响出境旅游行程甚至面临相关处罚。

【思考题】

1. 中国公民出境旅游,需要持有什么证件? 办理哪些手续?
2. 外国公民进入中国国内住宿时,需要遵守哪些规定?
3. 中国公民出境时,一般应经过哪些机关的检查?

第十一章
旅游纠纷处理法律制度

【学习目标】

1. 了解旅游纠纷解决的途径。
2. 了解不同的纠纷解决途径的利弊。
3. 掌握旅游投诉的条件。

【内容提要】

旅游纠纷发生后,当事人可以选择协商、调解、投诉、仲裁、诉讼等途径解决。不同的解决途径,有各自的特点与利弊。协商,效率最高;投诉,最为成熟;诉讼,最为权威。当事人可以根据自己的情况,在不同的纠纷解决途径中作出选择。

第一节　旅游纠纷概述

在旅游活动中,由于种种原因,旅游者和旅游经营者之间难免会产生纠纷。对旅游者和旅游经营者之间的纠纷,为了方便起见,我们称之为旅游纠纷。对于旅游纠纷的解决方式,《旅游法》确认和规定了协商调解、投诉、仲裁及诉讼五种解决方式。具体通过何种方式解决旅游纠纷,一般要根据纠纷对旅游者权益侵害的性质、程度、当事人的时间、精力等因素确定。

一、旅游纠纷的概念

旅游纠纷是指旅游者与旅游经营者之间发生的与旅游者权益有关的纠纷。纠纷的发生,是因为旅游者认为旅游经营者的行为侵犯了其合法权益,或者是由于旅游者与旅游经营者之间就与旅游者权益有关的问题具有不同的认识而发生纠纷。

旅游纠纷具有民事纠纷的性质。旅游者与旅游经营者发生的纠纷一般只能是民事性质的纠纷。因为双方的法律地位平等,彼此不存在隶属关系,因而不可能发生行政争议。有的情况下,旅游者在游览时,因其违法行为,如损坏文物而有可能受到国家行政机关的处理而与国家行政机关发生纠纷,但这种纠纷不属于旅游纠纷。

对于旅游纠纷的解决,《旅游法》第九十二条规定:"旅游者与旅游经营者发生纠纷,可以通过下列途径解决:(一)双方协商;(二)向消费者协会、旅游投诉受理机构或者有关调解组织申请调解;(三)根据与旅游经营者达成的仲裁协议提请仲裁机构仲裁;(四)向人民法院提起诉讼。"

二、旅游纠纷的类型

常见的旅游纠纷可以分为人身损害赔偿纠纷、财产损害赔偿纠纷两大类。

(一)人身损害赔偿纠纷

人身损害赔偿纠纷是指由于旅游经营者、第三方等原因造成旅游者的生命、健康、身体受到不法侵害,造成伤害、残疾、死亡及精神损害而引发的纠纷。引发纠纷的相对方,即旅游经营者可能是旅行社、旅游景区管理者、经营旅游交通工具的租车公司、提供旅游住宿的旅馆、提供旅游餐饮的餐厅等。与这些相对方发生的旅游纠纷的原因亦多种多样。

1.与旅行社之间的纠纷

与旅行社之间的纠纷是指旅游者在参加旅行社组织的旅游项目中,发生人身伤害,与旅行社之间产生的人身损害赔偿纠纷。例如,游客参加旅行社组织的团体旅行期间,因旅行社未尽安全提示义务而导致游客盲目下海游玩,导致溺水伤亡;因旅行社采购的旅游服务项目不符合国家标准,如旅行车辆的驾驶员无相应驾照,在旅途中翻车导致游客伤亡等。

2.与其他旅游服务供应商之间的纠纷

旅游期间,旅游者要去旅游景区参观游览,要乘坐旅游巴士,要到旅游目的地的特色餐饮店去品尝美食等。在上述活动期间,旅游者与上述旅游服务供应商之间有可能产生纠纷。例如,乘坐旅游巴士期间发生交通事故导致旅游者人身伤亡;在景区内游玩、休憩、参观时发生的溺水、摔伤、飞落的石头或树枝砸伤等导致旅游者人身损伤;在宾馆、餐厅等休息区域因地面湿滑而导致旅游者摔倒等造成伤害。上述人身伤害是导致旅游纠纷的重要原因。

3.与其他第三方之间的纠纷

旅游者在行程中因违法、犯罪分子的袭击、抢劫、抢夺等造成人身伤害。

(二)财产损害赔偿纠纷

1.返还旅游费用的纠纷

此类纠纷是指因天气变化、政府行为等旅游经营者无法左右的原因,或因旅游经营者自身失误等原因致使旅游行程被取消、更改或减少,导致旅游者要求返还旅游费用。此类纠纷在实践中比较常见。如某旅行社组织李某等人在夏季出游西藏途中,因当地突发暴雨导致旅游行程取消而引发的返还旅游费用纠纷。

2.旅游赔偿纠纷

此类纠纷是指因旅游经营者未按照双方签订的旅游合同的约定,提供旅游项目和旅游服务,旅游者要求赔偿经济损失。由于一些旅游经营者出于对利润的追逐,在签订旅游合同时任意承诺或者对旅游者进行诱导,在合同实际履行过程中凭借自身的信息、人员等优势地位擅自变更合同约定的服务内容,降低服务标准,不完全履行约定的义务,或者编造各种理由拒绝履行合同义务,侵害旅游者合法权益。比如,旅游大巴司机与随行导游声称高速公路封路、政府对高速公路实施交通管制而走国道,不走高速公路,从而将节省的高速路通行费用归自己;随团导游宣称行程中预先安排的某著名景点由于外国国家元首参观而禁止社会游客进入,为了弥补遗憾而向旅游者推荐当地另一景区,从而侵吞两景区之间的门票差额款;向老年人、儿童、教师等购物意愿不强的群体收取特别服务费等。

第二节　协商、调解与仲裁

一、旅游纠纷的协商

(一)协商的概念

协商是指旅游者与旅游经营者在发生纠纷后,就有关争议问题进行协商,达成和解协议,使纠纷得以解决的活动。

协商是解决旅游纠纷最常见的形式之一。从《旅游法》对旅游纠纷解决机制的规定来看,协商在旅游纠纷解决的途径中排名第一,可见国家立法机关对协商机制的重视。

实际上,通过协商方式解决的旅游纠纷数量最多。根据全国法院系统披露的数据来看,在法院受理的一审、二审民事纠纷中,旅游类纠纷所占比例仅为 0.2% 左右,而且法院受理的旅游纠纷要么是出境旅游合同纠纷,标的额高,要么是旅游途中出现人身伤害或死亡,纠纷当事人对责任的分担分歧大;根据文化和旅游部旅游质量监督管理所每年发布的旅游投诉数据,全国各地旅游质量监督管理平均每年受理大约两万件有效投诉,这与中国旅游市场的总量 40 多亿人次相比,还是小概率事件。那么,绝大多数的旅游纠纷是通过何种途径解决的呢?除去旅游者"自我消化"、自行放弃的一大部分之外,绝大多数的旅游纠纷是通过旅游者与旅游经营者之间协商解决的。也就是说,协商是旅游纠纷解决的首选方式。

(二)协商解决旅游纠纷的优势

广大的旅游者在遇到纠纷后首先选择协商方式予以解决,必定有其道理。第一,旅游纠纷的标的额度一般不大,旅游者不愿花费过多的精力、时间,通过法院、旅游行政管理部门去"较真儿"。第二,旅游者身处异地处于弱势。第三,旅游服务的质量难以精确判断。第四,旅游经营者不愿意将事情闹大。鉴于上述原因,协商就成为争议各方首选的解决方式。

（三）协商解决旅游纠纷存在的问题

尽管协商是旅游纠纷产生后各方愿意选择的解决途径，但实际效果并不完全如人所愿，还存在着诸多问题。

1. 旅游纠纷当事人之间文化、话语体系的差异影响协商的效果

对于当事人而言，无论是旅游经营者还是旅游者，对方都属于异地人，相互之间缺乏共同的文化背景、话语体系、价值观念，从而难以从相同或近似的视角出发来认识纠纷和探寻解决方案。

2. 协商规范的缺乏影响其实际成效

尽管协商是一种充分体现当事人自由的解决纠纷机制，但是这种自由也应有必要的规范才能防止拖延、欺诈与丛林现象。先不说旅游纠纷当事人通过协商是否能够达成协议，即使能够达成协议，协议能否得到快捷的执行也是值得怀疑的，因为和解协议并不像法院生效判决书那样具有强制执行力。旅游纠纷的一方当事人可以随时、随意撕毁和解协议，而另一方对此却只能选择其他"官方"途径重新向对方"开战"。

3. 社会宽容、诚信的缺乏使得协商缺乏必要的环境与基础

协商机制的有效运行需要包括当事人在内的所有社会成员具有宽容、诚信的意识与行动。因为只有彼此的宽容，才能接受、谅解对方，才有可能达成协议；只有各方的诚信，才能使协商的结果得以落实，而不是停留在片纸之上。

（四）完善协商制度的建议

在《旅游法》未来的完善过程中，有必要对协商机制给予更多的关注，设计出更加完善的制度。

①要明确协商机制在旅游纠纷多元解决体系中的基础性地位。基础性地位不能只是简单地将协商列为第一位的旅游纠纷解决途径，更应明确要求所有的旅游经营者应在内部建立协商机制，制定协商政策，并充分考虑旅游者身处异地的实际。违反此项规定的，旅游经营者应承担相应法律责任。因为在旅游纠纷发生后，协商能否快速启动、是否能够顺畅运行、效果是否良好，更多地取决于旅游经营者。为此，要将大量的旅游纠纷解决在现场，要使协商机制发挥应有的作用，就必须以国家立法的形式确立旅游经营者的协商机制建构义务。这也是澳大利亚、圭亚那等国旅游立法的有效经验与做法。

②构建协商机制与其他纠纷解决机制的互动、联动机制，以此引导旅游者及旅游经营者充分运用协商机制，尽快解决旅游纠纷。在《旅游法》中，立法者应明确协商是其他纠纷解决机制启动的前提。如果旅游纠纷当事人未经事先协商，当事人一方的投诉、诉讼及仲裁申请不能被受理。

③明确协商结果的法律效力。协商结果一经达成，纠纷各方应本着诚意尽快履行。为防止纠纷当事人拖延履行、事后反悔等行为，国家应通过法律形式确立协商结果的效力，即协商结果具有强制执行力，当事人一方可以请求法院对协商结果强制执行。

二、旅游纠纷的调解

调解是指在第三方的主持、协调下，通过第三方的劝说、引导，旅游纠纷的各方当事人在互谅互让的基础上达成协议，使纠纷得以解决的活动。

调解与协商都是通过当事人达成协议而使纠纷得以解决的活动，但是协商是在没有第三方参与的情况下由当事人自行达成的，而调解是第三方促成争议双方达成一致的。

《旅游法》第九十二条规定："旅游者与旅游经营者发生纠纷，可以通过下列途径解决：（一）双方协商；（二）向消费者协会、旅游投诉受理机构或者有关调解组织申请调解。（三）根据与旅游经营者达成的仲裁协议提请仲裁机构仲裁；（四）向人民法院提起诉讼。"就是说，旅游纠纷的调解并非只能由一家组织进行，消费者协会、旅游投诉受理机构、旅游行业协会等行业组织都可以成为调解人。从实践来看，旅游投诉受理机构调解是旅游纠纷调解中最普遍、最有效的一种调解形式。从国家层面来看，《旅游投诉处理办法》（以下简称《办法》）就旅游投诉受理机构对旅游纠纷的调解进行了全面的规范。

（一）旅游投诉的概念

旅游投诉是指旅游者认为旅游经营者损害其合法权益，请求旅游行政管理部门、旅游质量监督管理机构或者旅游执法机构（以下统称"旅游投诉处理机构"），对双方发生的民事争议进行处理的行为。其中，旅游经营者是指以自己的名义经营旅游业务，向公众提供旅游服务的人，包括旅行社、景区、网络旅游经营者以及为旅游者提供交通、住宿、餐饮、购物、娱乐等经营服务的单位或者个人。

（二）旅游投诉的条件

《办法》规定，旅游投诉的条件包括：投诉人与投诉事项有直接利害关系；有明确的被投诉人、具体的投诉请求、事实和理由。

所谓直接利害关系，一般包括旅游者与被投诉的旅游经营者之间签订有服务合同，旅游经营者不履行合同；或者没有提供质价相符的旅游服务；旅游经营者故意或过失造成旅游者行李物品破损、丢失的；旅游经营者故意或过失造成旅游者人身伤害的；旅游经营者欺诈旅游者，损害旅游者利益的；旅游经营者的雇员索要小费等情形。

（三）旅游投诉的范围

根据《办法》，投诉人可以就下列事项向旅游投诉处理机构投诉：

①认为旅游经营者违反合同约定的；

②因旅游经营者的责任致使投诉人人身、财产受到损害的；

③因不可抗力、意外事故致使旅游合同不能履行或者不能完全履行，投诉人与被投诉人发生争议的；

④其他损害旅游者合法权益的。

下列情形不予受理：

①人民法院、仲裁机构、其他行政管理部门或者社会调解机构已经受理或者处理的；

②旅游投诉处理机构已经作出处理，且没有新情况、新理由的；

③不属于旅游投诉处理机构职责范围或者管辖范围的；

④超过旅游合同结束之日 90 天的；

⑤不符合本办法第十条规定的旅游投诉条件的；

⑥本办法规定情形之外的其他经济纠纷。

属于前款第③项规定的情形的，旅游投诉处理机构应当及时告知投诉人向有管辖权的旅游投诉处理机构或者有关行政管理部门投诉。

（四）旅游投诉的受理机构

旅游投诉受理机构是指对旅游者提出的投诉依法进行受理的机构。对于旅游投诉受理机构，《旅游法》没有像其他法律、法规那样明确哪个部门、机构为旅游投诉受理机构，而是要求县级以上人民政府指定或者设立统一的旅游投诉受理机构。不同的地方可以作出具体的规定。

（五）旅游投诉的管辖

旅游投诉的管辖是指各级旅游投诉处理机关和同级旅游投诉处理机关之间处理旅游投诉案件的分工与权限。确定旅游投诉的管辖，主要从以下几个方面考虑：

1. 效率原则

旅游投诉管辖的确定，应当便于旅游投诉处理机关及时发现、迅速处置侵害旅游者权益的违法行为。为此，《办法》规定，旅游投诉由旅游合同签订地或者被投诉人所在地县级以上地方旅游投诉处理机构管辖。需要立即制止、纠正被投诉人的损害行为的，应当由损害行为发生地旅游投诉处理机构管辖。

2. 原则性与灵活性结合

确定旅游投诉的管辖，既要明确处理的主体，也要考虑实践中管辖上的灵活性，以便适应各种情形。为此，《办法》规定，上级旅游投诉处理机构有权处理下级旅游投诉处理机构管辖的投诉案件。发生管辖争议的，旅游投诉处理机构可以协商确定，或者报请共同的上级旅游投诉处理机构指定管辖。

（六）调解旅游纠纷的规范

旅游投诉受理机构在调解过程中，应特别注意以下几个问题：

1. 严格遵守自愿原则

在调解过程中旅游投诉处理机构应充分遵守当事人的意愿。是否调解，是否达成调解协议，以及怎样达成调解协议，应由当事人自己决定。调解协议达成后，应由当事人自动履行。旅游投诉处理机构可以督促当事人履行，但不能强迫、逼迫、威胁。在实践中，旅游投诉处理机构为了息事宁人，追求调解成功率，特别容易利用职权迫使旅游经营者妥协。对于旅游投诉处理机构利用职权迫使旅游经营者非自愿接受某种方案的,属于滥用职权,侵犯旅游经营者自主经营权的违法行政行为,旅游经营者有权就此向旅游投诉处理机构的上级提起行政复议或者向人民法院提起行政诉讼。也就是说,旅游投诉处理机构可以在调解过程中提出解决纠纷的方案,供双方当事人参考,但不得代当事人作出决定或以仲裁者的身份作出裁决。

2. 旅游投诉受理机构不得拒绝调解

无论是旅游行政管理部门,还是旅游执法大队,均不得拒绝对旅游纠纷进行调解。同时,由于《消费者权益保护法》规定消费者协会有调解消费者纠纷的职责,因此,对属于其受理范围的旅游纠纷,在旅游消费者提出投诉时,消费者协会不得拒绝调解或者将旅游纠纷的调解推给旅游投诉处理机构。《办法》规定,旅游投诉处理机构有调解旅游纠纷的职责。为此,旅游投诉处理机构也不得拒绝调解或者将旅游纠纷的调解推给消费者协会。对于其他行业组织,如旅游行业协会,相关法律并未明确其有调解旅游纠纷的职责。据此,对于旅游纠纷,相关行业组织根据自身情况,对是否调解有权作出决定。在调解过程中,消费者协会、旅游投诉处理机构应当通过宣传、讲解法律、政策,明确利害,积极主动地促成当事人达成协议,并鼓励当事人自觉履行。

3. 认真履行监督职责

在调解旅游纠纷过程中,无论是旅游投诉处理机构,还是消费者协会,均有监督旅游经营者经营行为,保护旅游者合法权益的职责。在调解过程中发现旅游经营者有违法犯罪行为时,应及时报告国家有关部门,或将违法犯罪线索移交国家有关机关处理。同时,对于某些不法行为或侵害旅游者权益的其他问题,消费者协会、旅游投诉处理机构还可以通过新闻媒介予以曝光,震慑其他违法经营者,维护广大旅游者的权益。

4. 不得妨碍当事人行使诉讼权

调解不是解决旅游纠纷的必经程序,也不是解决旅游纠纷最公正的程序。当事人不愿意调解或者调解不能达成协议或者达成协议后一方反悔的,都可以通过诉讼解决争议。旅游投诉处理机构或者消费者协会不得妨碍当事人起诉。

(七)旅游投诉的处理程序

旅游投诉的处理程序是指旅游投诉处理机关解决旅游投诉时遵守的步骤、时限、顺序与方法等的总和。根据《办法》的规定,旅游投诉的处理程序主要有以下内容。

1. 立案

立案是指旅游投诉处理机关在受理旅游投诉后,认为投诉的情形属于自己的管辖范围,符合法定的受理条件的予以受理,并决定开展后续的调解、处理。立案是旅游投诉处理的关键。没有立案,后续的调查、处理将无法展开。对于立案,《办法》规定,旅游投诉处理机构处理旅游投诉,应当立案办理,填写《旅游投诉立案表》,并附有关投诉材料,在受理投诉之日起5个工作日内,将《旅游投诉受理通知书》和投诉书副本送达被投诉人。

对于事实清楚、应当即时制止或者纠正被投诉人损害行为的,可以不填写《旅游投诉立案表》和向被投诉人送达《旅游投诉受理通知书》,但应当对处理情况进行记录存档。

2.被投诉人答辩

被投诉人答辩是指被投诉的旅游经营者在接到《旅游投诉受理通知书》后,向旅游投诉处理机关,就旅游者投诉的内容予以辩解、反驳或认可的行为。一般来说,答辩应以书面形式提交。《办法》规定,被投诉人应当在接到通知之日起 10 日内作出书面答复,提出答辩的事实、理由和证据。投诉人和被投诉人应当对自己的投诉或者答辩提供证据。

3.审查

审查是指旅游投诉处理机关对于旅游投诉当事人的投诉及答辩进行调查,以确定投诉内容是否存在、投诉事项是否涉及违法等。《办法》规定,旅游投诉处理机构应当对双方当事人提出的事实、理由及证据进行审查。旅游投诉处理机构认为有必要收集新的证据,可以根据有关法律、法规的规定,自行收集或者召集有关当事人进行调查。需要委托其他旅游投诉处理机构协助调查、取证的,应当出具《旅游投诉调查取证委托书》,受委托的旅游投诉处理机构应当予以协助。对专门性事项需要鉴定或者检测的,可以由当事人双方约定的鉴定或者检测部门鉴定。没有约定的,当事人一方可以自行向法定鉴定或者检测机构申请鉴定或者检测。鉴定、检测费用按双方约定承担。没有约定的,由鉴定、检测申请方先行承担;达成调解协议后,按调解协议承担。鉴定、检测的时间不计入投诉处理时间。

4.调解

对于调解,当事人可以接受,也可以拒绝,寻求其他途径解决纠纷。《办法》规定,旅游投诉处理机构处理旅游投诉,除本办法另有规定外,实行调解制度。旅游投诉处理机构应当在查明事实的基础上,遵循自愿、合法的原则进行调解,促使投诉人与被投诉人相互谅解,达成协议。在投诉处理过程中,投诉人与被投诉人自行和解的,应当将和解结果告知旅游投诉处理机构;旅游投诉处理机构在核实后应当予以记录并由双方当事人、投诉处理人员签名或者盖章。

旅游投诉处理机构受理投诉后,应当积极安排当事双方进行调解,提出调解方案,促成双方达成调解协议。

旅游投诉处理机构应当在受理旅游投诉之日起 60 日内,作出以下处理:

①双方达成调解协议的,应当制作《旅游投诉调解书》,载明投诉请求、查明的事实、处理过程和调解结果,由当事人双方签字并加盖旅游投诉处理机构印章;

②调解不成的,终止调解,旅游投诉处理机构应当向双方当事人出具《旅游投诉终止调解书》。

调解不成的,或者调解书生效后没有执行的,投诉人可以按照国家法律、法规的规定,向仲裁机构申请仲裁或者向人民法院提起诉讼。

5.处理

在下列情形下,经旅游投诉处理机构调解,投诉人与旅行社不能达成调解协议的,旅游投诉处理机构应当作出划拨旅游服务质量保证金赔偿的决定,或向旅游行政管理部门提出划拨旅游服务质量保证金的建议:

①旅行社因解散、破产或者其他原因造成旅游者预交旅游费用损失的；

②因旅行社中止履行旅游合同义务造成旅游者滞留，而实际发生了交通、食宿或返程等必要及合理费用的。

三、旅游纠纷的仲裁

（一）仲裁概述

仲裁是指由第三人根据当事人之间的仲裁协议，以中间者的身份，按照一定的程序，对纠纷进行审理，并作出裁决的活动。仲裁是解决旅游纠纷的重要途径之一。根据《旅游法》《消费者权益保护法》的规定，对于旅游纠纷，如当事人之间存在仲裁协议，可将旅游纠纷提交协议约定的仲裁机构仲裁。对于旅游纠纷的仲裁，应当根据《中华人民共和国仲裁法》（以下简称《仲裁法》）的规定进行。

实践中，选择仲裁方式解决旅游纠纷的数量较少。这里，仅就一些值得注意的问题进行介绍。

（二）仲裁机构

《仲裁法》规定，对民商事纠纷（婚姻、收养、监护、抚养、继承纠纷除外）进行仲裁的机构是各省级人民政府所在地或较大城市设立的仲裁委员会。仲裁委员会之间不存在隶属关系，并且无管辖权划分。旅游者可根据需要在与旅游经营者的合同中约定仲裁条款，或者在纠纷发生后达成的仲裁协议中约定仲裁机构。在旅游经营者提供的标准合同中，旅游者应注意其中是否存在仲裁条款，其规定的仲裁机构是否对自己有利。如不愿仲裁或对其中约定的仲裁机构或其他内容不满意，可向旅游经营者提示或取消仲裁条款或要求变更仲裁机构的约定。

（三）仲裁案件的范围

《仲裁法》规定，平等主体的公民、法人和其他组织之间发生的合同纠纷案件和其他财产权益纠纷案件可以仲裁，但婚姻、收养、抚养、继承纠纷以及依法应当由行政机关处理的行政争议，不能仲裁。根据《旅游法》的规定，旅游纠纷可以通过仲裁解决。

（四）仲裁协议及仲裁庭的组成

仲裁协议是指纠纷双方当事人达成的将纠纷提交仲裁机构仲裁的协议。仲裁协议是仲裁机构解决纠纷的前提与基础。当事人之间没有仲裁协议的，不能申请仲裁。仲裁协议可在纠纷发生前在旅游服务合同中约定，也可以在纠纷发生后由双方当事人签订独立的仲裁协议。旅游服务合同经常采取格式合同的形式。旅游经营者提供的格式合同如果有仲裁协议，应该采用醒目的字体标明或就该仲裁条款向旅游者作出特别提示，或者要求旅游者就该条款签名。

仲裁庭的组成。根据《仲裁法》的规定，仲裁庭可以由三名仲裁员或者一名仲裁员组成。

由三名仲裁员组成的,仲裁庭设首席仲裁员。当事人约定由一名仲裁员成立仲裁庭的,应当由当事人共同选定或者共同委托仲裁委员会主任指定仲裁员。

(五)仲裁审理的程序

根据仲裁法的规定,仲裁审理的程序包括开庭、和解、调解、裁决等环节。

1. 开庭、仲裁应当开庭进行

如果当事人协议不开庭的,仲裁庭可以根据仲裁申请书、答辩书以及其他材料作出裁决。仲裁一般不公开进行。如果当事人协议公开的,可以公开进行,但是涉及国家秘密的除外。仲裁委员会应当在仲裁规则规定的期限内将开庭日期通知双方当事人。当事人有正当理由的,可以在仲裁规则规定的期限内请求延期开庭。经书面通知,申请人无正当理由不到庭或者未经仲裁庭允许中途退庭的,可以视为撤回仲裁申请。被申请人经书面通知,无正当理由不到庭或者未经仲裁庭许可中途退庭的,可以缺席裁决。

2. 和解与调解

在申请仲裁后,当事人依然可以自行和解。达成和解协议的,当事人可以请求仲裁庭根据和解协议作出裁决书,也可以撤回仲裁申请。当事人在达成和解协议撤回仲裁申请后反悔的,可以根据仲裁协议申请仲裁。仲裁庭在作出裁决前,可以先行调解。当事人同意调解的,仲裁庭应当调解。调解达成协议的,仲裁庭应当制作调解书或者根据调解的结果制作裁决书。根据《仲裁法》的规定,调解书与裁决书具有同等法律效力。

3. 裁决

调解不成的,仲裁庭应当及时作出裁决。裁决应当按照多数仲裁员的意见作出,少数仲裁员的不同意见可以记入笔录。仲裁庭不能形成多数意见时,裁决应当按照首席仲裁员的意见作出。裁决书自作出之日起生效。

(六)仲裁裁决的执行

对于仲裁庭的裁决,当事人应当自觉履行。但是,裁决的实现,不能仅靠当事人的自觉,还需要人民法院的执行作为保障。根据《仲裁法》的规定,一方当事人不履行的,另一方当事人有权依照《民事诉讼法》的规定向人民法院申请强制执行。受申请的人民法院应当执行。被申请人提出证据,证明仲裁裁决具有当事人在合同中没有订立仲裁条款或者事后没有达成书面仲裁协议、裁决的事项不属于仲裁协议的范围或者仲裁机构无权仲裁、仲裁庭的组成或者程序违法、裁决依据的证据属于伪造等情形的,经人民法院组成合议庭审查核实,裁定不予执行。此种情况下,当事人可以根据双方达成的书面仲裁协议重新申请仲裁,也可以向人民法院起诉。

第三节　旅游纠纷的诉讼

一、诉讼概述

诉讼是指发生争议的当事人向人民法院提起诉讼,由人民法院依法审理和判决,从而解决纠纷的一种方式。对于旅游者和旅游经营者之间发生的旅游纠纷来说,属于平等主体之间的民事纠纷,应当按照《民事诉讼法》的规定进行。相比于前述的协商、调解,人民法院作出的判决或裁定一经生效,就有国家强制力保证其执行,具有权威性和最终的确定力,因而是解决旅游纠纷的最终途径。

二、诉讼准备

旅游纠纷产生以后,经协商或调解,依然无法解决的,当事人可以在诉讼时效内向人民法院提起诉讼,请求人民法院通过审理,判令对方承担一定的法律责任,从而最终解决旅游纠纷。根据《民事诉讼法》的规定,在通过诉讼方式解决旅游纠纷时,当事人应做好以下准备。

(一)分析诉讼风险

诉讼风险是指当事人在诉讼活动中遭遇的可能影响案件的审理和执行,使其合法权益无法有效实现的风险因素,包括起诉人的诉讼请求是否能够得到法院的支持、诉讼请求能否得到实现的风险。如起诉人的证据是否合法、充分,诉讼请求是否符合法律规定,权利是否在法律保护期内,都是影响诉讼的因素。当事人的诉讼请求即使能全部得到法院的支持,也必须考虑执行中的风险,如被执行人没有进行赔偿的财产、被执行的法人已经被提前注销等。对于上述诉讼风险,当事人应当在起诉前认真考虑。

(二)预估诉讼成本

相对于非诉讼途径,诉讼的成本是最高的。诉讼的成本包括经济成本与时间成本两个方面。时间成本是诉讼耗费的时间,旅游纠纷的一审,如果适用简易程序,审理期限是三个月;适用普通程序,审理期限是六个月。二审审理期限为三个月。诉讼中如果涉及医疗鉴定等,鉴定所需时间不计入审判时限。经济成本主要包括诉讼费用及相关费用。上述费用一般由权利人预先缴纳,案件审理结束后,人民法院根据各方当事人的责任、过错确定当事人应承担的诉讼费用数额。对于上述成本,权利人在起诉前应进行评估,并认真准备,避免因无法承担诉讼成本,导致诉讼无法顺利进行。

(三)准备诉讼材料

当事人一旦决定起诉,就应进行具体的诉讼准备工作,主要是撰写符合法定形式的起诉状、保存并收集证据、委托诉讼代理人等。

三、诉讼当事人

由于旅游纠纷引发的诉讼一般属于民事诉讼,因而旅游纠纷诉讼的当事人适用民事诉讼当事人的规定。

(一)原告、被告及第三人

根据《民事诉讼法》《最高人民法院关于审理旅游纠纷案件适用法律若干问题的规定》,旅游纠纷的诉讼当事人包括原告、被告及第三人。原告一般是在旅游服务中认为自身权益受到侵害而向人民法院提起诉讼的旅游者;被告一般是被旅游者起诉到人民法院的、在旅游服务中为旅游者提供服务的经营者;第三人一般是指在旅游服务中与旅游经营者存在合同关系,协助旅游经营者履行旅游合同义务,实际提供交通、游览、住宿、餐饮、娱乐等旅游服务的人。在旅游经营者已投保责任险,旅游者因保险责任事故仅起诉旅游经营者的,人民法院可以应当事人的请求将保险公司列为第三人。

对于有些集体旅游活动来说,与旅游经营者签订旅游服务合同的常常不是旅游者本人,而是旅游者所在的单位或所属的协会。在旅游过程中,当旅游者与旅游经营者之间产生纠纷时,旅游者属于旅游服务合同的当事人之一,有权以自己的名义向人民法院提起诉讼。因为旅游者所在的单位或所属的协会是作为旅游者的代理人,与旅游经营者签署旅游服务合同,而且旅游经营者对于旅游者所在的单位或所属的协会作为代理人身份签署合同是知晓的,旅游服务合同的效力直接约束旅游经营者与旅游者。

(二)代表人的推选

1. 代表人推选的法律依据

《旅游法》第九十四条规定:"旅游者与旅游经营者发生纠纷,旅游者一方人数众多并有共同请求的,可以推选代表人参加协商、调解、仲裁、诉讼活动。"

2. 推选代表人的理由

旅游者推选代表人参加旅游纠纷解决有理论根据与实践根据。

①推选代表人解决旅游纠纷的理论根据。对于旅游者与旅游经营者之间的纠纷,旅游者既可以推选代表人,由代表人代表自己去解决旅游纠纷;也可以不推选代表人,而是自己亲自或者委派自己的代理人去解决旅游纠纷。如果旅游者一方人数众多,如参加游轮旅游活动的,一般同一游轮的游客会达到上千人之多。如果在游轮的行程中出现航海事故或者其他意外事件,导致同一游轮的所有游客与游轮公司之间发生纠纷,此时,让人数上千的旅游者都参加到纠纷的解决过程中来,可能会产生有的当事人无法到场发表意见,纠纷解决过程拖长的情况;如果将此纠纷分拆,人数众多的游轮旅客,分别与游轮公司采取一对一的纠纷解决办法,又会产生耗时费力的问题,而且在处理结果上可能会产生差别甚至矛盾的现象。为了解决上述难题,人数众多的旅游者一方就有必要推选代表人,与旅游经营者解决

纠纷。

②推选代表人解决旅游纠纷的实践基础。在此方面,我国自1991年制定《民事诉讼法》起,就设立了代表人诉讼制度,即当事人一方人数众多的共同诉讼,可以由当事人推选代表人进行诉讼,代表人的诉讼行为对其所代表的当事人发生法律效力。该制度对于快捷处理当事人一方人数众多的共同诉讼,节省有限的司法资源,发挥了重要的作用。在此基础上,2003年,最高人民法院发布的《关于审理证券市场因虚假陈述引发的民事赔偿案件的若干规定》规定,在证券市场因虚假陈述引发的民事赔偿案件中,原告一方人数众多的可以推选二至五名诉讼代表人。2007年我国制定的《中华人民共和国劳动争议调解仲裁法》(以下简称《劳动争议调解仲裁法》)、2009年制定的《中华人民共和国农村土地承包经营纠纷调解仲裁法》(以下简称《农村土地承包经营纠纷调解仲裁法》)中,分别对劳动争议、农村土地承包经营纠纷中当事人一方人数众多的解决方式作出了规定。《劳动争议调解仲裁法》规定,发生劳动争议的劳动者一方在十人以上,并有共同请求的,可以推举代表参加调解、仲裁或者诉讼活动。《农村土地承包经营纠纷调解仲裁法》规定,农村土地承包经营纠纷仲裁的当事人一方人数众多的,可以推选代表人参加仲裁。我国最新修订的《民事诉讼法》继续确认了推选代表人参加诉讼的制度。

3. 推选代表人参加旅游纠纷解决的条件

根据《旅游法》的规定,推选代表人参加旅游纠纷的解决,必须同时满足以下三个条件:

①推选代表人的一方必须是旅游者,而不能是旅游经营者。同时,推选的代表人,也应当是旅游者,不能是旅游者之外的第三人。对于代表人的数量,根据《最高人民法院关于适用〈中华人民共和国民事诉讼法〉的解释》的规定,在民事诉讼中,代表人的数量为二至五人。对于调解、仲裁等旅游纠纷的解决方式,代表人的数量也应参照《民事诉讼法》的规定。

②旅游者一方人数众多。对于"众多"的认定,我们认为应参照民事诉讼等法律、法规的现有规定执行。《最高人民法院关于适用〈中华人民共和国民事诉讼法〉的解释》的规定,在民事诉讼中,当事人一方人数众多,一般应为十人以上。《劳动争议调解仲裁法》规定劳动者一方在十人以上的属于人数众多。据此,我们认为,旅游者十人以上属于人数众多。

③旅游者应有共同请求。共同请求是指旅游者的请求标的相同或者属于同一种类。如某游轮公司发布信息,称五一期间将组团去韩国旅游,人数满1000人即可成团出发,但最终只有800人报名参加并与游轮公司签订合同、交纳费用,于是游轮公司宣布取消该次旅游行程,解除已经签订的合同,但是没有向旅游者退还已收取的费用,这800名旅游者一起向人民法院起诉要求游轮公司退还收取的费用。

4. 推选代表人参加旅游纠纷的法律后果

代表人参加旅游纠纷,其行为对其代表的所有当事人发生效力。代表人参加旅游纠纷,主要是指参加旅游纠纷解决过程中的提供证据、进行辩论、提出管辖异议、申请顺延期间、申请证据保全等仅涉及当事人程序性权利而非实体性权利的行为。其原因在于,对当事人实体权利的处分,是法律赋予民事法律主体的重要权利,未经当事人授权,他人无权处分,代表人更是如此。为此,涉及旅游者实体权利的行为,如变更、放弃诉讼请求或者承认对方当事人的请求、进行和解等,必须经被代表的旅游者同意,否则就是侵犯被代表的旅游者权利。《民事诉讼法》第五十三条规定:"当事人一方人数众多的共同诉讼,可以由当事人推选代表人进行诉讼。代表人的诉讼行为对其所代表的当事人发生效力,但代表人变更、放弃诉讼请求或者承认对方当事人的诉讼请求,进行和解,必须经被代表的当事人同意。"

5. 被推选的代表人参加旅游纠纷解决可聘请委托诉讼代理人

被推选的代表人参加旅游纠纷的解决,一般应自己亲自参加,也可以依法委托代理人参加。根据《民事诉讼法》的规定,每位代表人可以委托一至二人作为诉讼代理人。必须是下列人员才可以被委托为诉讼代理人:①律师、基层法律服务工作者;②当事人的近亲属或者工作人员;③当事人所在社区、单位以及有关社会团体推荐的公民。委托他人代为诉讼,必须向人民法院提交由委托人签名或者盖章的授权委托书。授权委托书必须记明委托事项和权限。诉讼代理人代为承认、放弃、变更诉讼请求,进行和解,提起反诉或者上诉,必须有委托人的特别授权。诉讼代理人的权限如果变更或者解除,当事人应当书面告知人民法院,并由人民法院通知。

6. 不愿意推选代表人的其他旅游者

如果有的旅游者不愿意推选代表人代表自己参加旅游纠纷的解决,愿意亲自或者自行委托代理人解决旅游纠纷,也符合法律规定。《旅游法》第九十四条的规定是旅游者可以推选代表人参加纠纷解决,而不是旅游者必须推选代表人参加纠纷解决活动。

(三)当事人的诉讼权利与义务

1. 当事人的诉讼权利

根据《民事诉讼法》的规定,在诉讼中,当事人可以依法行使下列权利:①有权使用本民族的语言、文字进行诉讼;②有权进行辩论;③有权请求审判人员、书记员、翻译等回避;④有权查阅庭审笔录并要求补正;⑤在法定期限内有权提起上诉;⑥对已经发生法律效力的判决、裁定、调解书等,有权申请执行;⑦依法申请延长举证期限或向法院申请调查、收集证据;⑧有权委托诉讼代理人;⑨作为原告,有权向法院提起诉讼,有权放弃、变更诉讼请求,可向法院申请财产保全;⑩作为被告,可对原告的起诉进行应诉和答辩,可以提起反诉,在开庭审理前提出管辖异议;⑪法律法规规定的其他权利。

2. 当事人的诉讼义务

在诉讼中,诉讼当事人应当履行下列义务:①按《诉讼费用交纳办法》交纳诉讼费用;②向人民法院提供准确的送达地址和联系方式;③按规定期限向人民法院提供证据;④按时到庭参加诉讼,服从法庭指挥,遵守诉讼秩序;⑤履行已经发生法律效力的判决、裁定及调解书;⑥法律法规规定的其他义务。

四、起诉

起诉是诉讼开始的必备前提。在旅游活动中,当旅游者的人身、财产权利受到侵害,或者与旅游经营者发生其他纠纷时,向人民法院提起诉讼,请求人民法院依法进行审理,支持自己的请求,使被告承担某种法律上的责任或义务。

(一)起诉须具备的条件

起诉的条件是指提起诉讼必须具备的条件。不具备起诉的条件,人民法院无法受理,更无从审理和执行。对于起诉的条件,《民事诉讼法》作出了具体的规定。《民事诉讼法》第一百一十九条规定:"起诉必须符合下列条件:(一)原告是与本案有直接利害关系的公民、法人和其他组织;(二)有明确的被告;(三)有具体的诉讼请求和事实、理由;(四)属于人民法院受理民事诉讼的范围和受诉人民法院管辖。"

(1)起诉人本人的人身或财产权利在旅游活动中受到侵害。在旅游活动中,起诉人应是本人与旅行社、旅游景区、旅游饭店等旅游经营者发生了争议;如果权利受到侵害或者与旅游经营者发生争议的旅游者本人死亡,其配偶、父母、子女等近亲属可以法定继承人的身份提起诉讼。

(2)被诉讼人能够确定。在旅游行程中,如果因为旅游服务质量等而发生争议,旅游者可以起诉旅游经营者;如果旅游者的人身或财产权受到侵害,旅游者可以起诉侵害人,无论起诉谁,起诉人应该知道被告的身份、住所、联系方式等信息。这就要求旅游者在签署旅游合同时应确定对方的身份,否则将有可能发生难以确定被告从而无法起诉的问题。

(3)向人民法院阐明诉讼的请求和事实、理由。如果起诉,当事人必须向人民法院说清楚几件事:希望解决的问题是什么,依据的事实证据是什么,解决问题的法律依据是什么。

(4)属于人民法院的诉讼范围和管辖之内。对于旅游者与旅游经营者之间的民事纠纷,人民法院有权受理;对于乱收旅游者的停车费、强迫旅游者烧高香、旅游景区的基础设施差、旅游车辆服务人员言语不文明等行为,旅游者应当向当地人民政府旅游行政管理部门投诉,而不是向人民法院起诉。

(二)人民法院不予受理的几种情形

对于现实生活中的纠纷,人民法院并非一概受理。对于法院不予受理的纠纷,《民事诉讼法》有着明确的规定。

(1)约定仲裁的。就旅游纠纷来说,如果旅游者与旅游经营者签订的旅游服务合同中,明确约定合同履行中发生的争议应提交仲裁机构仲裁的,在纠纷发生时,当事人应向仲裁机构申请仲裁,而不得向人民法院起诉。即使起诉,人民法院也不得受理。

(2)不属于民事诉讼范围的。如果旅游者认为旅游目的地的旅游、物价、交通、市政等政府管理部门存在不作为、乱作为现象,拟起诉上述政府部门的,应当提起行政诉讼。

(3)不属于人民法院职权范围的。如果旅游者认为旅游目的地的旅游经营者服务存在瑕疵,希望当地政府加强监管的,应当依据《旅游法》的规定,向当地人民政府指定的统一投诉受理机构投诉。

五、管辖

管辖是确定哪个法院对案件进行审理的问题。根据《民事诉讼法》的规定,管辖分为级别管辖和地域管辖。级别管辖是指当事人应当向什么级别的人民法院起诉,地域管辖是指当事人应当向什么地方的人民法院起诉。

(一)级别管辖

根据《宪法》及《人民法院组织法》,我国的法院分为基层人民法院(区、县人民法院)、中级人民法院、高级人民法院和最高人民法院四级法院。依据《民事诉讼法》的规定及旅游纠纷的通常情形,绝大多数的旅游纠纷应当由基层人民法院审理。

(二)地域管辖

根据《民事诉讼法》的规定,因旅游合同纠纷提起的诉讼,由被告住所地或者合同履行地人民法院管辖。旅游合同的当事人也可以在合同中选择被告住所地、合同履行地、合同签订地、原告住所地、标的物所在地等与纠纷有实际联系的地点的人民法院管辖。

人民法院在受理案件后,当事人,无论是原告还是被告,如果对管辖权有异议的,应当在提交答辩状期间向受理案件的法院提出。对当事人提出的管辖异议,人民法院应当进行审查。异议成立的,人民法院应当以裁定形式将案件移送给有管辖权的人民法院;异议不成立的,裁定驳回。

六、举证责任与证据的收集

提起诉讼以后,自己的主张能否得到法院的支持,关键是证据。根据《民事诉讼法》的规定,当事人对自己提出的诉讼请求,或者反驳对方的诉讼请求,有责任向法院提供证据加以证明,即谁主张、谁举证。没有证据或者证据不足以证明当事人的主张的,由负有举证责任的当事人承担不利后果。

根据《民事诉讼法》的规定,民事诉讼的证据包括当事人的陈述、书证、物证、视听资料、电子数据、证人证言、鉴定意见、勘验笔录等形式。就旅游纠纷来说,当事人在旅游途中遭受侵权、违约行为时,可以根据《民事诉讼法》规定的上述规定收集、保存、固定证据。当前,许多当事人通过手机录音、录像的形式收集证据。这是一种比较可行、成本较低的证据收集形式。但是,利用手机收集的证据材料还必须与其他证据,如当事人陈述、书证、证人证言等证据一起,形成一个完整的证据链。否则,孤立的证据常常难以得到法院的认定。

诉讼过程中,一方当事人对另一方当事人陈述的案件事实明确表示承认的,另一方当事人无须举证。但涉及身份关系的案件除外。

对于下列事实,当事人无须证明:众所周知的事实;自然规律及定理、定律;根据法律规定或者已知事实和日常生活经验法则,能推定出的另一事实;已为人民法院发生法律效力的裁判所确认的事实;已为仲裁机构的生效判决所确认的事实;已为有效公证文书证明的事实。前述事实,除自然规律及定理、定律外,当事人有相反证据足以推翻的除外。

当事人除了自己收集证据外,在符合法定条件时,还可以请求人民法院调查收集证据。法定条件包括:①证据由国家有关部门保存,当事人及其诉讼代理人无权查阅调取的;②涉及国家秘密、商业秘密或者个人隐私的;③当事人及其诉讼代理人因客观原因不能自行收集的其他证据。当事人及其诉讼代理人因客观原因不能自行收集的证据,可以在举证期限届满前书面申请人民法院调查收集。

七、审理程序及法律依据

(一)审理程序

根据民事诉讼法的规定,一审案件的审理程序有简易程序和普通程序两种类型。

1. 简易程序

简易程序是指人民法院在审理事实清楚、权利义务关系明确、争议不大的简单民事案件时适用的程序。适用简易程序,案件由一个法官独任审理。对于起诉程序、传唤当事人、审理案件等方面的要求,都比较简单,最大的优势是时间优势,即简易程序能够在较短的时间内快速解决纠纷。

2. 普通程序

普通程序是指人民法院审理比较复杂民事案件适用的程序。普通程序的审理,要由法官、人民陪审员组成合议庭或者由法官组成合议庭。在案件审理时,普通程序要严格按照法律规定的时限、要求进行。

在法院适用简易程序时,当事人如果认为适用简易程序不当,可以向法院提出异议,能否转为普通程序由人民法院决定。

(二)诉讼的法律依据

人民法院审判案件,应当依法进行。就旅游纠纷而言,人民法院在审理过程中,应当依据以下法律、法规、司法解释。

1.《旅游法》

《旅游法》是对旅游活动中各种行为进行规范的法律,是旅游领域的基本法,是整个法律体系的旅游特别法,是人民法院审理旅游纠纷时最为重要的法律。

2. 与旅游相关的其他法律

旅游纠纷审理的法律依据有《合同法》《民法总则》《侵权责任法》《消费者权益保护法》等法律。《合同法》是规范合同的签订、变更、履行、责任的法律,是关于合同的一般法,是各种合同行为应当遵循的法。对于旅游纠纷来说,由于多数纠纷是因合同的履行而引发,在《旅游法》中如果没有法律依据,人民法院审理旅游纠纷就应当根据《合同法》的总则来审理;《民法总则》是关于民事行为的基本法,是所有民事活动都应当遵循的法。人民法院在审理旅游纠纷时,首先应适用《旅游法》《合同法》,如果在前述法律中找不到明确的法律依据时,可以引用《民法总则》审理案件;《侵权责任法》《消费者权益保护法》也是法院审理旅游纠纷应当依据的重要法律。

3. 旅游法规

旅游纠纷的审理依据有《旅行社条例》《导游人员管理条例》等法规。《旅行社条例》对旅行社的经营规范作出了详细的规范,是法院认定旅行社是否违法、违规的重要依据。

4. 司法解释

《最高人民法院关于审理旅游纠纷案件适用法律若干问题的规定》对人民法院审理旅游纠纷案如何适用法律作出了详尽的规定,是人民法院审理旅游纠纷案件的重要裁判依据。

八、诉讼时效与诉讼费用

(一)诉讼时效

诉讼时效是指权利人未在法定期间内行使权利而丧失请求人民法院依法保护其权利的法律制度。2017 年 10 月 1 日施行的《民法总则》第一百八十八条规定:"向人民法院请求保护民事权利的诉讼时效期间为三年,法律另有规定的,依照其规定。诉讼时效期间自权利人知道或者应当知道权利受到损害以及义务人之日起计算。法律另有规定的,依照其规定。但是自权利受到损害之日起超过二十年的,人民法院不予保护;有特殊情况的,人民法院可以根据权利人的申请决定延长。"对于旅游纠纷的当事人而言,应适用上述规定。

(二)诉讼费用

诉讼费用是指当事人在人民法院进行民事诉讼及相关活动时依法交纳、支付的各项费用。诉讼费用是当事人提起诉讼之前必须考虑的事项之一。人民法院决定受理当事人起诉时,按规定向当事人收取的费用。根据案件是否涉及财产,案件的受理费标准不尽相同。财产性案件受理费原则上以诉讼争议金额的大小按比例递减收取,争议金额的大小以当事人提出的诉讼请求为准。非财产性案件原则上是按件收取。

根据《诉讼费用交纳办法》,当事人应当向人民法院交纳的诉讼费用包括:案件受理费;申请费;证人、鉴定人、翻译人员、理算人员在人民法院指定日期出庭发生的交通费、住宿费、生活费和误工补贴。

对于诉讼费用,一审案件的受理费由败诉方负担,双方都有责任的由双方负担。共同诉讼当事人败诉的,由人民法院根据他们各自对诉讼的利害关系,决定各自应负担的金额。申请执行费和执行中实际支出的费用,由被申请人负担。当事人交纳诉讼费用确有困难的,可向人民法院申请缓交、减交或者免交,是否缓、减、免,由人民法院审查后决定。

除上述费用外,当事人参加诉讼还可能发生其他一些费用,例如律师费、交通费、误工费等。这些费用在性质上不属于诉讼费用,人民法院对案件作出裁判时,一般不会主动对这些费用进行处理。

九、执行

当事人提起诉讼不单是为了获得法院的支持,更是为了自己的主张能够落实。在法院判决被告承担法律责任时,如果被告拒绝履行,原告为了维护自己的合法权益,就会涉及执行。

执行是指人民法院的执行机构依法定程序运用国家强制力,强制债务人履行生效法律文书所确定的义务,以实现债权人民事权利的行为。在执行中,有权根据生效法律文书向人民法院申请执行的人,称为申请执行人,对方当事人称为被执行人。

根据《民事诉讼法》及相关司法解释的规定,一方拒绝履行的,对方当事人可以向第一审人民法院或者与第一审人民法院同级的被执行的财产所在地人民法院申请执行。调解书和其他法律规定应当由人民法院执行的法律文书,当事人必须履行。一方拒绝履行的,对方当事人可以向被执行人住所地或者被执行的财产所在地人民法院申请执行。

人民法院自收到申请执行书之日起六个月未执行的,申请执行人可以向上一级人民法院申请执行。上一级人民法院经审查,可责令原人民法院在一定期限内执行,也可以决定由本院执行或者指令其他人民法院执行。

十、旅游巡回法庭

根据旅游纠纷具有发生地点异地化、涉案价值小额化、涉及关系复杂化以及纠纷主体群体化的特点,我国多个旅游地区探索建立了旅游巡回法庭。旅游巡回法庭对旅游投诉调解的介入,使得游客的合法权益能在最短的时间内得到维护,旅游经营者的违法违规行为在最短时间内得到矫正。法庭建立"快立、快审、快执"绿色通道,贯彻"全面、全程、全员"的调解工作机制,能够畅通诉调衔接渠道。一旦发生旅游纠纷,游客向旅游巡回法庭起诉后,法庭便立即立案,可以让游客保留证据,并尽快参与调解,调解不成的尽快审理。

例如海南三亚旅游巡回法庭有较为完善的针对旅游纠纷使用的简易程序和三定"(定期、定点、定人)、四就(就地立案、就地审理、就地调解、就地执行)、一重(注重调解)、两免(对小额旅游纠纷案件免收诉讼费和申请执行费)"的审判工作机制。三亚还创建了"110"旅游审判新模式,即快速赶赴现场,快速受理、裁判、执行案件,有效应对旅游服务不可贮存及旅游过程的流动性、缔约形式的不规范性可能带来的问题。另外,一些地方建立起"电话接访、诉前调解、巡回审判"等一站式便民服务机制等。这些模式的探索和实践为旅游纠纷的解决提供了更便捷的方式,可谓司法为民的生动注脚。

【思考题】

1. 旅游纠纷可以通过哪些途径解决?不同解决途径各自的利弊是什么?

2. 通过诉讼解决旅游纠纷,其成本包括哪些内容?

3. 旅游纠纷审理的依据有哪些?

参考文献

［1］《〈中华人民共和国旅游法〉解读》编写组.《中华人民共和国旅游法》解读［M］.北京：中国旅游出版社，2013.

［2］杨富斌.旅游法教程［M］.北京：中国旅游出版社，2013.

［3］王天星，杨富斌.旅游法教程［M］.北京：中国人民大学出版社，2015.

［4］卢世菊.旅游法教程［M］.6版.武汉：武汉大学出版社，2017.